KB123872

Logic Pro

아이패드용

최이진 지음

노하우
도서출판

최이진의
아이패드용 로직 프로

초판 발행 2023년 8월 30일

지은이 최이진

펴낸곳 도서출판 노하우
기획 현음뮤직
진행 노하우
편집 덕디자인

주소 서울시 관악구 행운동 100-339
전화 02)888-0991
팩스 02)871-0995

등록번호 제320-2008-6호
홈페이지 hyuneum.com

ISBN 978-89-94404-55-4
값 33,000원

Thanks to readers

Logic Pro for iPad Course

인생을 바꾸는 한 권의 책!

멀티 출판 부문 1위!
독자 여러분! 고맙습니다.

세상을 살다 보면
차라리 죽고만 싶을 만큼
힘들고, 괴로울 때가 있습니다.

하지만, 누가 봐도
힘들고, 괴로워 보이는 사람들은
오히려 그 속에서 피와 땀을 흘려가며
가슴속 깊이 전해지는 감동을 만들어냅니다.

도서출판 노하우는
힘들게 공부하는 사람들과
함께하는 작은 디딤돌이 되겠습니다.

힘들고, 괴로울 때
내가 세상의 빛이 될 수 있다는
꿈과 희망을 품고 열심히 공부하세요
멈추지 않는다면, 꿈은 반드시 이루어집니다.

그 곁에 도서출판 노하우가 함께 하겠습니다

고맙습니다.

궁극의 음악 스튜디오.
당신의 손끝에.

비트 짜기, 악기 연주, 녹음, 편집
그리고 믹싱. 이 모든 걸
iPad 하나로.

장르 불문 모든 종류의 음악 창작 및
프로듀싱.

어엿한 전문가용 음악 스튜디오가
오롯이 손 안에.

터치만을 위한
인터페이스,
새롭게 태어나다.

Multi-Touch 기능 덕분에 당신의 iPad가 개성 만점 연주를 할 수 있는 전문 악기로 거듭납니다. 다이내믹 소프트웨어 악기로 음악을 만들고, 수백 개의 플러그인을 직관적으로 제어할 수 있죠.

▲ 터치로 연주

▲ Plug-in Titles

▲ 프로젝트 탐색

▲ Apple Pencil 및 키보드

신선한 사운드.
무한한 영감.

새로운 사운드를 빠르게 찾고 발견할 수 있어, 끊임없이 창의적 플로를 유지할 수 있습니다. 여기에 계속 늘어나는 악기, 루프, 패치 라이브러리 덕분에 창의적 자극을 끝없이 받을 수 있습니다.

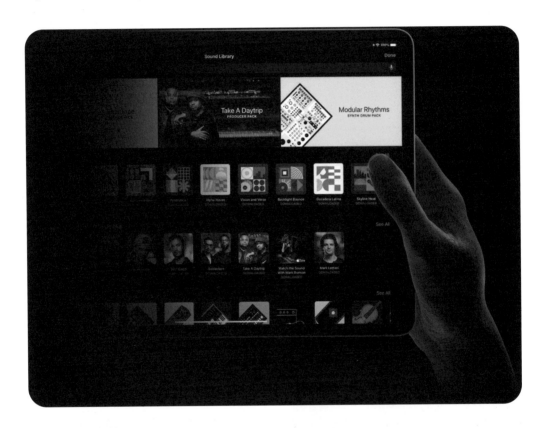

▲ 브라우저

▲ 발견

▲ 사운드 라이브러리

프로급 플러그인으로 고고.

수백 개의 강력한 악기와 이펙트로 당신의
음악에 독특한 특징과 음색을 입힐 수 있습니다.

▲ Sample Alchemy

▲ 소프트웨어 악기

▲ 이펙트

어깨가 들썩이는
비트, 손쉽게 척척.

비트와 베이스 라인을 프로그래밍하거나
프로젝트에 완벽하게 어울리는 커스텀
드럼 키트를 제작할 수 있습니다. 어떤
샘플 사운드라도 새로운 악기가 될 수 있죠.
손가락을 이리저리 움직여 이미 만든
멜로디와 리듬을 새로운 모습으로
바꿔놓을 수도 있답니다.

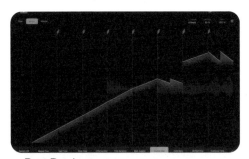

▲ Beat Breaker

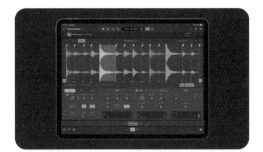

▲ Quick Sampler

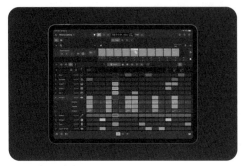

▲ 스텝 시퀀서

▲ Drum Machine Designer

차원이 다른 믹싱.

터치만으로 페이더를 비롯한 다양한 컨트롤러를 실제 믹싱
콘솔에서와 같이 직관적으로 조정할 수 있습니다.
아무리 복잡한 믹싱 작업도 빠르게 처리할 수 있죠.

▲ Pro Mixer

▲ 터치 제어

▲ Track Stacks

Contents

iPad용 Logic Pro

궁극의 음악 스튜디오
당신의 손끝에

PART 02

신선한 사운드 무한한 영감

새로운 사운드를 빠르게 찾고 발견할 수 있어, 끊임없이 창의적 플로를 유지할 수 있습니다.
여기에 계속 늘어나는 악기, 루프, 패치 라이브러리 덕분에 창의적 자극을 끝없이 받을 수 있
습니다.

PART 03

어깨가 들썩이는 비트, 손쉽게 척척

비트와 베이스 라인을 프로그래밍하거나 프로젝트에 완벽하게 어울리는 커스텀 드럼 키트를
제작할 수 있습니다. 어떤 샘플 사운드라도 새로운 악기가 될 수 있죠. 손가락을 이리저리 움
직여 이미 만든 멜로디와 리듬을 새로운 모습으로 바꿔놓을 수도 있답니다.

PART 04

차원이 다른 믹싱

수백 개의 강력한 악기와 이펙트로 당신의 음악에 독특한 특징과 음색을 입힐 수 있습니다.
터치만으로 페이더를 비롯한 다양한 컨트롤러를 실제 믹싱 콘솔에서와 같이 직관적으로 조
정할 수 있습니다. 아무리 복잡한 믹싱 작업도 빠르게 처리할 수 있죠.

PART 05

로직 리모트

Logic Remote는 iMac의 Logic Pro를 무선으로 제어할 수 있는 무료 앱입니다. Multi-Touch 를 사용하여 실내 어디에서나 녹음, 믹스, Touch 악기 연주가 가능하므로 iPad 또는 iPhone 을 믹서, 이동 제어기 및 유연한 Touch 악기로 활용할 수 있습니다.

유튜브 채널

서적으로 공부할 때의 어려움.
영상으로 시청할 때의 오해.
두 가지를 함께하면 이러한 문제를 해결할 수 있으며,
개인 교습을 받는 것과 같은 효과를 얻을 수 있습니다.

오른쪽 QR 코드를 촬영하면 본서의 학습을
영상으로 시청할 수 있는 유튜브 채널에 연결됩니다.
유튜브에서 최이진을 검색해도 됩니다.

iPad용 Logic Pro 당신의 손끝에
음악 스튜디오

Part 1

터치만을 위한
새로운 인터페이스

손가락 터치만으로 표현력이 풍부한 소프트웨어 악기를 연주할 수 있습니다. 가상 피아노의 건반을 탭하여 라이브 연주를 할 수도 있고, 보다 정밀한 플레이를 원하면 드럼 패드를 이용해 원하는 순간에 발동되도록 프로그래밍할 수 있죠. 머릿속의 음악을 현실화하기 위해 iPad가 온갖 종류의 악기로 변신합니다.

Lesson 01

아이패드용 로직 프로

Apple은 23년 5월 24일 아이패드용 로직 프로를 발표했습니다. 아이패드를 가지고 있는 로직 사용자라면 누구나 바라던 일입니다. 메인 디바이스가 될 수 있을까? 플러그인은 얼마나 지원될까? 등의 다양한 우려와 의문은 여전하지만, 언제 어디서든 음악 작업이 가능한 터치와 휴대라는 강점은 모든 뮤지션들의 시선을 끄는데 성공하였습니다.

사실 M1/M2 칩셋의 아이패드는 엄청난 성능을 십분 활용할 만한 어플이 없었기 때문에 '돼지 목에 진주 목걸이'라는 비아냥을 들어왔고, 사진이나 일러스트 등의 그래픽 관련 종사자가 아니라면 설득되지 않는 자기 합리화를 늘어놓으며 구매를 하지만, 실상은 아이폰, 맥북, 아이패드의 3요소를 갖추기 위한 소비일 뿐, 빨래 건조대로 사용되는 런닝머신처럼 그저 값 비싼 데스크탑 인테리어 소품으로 전락하는 경우가 태반이었습니다.

실제로 21년 6월 M1 칩셋을 탑재한 아이패드 프로가 출시되면서 어마 어마한 성능으로 전세계 유저들의 관심을 끄는데 성공했지만 판매율은 부진했으며, 22년 11월 M2 칩셋을 탑재한 아이패드 프로마저 2-3달이 되지 않아 중고로 쏟아지는 실패가 계속되었습니다. 이러한 실패의 가장 큰 원인은 비싼 가격을 합리화시킬 만한 어플이 없다는 것이었습니다.

애플은 맥과 아이패드를 명확하게 구분하여 서로 다른 폼펙터로 진행하겠다고 발표했지만, 계속되는 실패는 결국 아이패드용 파이널 컷 프로와 로직 프로 출시로 방향을 틀었고, 이는 기존 아이패드 사용자들의 엄청난 찬사를 받고 있습니다. 물론, 아이패드 실사용자들이 바라는 것은 Mac용 그대로 구현되는 것이 였지만, 이번 변화만으로도 충분한 만족도를 보이고 있고, 새로운 유저 확보에 큰 성공을 거두고 있습니다.

터치를 지원하는 맥북이 발표된다는 소식이 있고 출시가 된다면 아이패드의 터치가 크게 매력적으로 보이지 않을 수 있지만, 아이패드용 로직 프로는 맥용과는 다른 터치 기반의 새로운 인터페이스를 갖추고 있으며, 2kg이 넘는 중량의 맥북과는 애당초 다른 디바이스이기 때문에 지금의 시장 변동은 계속될 것으로 짐작됩니다. 특히, 아이패드 14인치가 출시된다는 소식은 더 이상 서브로 사용되는 제품이 아니라 맥북과의 선택을 고민하게 만드는 제품으로 발전시키겠다는 애플의 의도를 짐작할 수 있는 부분입니다.

다만, 월 6,900원 또는 연 69,000원의 구독제 서비스로 제공되면서 그동안 낮은 가격으로 음악 프로그램을 사용할 수 있다는 이유로 고가의 하드웨어를 구입할 수 있었던 애플의 장점이 사라지는 아쉬움이 있습니다. 하지만 이러한 정책은 맥 프로그램에서도 동일하게 적용될 것으로 보고 있기 때문에 음악 제작용으로 애플 시스템을 이용하겠다면 감수해야 하는 부분입니다.

아이패드용 로직 프로는 A12 바이오닉 이상의 칩셋이 탑재된 모델에서 설치가 가능합니다. 아이패드는 기본형, 에어, 프로, 미니의 4가지 제품 라인업으로 구성되어 있으며, 각 라인업 마다 로직 프로를 설치할 수 있는 모델은 다음과 같습니다. 아이패드용 로직 프로를 경험해보기 위해 중고 제품을 고려중인 사용자라면 참조하기 바랍니다.

- iPad Pro 전체 모델
- iPad Air 3세대 이후 모델
- iPad 8세대 이후 모델
- iPad Mini 5세대 이후 모델

Lesson 02

아이패드의 선택

│ 제품 라인업

아이패드는 기본형(iPad), 에어(iPad Air), 프로(iPad Pro), 미니(iPad mini)의 4가지 라인업으로 판매되고 있으며, 프로의 경우에는 11인치와 12.9인치의 두 가지 제품이 있습니다. 여기서 수많은 실사용자들이 공통적으로 추천하는 제품은 아이패드 프로 11인치입니다.

아이패드 프로 11인치를 추천하는 이유 중에서 가장 설득력이 있는 부분은 보급형의 iPad Air에는 128GB 제품이 없다는 것입니다. iPad Air는 64GB와 256GB의 두 가지 옵션 중에서 선택할 수 있는데, 64GB는 아무래도 용량이 부족할 수 있기 때문에 애플 스토어 기준으로 1,169,000원의 256GB 옵션을 구입할 바에는 8만원을 추가하여 128GB의 아이패드 프로 11인치(1,249,000원)를 구입하는 것이 현명하다는 의견입니다.

하지만 실제로 가장 많이 판매되고 있는 제품은 iPad Air입니다. 아이패드로 영상이나 음악 작업을 할 일이 없기 때문에 64GB 용량으로도 충분하며, 성능은 이미 필요 이상으로 높기 때문에 굳이 32만원을 더 주고 프로를 구입할 이유가 없다는 것이 소비자들의 선택입니다.

그러나 이런 현상은 아이패드용 파이널 컷 프로와 로직 프로가 출시되기 전의 상황입니다. 현재는 아이패드 프로의 판매량이 급증하고 있으며, 실사용자들 역시 최소 256GB 이상의 옵션을 추천한다고 말을 바꾸고 있습니다. 이것은 영상 편집을 위한 파이널 컷 프로 때문일 것입니다. 그럼 로직 프로를 사용하는 뮤지션에게는 어떤 제품이 좋을까요?

결론부터 말씀드리면 iPad Pro 모델을 추천합니다. 아이패드를 메인으로 오래 사용하겠다면 16GB RAM이 장착된 1TB 또는 2TB 제품을 권장하지만, 맥북과 함께 서브로 사용하는 경우가 대부분일 것이므로 128GB 정도면 됩니다. 프로젝트와 사운드 팩을 주기적으로 관리할 수 있다면 iPad Air 64GB도 나쁘지 않습니다. 다만, 이것은 로직 프로 사용자만을 위한 선택이고, 저마다 기준이 다를 것이므로 보다 현명한 구입을 위한 제품별 장단점을 살펴보겠습니다.

| iPad Pro | iPad Air | iPad (10세대) | iPad (9세대) | iPad mini |

| iPad

애플 스토어 기준 679,000원(64GB)의 가장 저렴한 입문용 제품입니다. 하지만 애플 펜슬 2세대를 지원하지 않고, 디스플레이에 라미네이팅 처리가 되어 있지도 않았으면서 가격은 심하게 올렸다는 비판과 함께 시장에서 철저히 외면당하고 있는 제품이기도 합니다. 실사용자들도 하나 같이 입을 모아 이것을 구입하는 것 보다는 차라리 499,000원에 판매되고 있는 9세대 제품을 구입하는 것이 현명하다고 말합니다. 그러나 건반이나 마이크 등의 음악 장비를 연결할 필요가 있는 로직 사용자에게 USB-C 커넥터가 없는 9세대는 사용하기 불편한 모델입니다.

특히, 9세대는 스피커가 하단에 몰려 있어 스테레오 정위감을 느낄 수 없기 때문에 음악 작업을 하는 로직 사용자에게 적합하지 않습니다. 결국 저렴한 비용으로 아이패드용 로직 프로를 경험해 보고 싶은 입문자라면 iPad 10세대가 최소 마지노선입니다.

참고로 iPad 10세대는 4개의 라인업 중에서 유일하게 카메라가 세로 중앙에 배치되어 있기 때문에 아이패드를 가로로 놓고 정면을 응시할 수 있다는 특징이 있습니다. 화상 통화 및 회의는 물론, 온라인 음악 교육 교사나 학생들에게 긍정적인 평가를 받고 있는 부분입니다.

ㅣ iPad mini

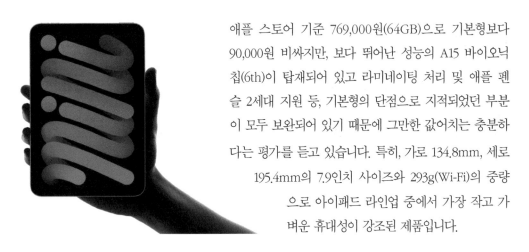

애플 스토어 기준 769,000원(64GB)으로 기본형보다 90,000원 비싸지만, 보다 뛰어난 성능의 A15 바이오닉 칩(6th)이 탑재되어 있고 라미네이팅 처리 및 애플 펜슬 2세대 지원 등, 기본형의 단점으로 지적되었던 부분이 모두 보완되어 있기 때문에 그만한 값어치는 충분하다는 평가를 듣고 있습니다. 특히, 가로 134.8mm, 세로 195.4mm의 7.9인치 사이즈와 293g(Wi-Fi)의 중량으로 아이패드 라인업 중에서 가장 작고 가벼운 휴대성이 강조된 제품입니다.

책을 읽거나 영상을 시청하는 등, 한 손에 들고 있기에 부담이 없기 때문에 학생이나 직장인들에게 인기가 있는 제품이며, 영화 및 게임 등의 나래이션 작업이 많은 성우들 같은 경우에는 아이패드 프로보다 가격이 비싸도 미니를 선택한다고 합니다. 이처럼 아이패드 미니는 한 손으로 들고 작업할 일이 많은 경우이거나 프로 12.9인치를 가지고 있으면서 휴대용으로 한 대 더 필요한 경우에 많이 찾는 모델입니다. 하지만 화면 분할이 많은 로직 프로를 단독으로 사용하기에는 컨트롤하기 불편하기 때문에 그리 권장되는 모델은 아닙니다. 특히, 폴드형 아이폰이 출시되면 애매해지는 라인업이기도 합니다.

Ⅰ iPad Air

M1 칩셋이 탑재되어 맥북 프로급의 성능을 갖추고 있으면서 애플 스토어 기준 929,000원(64GB)으로 가장 인기가 많은 제품입니다. 실제로 인터넷 쇼핑몰에서 최저가로 검색하면 80만원 초반으로 구매가 가능하기 때문에 애플 펜슬과 서드파티 스마트 플로어 액세서리까지 100만원으로 모두 갖출 수 있습니다.

아이패드 프로에서 일반인에게 거의 필요 없다고 생각되는 기능을 빼고 가격을 낮춰 많이 보급하겠는 목적으로 만들어진 라인업입니다. 성능만 보면 30%도 활용하지 못할 정도로 넘치는 스펙이기 때문에 에어 라인도 과소비라

는 시선이 있기도 했지만, 아이패드용 파이널 컷 프로와 로직 프로가 출시된 현재는 용량 문제가 거론되고 있고 있는 모델이기도 합니다. 특히, 로직 프로 사용자들에게 프로 모델에서 빠진 썬더볼트(Thunderbolt) 미지원과 듀얼 스피커 역시 크게 아쉬운 부분입니다.

아이패드 프로는 썬더볼트와 USB4를 지원합니다. 요즘 출시되는 음악 장비들의 대부분은 USB 타입이기 때문에 한 때 유행했던 썬더볼트를 지원하지 않아도 별다른 문제는 없지만, 이미 썬더볼트 장비를 가지고 있는 사용자는 아이패드에 연결해서 사용해볼 수 있는 기회가 없는 것입니다. 그리고 아이패드 프로는 4개의 쿼드 스피커이고, 에어는 2개가 빠진 듀얼 스피커입니다.

듀얼 스피커는 음질을 떠나서 아이패드를 가로로 들고 사용할 때 입구를 손으로 막는 문제가 발생합니다. 방향을 바꾸면 된다고 하지만 펜슬이 아래쪽에 배치되어 불편합니다. 물론, 아이패드를 들고 사용할 일이 많지 않거나 썬더볼트 장비를 가지고 있지 않은 사용자에게는 아무런 문제가 없습니다. 이 두 가지 사항과 용량을 고려하여 감안할 수 있다면 아이패드 라인업 중에서 가장 저렴한 비용으로 로직을 사용할 수 있는 모델입니다.

| iPad Pro

M2 칩셋이 탑재되어 있는 최강의 라인업입니다. 이름 그대로 프로들을 위한 제품으로 현재 12.9인치와 11인치의 두 가지 모델로 판매되고 있습니다. 대부분의 유저들은 실무자가 아니라면 과한 소비라고 지적하는 제품입니다.

하지만, 아이패드 에어 64GB 용량은 로직을 원활하게 사용할 수 있는 용량이 아닙니다. 간단한 스케치 용으로 미디 작업만 진행한다면 남아도는 용량이지만, 사운드 팩을 모두 설치하고 여행을 하면서 맥에서 작업한 곡을 아이패드에 담아 믹싱 작업을 하는 여유를 즐기기에는 부족합니다. 64GB라고 하지만 실제 용량은 90% 정도이며, 기본 어플과 여유 공간을 제외하면 실제로 사용할 수 있는 공간은 60-70%에 해당하는 40GB 정도 밖에 되지 않습니다. 여기에 로직에서 제공하는 사운드 팩을 설치하면 여유 공간은 얼마 남지 않습니다.

작업에 따라 다르겠지만, 48KHz/24Bit 포맷의 3분짜리 스테레오 트랙을 기록한다면 용량이 60MB 정도이므로, 20트랙 이상을 사용하는 프로젝트라면 캐시 공간까지 포함하여 1-2GB 정도의 용량이 필요합니다. iCloud 무료 용량이 5GB이므로, 작업을 할 때마다 백업하고, 지우고, 정리하는 등 프로젝트를 관리해야 하는 수고가 필요하다는 의미입니다.

iCloud를 유료로 이용하면 해결할 수도 있지만, 사운드 팩이나 플러그인은 내부에 설치되기 때문에 아이패드 용량은 여전히 고려 대상입니다. 아직은 아이패드용 로직 프로가 초기 단계이기 때문에 앞으로 서드파티 회사들이 아이패드용 플러그인을 얼마나 지원할 것인지의 여부는 알 수 없지만, 맥용과 같이 기가 단위의 플러그인들이 지원되면 믹싱 작업은 둘째 치고 스케치를 위한 미디 작업도 용량 때문에 애를 먹는 시기가 올 수 있다는 것입니다. 그래서 걱정 없이 오래 사용하려면 처음 구매를 할 때 넉넉한 용량의 모델을 선택하는 것이 안전합니다.

이때 아이패드 에어 64GB를 256GB으로 올리는 것 보다는 아이패드 프로 11인치 모델을 선택하는 것이 현명하다는 것이 실사용자들의 공통된 의견입니다. 애플 스토어 기준으로 아이패드 에어 256GB(Wi-Fi)가 1,169,000원이고, 아이패드 프로 128GB(Wi-Fi)가 1,249,000원으로 8만원 차이밖에 나지 않기 때문입니다. 칩셋이 M1에서 M2로 바뀌고, 디스플레이도 XDR를 지원하고, 썬더볼트와 쿼드 스피커 등, 8만원 이상의 값어치는 충분하기 때문입니다.

결론적으로 용도에 따라 다르겠지만 로직의 모든 기능을 제한 없이 사용하겠다면 아이패드 프로 11인치 모델이 가장 현명한 선택입니다. 12.9인치 모델은 좀 더 큰 화면의 터치가 유리한 디자인이나 영상 편집이 필요한 경우가 아니라면 크게 부담되는 제품입니다. 가격이 1,729,000원으로 껑충 뛰고, 휴대하기 불편하다는 단점을 가지고 있기 때문에 이 모든 것을 감수할 만한 뚜렷한 목적을 가지고 있지 않으면 선택하기 어렵습니다.

다만, 이것 저것 필요 없고 무조건 시원하게 보이는 큰 화면을 선호하는 사람이라면 조금 무리가 되더라도 고민할 이유는 없습니다. 더군다나 로직 외에 악보 뷰 작업이 필요한 연주자라면 12.9인치 모델이 아무래도 효과적입니다. 결국, 아이패드의 사용 목적과 비용, 그리고 휴대성의 3가지를 고려하여 결정하면 크게 후회할 일은 없을 것입니다.

14인치 아이패드가 발표되면 메인 작업용으로 맥북과 아이패드 사이에서 고민해야 할 지도 모르지만, 지금은 로직 프로 사용자에게 아이패드 프로 11인치가 가장 효율적인 선택이며, 많은 곡의 믹싱 작업을 할 필요가 없다면 에어 모델이 현실적인 제품입니다. 그 외, 라이프 스타일에 따라 이동할 일이 거의 없는 메인 작업용이라면 프로 12.9인치, 음악 스케치 및 컨트롤러 용도라면 기본형, 들고 작업할 일이 많거나 추가 구매가 가능하다면 미니도 좋습니다.

| iPad 액세서리

● 애플 펜슬

애플 펜슬은 그래픽 종사자에게만 필요하다고 생각할 수 있지만, 로직 프로에서도 악기와 이펙터를 컨트롤 하거나 오토메이션 등의 미세한 작업을 할 때 도움이 되는 액세서리입니다. 다만, 처음부터 구매하지 말고, 터치로 쓰다가 필요성을 느낄 때 구입하길 권장합니다.

● 키보드

아이패드용 키보드는 프로 및 에어 모델을 위한 매직 키보드와 기본형 10세대를 위한 매직 키보드 폴리오, 그리고 트랙 패드가 빠진 스마트 키보드 및 폴리오가 있습니다. 타이핑할 일이 많은 유저에게는 필요하겠지만, 로직 프로에서는 거의 필요 없는 액세서리입니다.

▲ Magic Keyboard/Folio

▲ Smart Keyboard/Folio

● 폴리오

아이패드의 스크래치를 예방하기 위한 커버입니다. 애플 정품은 너무 비싸고, 펜슬 수납이 되지 않기 때문에 대부분 서드파티 제품을 사용하는 편입니다. 값비싼 아이패드를 보호해줄 최소한의 조치이므로 하나쯤 구입하는 것이 좋습니다. 아이폰과 마찬가지로 하드 케이스 타입, 커버 분리 타입 등 다양한 제품이 있으므로 취향에 맞게 구입합니다.

● 에어팟

무선 이어폰(AirPods)과 헤드폰(Max) 입니다. 애플 제품은 가격 만큼의 성능을 갖추고 있지 않다는 평가를 받고 있으며, 음악 작업용으로 무선 제품을 사용하는 경우는 거의 없습니다. 유선 제품을 사용하기 위해서는 USB-C-3.5mm 헤드폰 잭 젠더를 연결해야 한다는 번거로움이 있지만, 로직 프로 사용자에게는 전문 모니터 헤드폰을 권장합니다.

AirPods(2세대)　　　　AirPods(3세대)　　　　AirPods Pro(2세대)　　　　AirPods Max

● 멀티 허브

휴대용, 서브 등으로 취급하는 아이패드지만, 맥북 대신 아이패드 프로를 메인으로 사용하는 경우도 있습니다. 이때 모니터를 비롯하여 오디오 인터페이스나 마스터 건반 등의 장비를 연결하려면 반드시 필요한 것이 멀티 허브입니다.

이 밖에 거치대, 보호 필름 등 아이패드용 액서서리는 정말 많습니다. 하지만 욕심을 내다보면 본체보다 비용이 더 드는 현상이 발생합니다. 첫 구매자는 아이패드 보호를 위한 케이스와 장치 연결을 위한 멀티 허브, 그리고 가지고 있는 헤드폰이 없다면 녹음을 위한 헤드폰과 젠더 정도만 구매를 하고, 나머지는 작업하면서 필요성이 느껴질 때 구매하는 것이 좋습니다. "있으면 좋겠다"라는 생각으로 구매를 하면 대부분 후회합니다.

Lesson 03

프로 작업을 위한 장비

아이패드에는 마이크와 스피커가 내장되어 있고, 로직 프로는 소프트웨어 건반을 제공합니다. 즉, 미디와 오디오 이벤트를 입력하고, 편집하여 출력하는 전반적인 음악 제작 과정을 전문 장비 없이 진행할 수 있습니다. 단, 이것은 아이패드를 서브로 사용할 때의 얘기입니다.

아이패드를 메인으로 상업용 음원과 같은 품질의 사운드를 만들기 위해서는 맥북으로 작업할 때와 마찬가지로 마스터 건반, 마이크, 오디오 인터페이스, 모니터 스피커 등의 장비들이 필요합니다. 이미 맥북 기반의 홈 스튜디오를 꾸며 놓은 경우라면 사용하고 있는 장비를 아이패드로 연결하기 위한 멀티 허브만 준비하면 될 것입니다.

여기서는 아이패드 하나로 음악 공부를 시작하고자 하는 이들을 위한 시스템에 관해서 살펴보겠습니다. 단, 당장 구입하는 것은 좋지 않습니다. 아이패드로 작업을 하면서 녹음 품질에 불만이 생겼을 때 마이크를 구매하고, 믹싱 작업을 할 때 모니터가 어렵다는 것을 체감했을 때 스피커를 구매하는 식으로 필요성을 느낄 때 마다 하나씩 장만하는 것이 자신에게 필요한 장비를 후회없이 구매할 수 있는 요령입니다.

| 미디 이벤트 입력 장치

음악 작업의 시작은 로직에서 제공하는 소프트웨어 악기를 연주할 미디 이벤트를 입력하는 것입니다. 미디 이벤트 입력용으로 가장 많이 사용하는 것은 마스터 건반이라 불리는 장치입니다. 하지만, 아이패드는 터치를 지원하는 장치이기 때문에 마스터 건반이 없어도 로직에서 제공하는 플레잉 서피스를 이용하여 미디 이벤트를 입력할 수 있습니다.

● 플레잉 서피스

아이패드는 터치가 가능하기 때문에 로직에서 제공하는 플레잉 서피스를 이용하여 악기를 연주하고 미디 이벤트를 입력하는 모든 작업을 수행할 수 있습니다. 하나의 건반으로 코드 및 아르페지오를 연주할 수 있는 이펙트를 제공하고 있기 때문에 작은 화면으로도 크게 불편함 없이 이용할 수 있습니다. 특히, 실제 기타를 연주하는 것처럼 사용할 수 있는 기타 스트립이나 실시간 연주가 가능한 드럼 패드로 현실감 있는 음악 작업이 가능하며, 오토메이션 및 믹싱까지의 모든 과정을 터치 하나로 진행할 수 있습니다.

▲ 터치 건반 연주

▲ 터치 비트 메이킹

▲ 터치 오토메이션

▲ 터치 믹싱

● 마스터 건반

로직은 악기를 연주하고 이벤트를 입력할 수 있는 다양한 플레잉 서피스를 제공하지만, 화면이 작아서 자유로운 연주는 불편합니다. 곧 출시된다고 하는 14인치를 써도 마찬가지일 것입니다. 물론, 로직은 이를 해결할 수 있는 미디 이펙트나 코드 스트립, 피치 휠이나 모듈레이션 및 벨로시티를 실시간으로 컨트롤할 수 있는 등의 놀라운 기능들을 제공하지만, 마스터 건반이나 디지털 피아노 및 신디사이저 등의 하드웨어만큼 자유로울 수는 없습니다.

마스터 건반으로 연주

마스터 건반은 외형이 신디사이저와 비슷하게 생겼지만, 내장된 음원이 없는 미디 이벤트 입력 전용 장치이며, USB 케이블로 아이패드에 연결하여 사용할 수 있습니다. 단, 대부분의 마스터 건반은 사각형 모양의 USB-B 타입이고, 아이패드는 USB-C 타입이기 때문에 USB-B to C type 케이블이 필요합니다. 물론, 아이패드에 멀티 허브를 연결했다면 마스터 건반 구입시 포함되어 있는 USB-A/B 케이블을 그대로 이용할 수 있습니다. 신디사이저나 디지털 피아노 역시 USB 케이블로 아이패드에 연결하여 사용할 수 있지만, Local Off 기능을 지원하지 않는 제품이라면 로직 악기와 소리가 겹치지 않게 볼륨을 줄여 놓아야 합니다.

▲ USB-B to C type 케이블

● 블루투스 건반

마스터 건반이나 디지털 피아노 중에는 아이패드와 무선으로 연결할 수 있도록 블루투스를 지원
하는 제품도 있습니다. 특히, 25 건반 같은 경우에는 매직 키보드 보다 훨씬 가볍기 때문에 아이패
드와 함께 들고 다니기에도 큰 부담이 없습니다.

▲ 블루투스 마스터 건반

▲ 블루투스 피아노

유선 마스터 건반이나 신디사이저를 무선으로 아이패드에 연결할 수 있게 해주는 블루투스 미디
어댑터라는 젠더도 있습니다. 이미 가지고 있는 건반을 아이패드에 무선으로 연결하고자 할 때
유용한 장치입니다. 신디사이저나 디지털 피아노의 미디 인/아웃 단자에 연결하여 사용하는 미디
포트 타입과 USB만 지원하는 마스터 건반에 연결하여 사용할 수 있는 USB 포트 타입의 어댑터
로 구분되어 있습니다.

▲ MIDI In/Out 단자

▲ 미디 어댑터 연결

│ 오디오 이벤트 입력 장치

보컬이나 어쿠스틱 기타 연주 등의 아날로그 사운드를 로직에 오디오 이벤트로 입력하는 방법은 마이크 밖에 없습니다. 마이크는 아이패드에 내장되어 있는 것을 사용해도 좋지만, 좀 더 높은 퀄리티가 필요하다면 스튜디오에서 흔하게 사용하는 콘덴서 또는 튜브 타입의 전문 마이크가 필요합니다. 아이패드와 손쉽게 연동이 가능한 블루투스 마이크도 있지만, 음성 녹음이 아니라면 권하지 않습니다. 음악 장비 중에서 사운드의 퀄리티를 결정하는 가장 중요한 요소가 마이크라는 사실을 명심하기 바랍니다.

● 내장 마이크

아이패드에 내장되어 있는 마이크의 성능은 가이드 보컬이나 음성을 녹음하는데 전혀 손색이 없는 우수한 성능을 갖추고 있습니다. 스튜디오 마이크 보다 감도가 떨어지는 것은 사실이지만, 이것은 오히려 음성을 녹음할 때 발생하는 입소리나 공간 잡음이 함께 줄어들기 때문에 아마추어에게는 값비싼 마이크 보다 좋은 결과물을 만들 수 있는 장치가 될 수 있습니다.

● 무선 마이크

무선 마이크는 블루투스 타입과 별도의 수신기가 제공되는 두 가지 타입이 있습니다. 블루투스 타입은 가격도 저렴하고 연결이 편하다는 장점이 있지만, 사운드가 압축되어 전송되기 때문에 음질이 현저하게 감소된다는 단점이 있습니다. 영상을 촬영할 때 거리나 주변 소음 때문에 무선 마이크를 사용해야 한다면 수신기를 아이패드 USB 포트에 연결하여 사용하는 방식의 타입을 권장합니다. 물론, 영상을 촬영할 때는 아이패드 보다 아이폰을 사용하는 경우가 대부분이지만, 이때도 블루투스 보다는 수신기 타입이 좋습니다.

무선 마이크 수신기

● 스튜디오 마이크

상업용 음원과 동일한 퀄리티의 보컬 녹음이 필요하다면 당연히 실제 음원을 제작하는 녹음 스튜디오에서 사용하는 것과 같은 타입의 마이크를 사용하면 됩니다. 종류는 콘덴서 타입과 튜브 타입이 있으며, 가장 많이 사용하는 것은 콘덴서입니다. 콘덴서 마이크는 진동판이 얇고 트랜션트 응답이 우수하여 섬세한 레벨 변화에 신속하게 대응하고 주파수 응답 범위가 넓어 다양한 소스에 적용할 수 있다는 장점이 있습니다. 튜브 마이크는 내부 앰프가 진공관으로 설계되어 있어 진공관 마이크라고도 불리는데, 과거의 따뜻한 아날로그 감성을 연출할 수 있다고 해서 많이들 찾습니다. 하지만, 어떤 마이크를 사용하든 보컬과의 궁합이 중요하기 때문에 본인이 노래를 하는 경우가 아니라면 두 가지 타입의 마이크를 모두 준비하는 것이 좋습니다.

▲ 콘덴서 마이크   ▲ 진공관 마이크

● USB 마이크

콘덴서 마이크는 별도의 전원이 필요하기 때문에 아이패드에 바로 연결할 수 없다는 문제가 있습니다. 이를 해결할 수 있는 방법은 오디오 인터페이스를 사용하는 것인데, 불편하다면 아이패드에 바로 연결하여 사용할 수 있는 USB 타입의 마이크를 고려하는 것도 나쁘지 않습니다. 인터넷 방송용으로 분류하여 음성 녹음에 적합한 모델이 대부분이지만, 이를 찾는 사용자가 많아지면서 상업용 음원 제작이 가능한 고품질의 제품들도 출시되고 있습니다.

▲ USB 마이크

● 오디오 인터페이스

오디오 인터페이스는 외부 콘덴서 마이크와 아이패드 또는 아이패드와 외부 모니터 스피커를 연결하는 장치입니다. 콘덴서 마이크는 아이패드에 바로 연결할 수 없고, 펜텀 파워라고 불리는 48V 전원과 작은 소리를 증폭시켜줄 마이크 프리앰프, 그리고 아날로그 신호를 디지털로 변환시켜주는 AD 컨버터가 필요한데, 이 모든 장치를 하나로 해결할 수 있게 해주는 것이 오디오 인터페이스입니다.

오디오 인터페이스를 구매할 때 가장 먼저 체크해야 하는 사항은 자신의 작업에 필요한 인/아웃 포트 수입니다. 일반적으로 2in/2out, 4in/4out, 8in/8out으로 인/아웃 포트 수가 같은 경우가 대부분이지만, 그렇지 않은 경우도 있으므로 구매할 때 확인할 필요가 있습니다.

인IN)은 마이크, 악기 등, 로직에 입력할 오디오 소스를 동시에 몇 개나 연결할 수 있는지를 나타내는 포트 수로 2in 제품이라면 동시에 마이크 하나와 기타 하나를 연결하여 녹음할 수 있고, 4in 제품이라면 마이크 하나와 기타 하나, 그리고 건반 하나를 동시에 연결하여 녹음할 수 있는 제품입니다. 건반은 스테레오 아웃이기 때문에 2개의 인 포트가 필요하지만, Mic In이 아닌 Line In 포트에 연결되는 것이므로 이를 체크하여 구매하는 것도 비용을 줄일 수 있는 방법입니다. 같은 4in 제품이라도 Mic 2in과 Line 2in으로 되어 있는 제품과 Mic 4인 제품의 가격 차이는 많이 납니다.

아웃(Out)은 로직에서 재생되는 사운드를 들려주는 스피커를 연결하는 포트입니다. 여기서 스피커는 1조만 연결하면 되기 때문에 2out 이상은 필요 없다고 생각하는 입문자가 많습니다. 하지만 보컬이나 연주자 등 누군가와 함께 작업을 할 때 서로 다른 사운드를 들어야 하는 경우가 있기 때문에 아웃 포트 수 역시 자신의 작업 스타일에 따라 체크해야 하는 사항입니다. 간혹, 8in/2out과 같이 인/아웃 포트 수가 다른 제품도 있습니다.

▲ 2개의 인풋을 제공하는 제품

▲ 8개의 인풋을 제공하는 제품

● 마이크 프리앰프

전문 녹음실의 경우에는 좀 더 질 좋은 마이크 녹음을 위해서 마이크 프리앰프, 컴프레서 등의 아웃보드를 사용하고 있습니다. 일부 뮤지션의 경우 "실력 없는 것들이 장비 탓 한다" 라는 말들을 하곤 하는데, 이것을 액면 그대로 받아들여 "실력만 있으면 아무 장비나 사용해도 질 좋은 사운드 작업을 할 수 있다"라고 오해하면 안 됩니다. 좋은 장비는 좋은 결과를 만들고, 나쁜 장비는 나쁜 결과를 만드는 것이 당연합니다. "실력 없는 것들이 장비 탓 한다" 라는 말은 자신이 사용하고 있는 장비에 대한 충분한 학습조차 하지 않고, 무조건 비싸고, 좋은 장비만을 구입하려고 하는 일부 사람들을 비난하는 말로 이해하는 것이 좋겠습니다. 독자는 가지고 있는 장비를 충분히 연구하고, 학습하여 최대의 작업 성과를 이룰 수 있도록 하기 바랍니다. 그리고 부족함을 느낄 때쯤 여건이 허락하는 한도 내에서 전문 장비에 욕심을 내는 것이 바람직한 태도입니다.

오디오 인터페이스에는 이미 마이크 프리앰프가 탑재되어 있습니다. 그런데도 마이크 프리앰프를 추가하는 이유는 당연히 좀 더 좋은 녹음을 하기 위해서입니다. 일반적으로 보급형 오디오 인터페이스의 마이크 단자는 포트 하나에 10만원 정도이며, 스튜디오에서 사용한다는 고급형의 경우에는 50만원 정도입니다. 2in 제품이라면 보급형은 20만원대, 고급형은 100만원대로 형성되고, 4in 제품이라면 각각 40만원대, 200만원대가 되는 것입니다. 하지만 개인 사용자의 대부분은 마이크를 한 대 연결하여 사용합니다. 그런데 여유가 생기면 보급형을 고급형으로 바꾸려고 합니다. 뭔가 실수를 하고 있다는 생각이 바로 들것입니다. 단순히 좀 더 좋은 프리앰프 기능을 사용하기 위해서 오디오 인터페이스를 바꾸는 거라면 그 차액으로 마이크 프리앰프를 추가하는 것이 현명합니다. 간혹 보급형과 고급형은 AD/DA 컨버터의 성능도 차이가 있다고 하는데, 이것은 10년전 얘기이고, 요즘에는 청각으로 느낄 만한 차이를 보이지 않습니다. 전문 녹음실에서는 고가의 AD/DA 컨버터를 따로 사용하기도 하지만, 개인 작업자 또는 홈 스튜디오를 운영하는 사람은 이렇게까지 장비를 구비할 필요는 없습니다. 좀 더 좋은 녹음을 위해 오디오 인터페이스를 업그레이드할 예정이라면 차라리 그 비용으로 마이크 프리앰프를 추가하는 것이 현명합니다.

▲ 랙 타입 마이크 프리앰프

▲ 데스크 타입 마이크 프리앰프

● 컴프레서

개인 사용자는 마이크 프리앰프와 컴프레서와 같은 별도의 아웃보드가 필요 없습니다. 오디오 인터페이스 하나면 충분하고, 취미나 유튜브 콘텐츠 제작 정도라면 오디오 인터페이스도 필요 없고, 그냥 아이패드에 내장된 마이크를 사용하거나 욕심을 조금 내면 USB 및 무선 마이크 정도만 있어도 충분합니다. 다만, 작업을 하다 보면 욕심은 끝도 없고, 음악을 계속한다면 결국에는 관심을 가질 수밖에 없기 때문에 프로들이 어떤 장치들을 사용하고 있는지, 나에게 꼭 필요한 것인지 등을 판단할 수 있게 간단하게 살펴보는 것입니다.

컴프레서는 큰 소리를 줄이는 장치입니다. 사용 목적은 마이크 프리앰프를 좀 더 효율적으로 사용하기 위해서 입니다. 마이크 프리앰프를 사용하는 목적은 오디오 인터페이스에 입력되는 마이크 소리를 높이기 위해서 입니다. 오디오 인터페이스의 경우에는 마이크 볼륨을 높이기 위해서 인풋 게인을 증가시키면 잡음이 발생하고 심하면 사운드가 왜곡되는 문제가 발생하기도 하지만, 마이크 프리앰프를 사용하면 이러한 걱정없이 볼륨을 충분히 올릴 수 있기 때문입니다. 다만, 오디오 인터페이스가 받아드릴 수 있는 한계가 있습니다. 흔히 클리핑이라고 하며, 대부분의 오디오 인터페이스는 빨간색 LED로 더 이상 레벨을 올리지 말라는 경고를 합니다.

하지만 볼륨을 더 올려야 할 때가 있습니다. 이때 큰 소리를 줄여 오디오 인터페이스에서 경고가 표시되지 않게 해주는 것이 컴프레서의 역할입니다. 즉, 마이크 프리앰프와 컴프레서를 사용하는 1차적인 목적은 큰 소리로 녹음하기 위해서 입니다. 간혹, 녹음을 크게 할 필요가 없다고 말하는 사람들이 있는데, 녹음실의 프로 엔지니어들이 쓸데없는데 돈을 쓰지는 않습니다. 가급적 큰 소리로 녹음을 해야 좋은 결과물을 만들기 쉬우며, 작게 녹음할 것이라면 마이크 프리앰프와 컴프레서 등의 아웃보드를 사용할 이유가 없습니다. 다만, 컴프레서는 어느 정도 지식과 경험이 있어야 사용이 가능하기 때문에 입문자에게는 권하지 않습니다. 그리고 소프트웨어 컴프레서를 사용해도 된다는 사람들도 있는데, 입력 전의 사운드를 처리하는 하드웨어와는 다른 것입니다.

▲ 하드웨어 컴프레서

▲ 소프트웨어 컴프레서

| 출력 장치

아이패드 내장 스피커는 결과물을 모니터하거나 음악 스케치 작업용으로 손색없는 뛰어난 성능을 갖추고 있습니다. 하지만 믹싱과 마스터링 작업을 하기에는 부족하기 때문에 모니터용이라고 불리는 헤드폰이나 스피커는 필수적으로 갖춰야할 음악 장비입니다.

● 이어폰 및 헤드폰

아이패드 사용자가 가장 선호하는 이어폰은 당연히 애플사의 아이팟일 것입니다. 하지만, 정확한 모니터가 필요한 작업용으로는 적합하지 않습니다. 그렇다고 전혀 필요 없는 장치는 아닙니다. 제작자는 대중들이 많이 사용하는 모노 스피커, 아이팟, 카 스테레오 등의 다양한 시스템에서 결과물이 어떻게 들리는지 체크할 필요가 있기 때문에 있으면 좋습니다. 다만, 보컬 및 연주를 녹음할 때는 정확한 모니터가 가능한 전문 제품을 갖추는 것이 먼저입니다.

▲ 모니터 헤드폰

● 모니터 스피커

상업용 음원 제작이 목적이라면 모니터용이라고 불리는 전문 스피커가 필요합니다. 과거에 비해 성능은 높아지고 가격은 낮아졌지만, 여전히 부담이 되는 장비입니다. 그럼에도 불구하고 음악을 하겠다면 반드시 갖춰야 합니다. 다만, 모니터 스피커를 베이스가 풍부하다? 고음이 선명하다? 등의 개인 취향으로 선택하는 것은 좋지 않습니다. 모니터라는 것은 의미 그대로 정확한 측정을 위해 사용하는 것입니다. 자신이 사용하고 있는 모니터 스피커가 작업에 적합한지의 여부를 테스트하는 방법은 간단합니다. EQ를 이용하여 인간이 가장 민감하게 반응하는 1-2KHz 대역을 2-3dB 정도 증/감 시켜봅니다. 이때 변화를 느낄 수 있으면 됩니다. 전대역에 걸쳐서 1dB 이하의 미세한 변화까지 모니터할 수 있다면 더 없이 좋겠지만, 욕심을 내기 시작하면 끝이 없으므로 적당한 선에서 구성합니다.

▲ 모니터 스피커

Lesson 04

•
•
•

설치하고 실행하기

| 로직의 설치

iPad용 Logic Pro는 App Store에서 검색하여 설치할 수 있습니다. 많은 사용자들이 아쉬워하는 부분은 월 6,900원 또는 연 69,000원의 구독형으로 제공되고 있다는 것입니다. 이것은 가격이 문제가 아니라 업그레이드의 필요성을 느끼지 못하고 기존 버전을 유지하고 싶은 사람들도 꾸준히 돈을 내며 사용해야 한다는 것이고, 이미 맥용 로직 프로를 사용하고 이는 사람들은 이중으로 추

가 요금이 발생한다는 점입니다. 하지만 이러한 정책은 이미 다른 소프트웨어 업체들이 진행하고 있던 방식이고, 애플에서도 디바이스 구분없이 도입될 예정이기 때문에 로직 프로를 사용하겠다면 받아들이고, 익숙해져야 할 것입니다.

| 로직의 실행

01 로직 설치 후 처음 실행하면 기본 사운드 및 악기 받기 창이 열립니다. 로직의 악기와 이펙트를 사용하려면 다운 받아 설치해야 합니다. 용량은 1.8GB 정도로 아이패드 에어 64GB 사용자에게도 무리가 없습니다.

다운로드

02 새로운 프로젝트를 만들 수 있는 창이 열리며, 하위 목록은 학습 및 탐색, 추천 사운드 팩, Live Loops 그리드로 구성되어 있습니다. 학습 및 탐색의 모두 보기를 탭합니다.

모두 보기

04 학습 및 탐색 목록은 로직의 기능을 익힐 수 있는 자습서입니다. 로직 입문자도 기본 기능을 손쉽게 익힐 수 있게 따라하기 방식으로 잘 설명되어 있습니다. 왼쪽 상단 모서리의 취소 버튼을 탭하여 이전 창으로 이동합니다.

05 추천 사운드 팩은 로직을 처음 실행할 때 설치했던 기본 사운드 외에 로직에서 무료로 제공하는 사운드 팩의 목록입니다. 모두 보기를 탭하면 현재 제공되고 있는 사운드 팩의 종류를 확인할 수 있습니다.

06 사운드 팩, 아티스트 및 프로듀서 팩 등, 음악의 퀄리티를 높일 수 있는 다양한 팩을 제공합니다. 관심있는 팩은 탭하여 미리 들어볼 수 있으며, 마음에 들면 다운 받을 수 있습니다.

07 모든 팩을 한 번에 받고 싶은 경우에는 왼쪽 상단의 팩 관리를 탭하여 열고, 사용 가능한 모든 팩의 모두 받기를 탭합니다. 현재 제공되고 있는 팩의 용량은 15GB 정도이며, 앞으로 더 많아질 것이므로, 64GB 모델 사용자는 용량을 고려하여 필요한 것만 골라 받아야 할 수도 있습니다. 완료 버튼을 탭하여 이전 창으로 이동합니다.

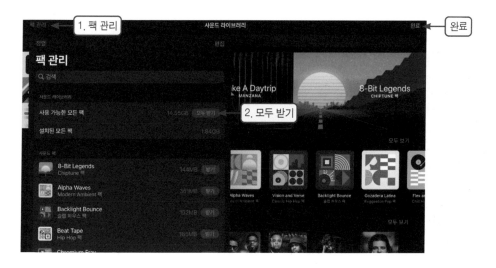

08 마지막으로 Live Loops 그리드 목록은 로직의 라이브 루프 그리드 창에서 제작된 데모 곡입니다. 전문가들의 라이브 루프 테크닉을 학습하는데 많은 도움이 됩니다. Logic Pro를 탭하여 이전 창으로 이동합니다.

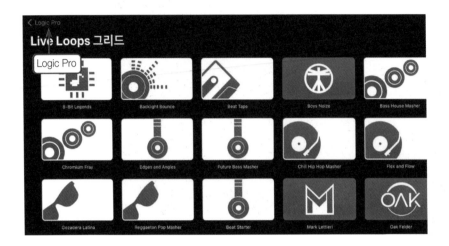

| 데모 곡 열기

01 로직의 실행 화면 구성을 모두 살펴보았습니다. 새로운 프로젝트를 만들어 작업을 진행하기 전에 데모 곡을 열어 전체적인 화면의 구성 요소를 살펴보겠습니다. 학습 및 탐색 목록에서 제공하고 있는 데모 곡을 탭합니다.

02 데모 곡을 미리 들어보거나 다운 받을 수 있습니다. 받기 버튼을 탭하고, 완료되면 열기 버튼을 탭하여 엽니다.

03 사운드 라이브러리를 닫고 파일 브라우저에 다운 받은 데모 곡을 표시할 것인지를 묻습니다. 표시 버튼을 탭합니다.

04 파일 브라우저 창이 열립니다. 앞으로 로직을 실행하면 보게 되는 창입니다. 여기서 기존에 작업한 프로젝트를 탭해서 열거나, 프로젝트 생성 아이콘 또는 도구 바의 + 기호를 탭하여 새로운 프로젝트를 만들 수 있습니다. 다운 받은 데모 곡을 탭하여 엽니다.

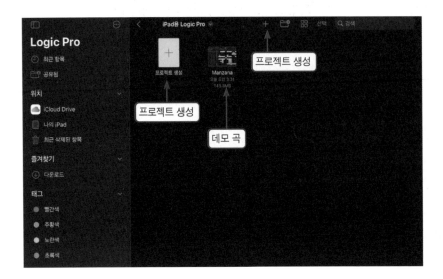

05 데모 곡이 열리면 재생 버튼을 탭하여 정상적으로 재생되는지 확인합니다. 만일, 외부 오디오 인터페이스로 연결한 스피커로 재생하고 싶다면, 컨트롤 막대 오른쪽 끝에 있는 더 보기 버튼을 탭하여 메뉴를 열고 설정을 탭합니다.

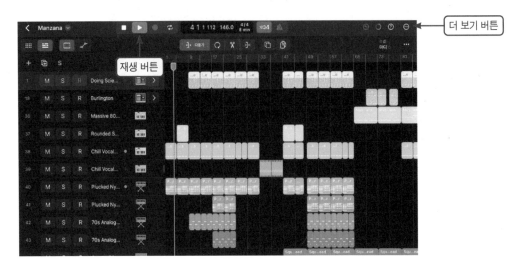

06 앱 설정 창이 열립니다. 오디오를 선택하고 출력 항목에서 아이패드에 연결한 오디오 인터페이스를 선택합니다. 맥 시스템을 갖추고 있는 경우라면 AirPlay를 선택하여 연결 가능합니다.

07 다시 재생 버튼을 탭하여 오디오 인터페이스에 연결한 모니터 스피커로 출력되는지 확인합니다. 프로젝트는 브라우저 버튼을 탭하여 종료할 수 있으며, 새로 만든 프로젝트라면 자동으로 저장됩니다.

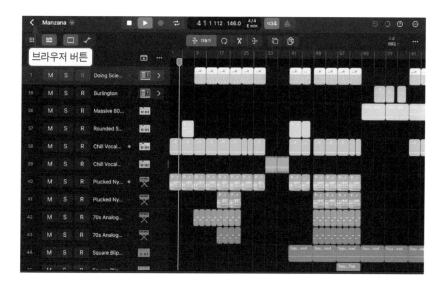

Lesson 05

화면 구성 살펴보기

로직은 음악을 창작하고 완성하는데 필요한 다양한 작업 창을 제공합니다. 모든 작업 창은 프로 젝트를 생성하면 보이는 메인 윈도우에 종속된 것이며, 컨트롤 막대, 트랙 영역, 보기 컨트롤 막대를 제외한 나머지는 필요할 때 열거나 닫을 수 있도록 하고 있습니다.

로직의 메인 화면은 크게 상, 중, 하로 구분되며, 상단에는 재생 및 녹음 등 프로젝트를 제어하는 트랜스포트와 자주 사용하는 명령 버튼으로 구성된 컨트롤 막대가 있고, 중앙에는 실제 작업이 이루어지는 트랙 영역, 그리고 하단에는 브라우저, 인스펙터, 페이더 등을 비롯하여 다양한 편집 창을 열거나 닫을 수 있는 버튼들로 구성된 보기 컨트롤 막대가 있습니다.

트랙 창 왼쪽에는 작업에 필요한 악기나 샘플을 제공하는 브라우저, 리전 및 트랙의 연주 정보를 컨트롤하는 인스펙터, 선택한 트랙의 볼륨 및 팬 값을 컨트롤할 수 있는 페이더 창을 열거나 닫을 수 있고, 아래쪽에는 미디 및 오디오를 편집할 수 있는 편집 창, 트랙에 장착한 이펙트를 제어할 수 있는 플러그인 영역, 모든 채널의 출력 라인을 컨트롤할 수 있는 믹서, 그리고 로직에서 제공하는 악기를 터치로 연주할 수 있는 키보드, 프렛보드 등의 플레잉 서피스를 열거나 닫을 수 있습니다.

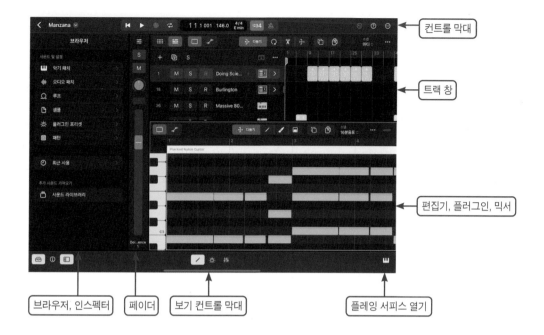

컨트롤 막대

트랙 창

편집기, 플러그인, 믹서

브라우저, 인스펙터 | 페이더 | 보기 컨트롤 막대 | 플레잉 서피스 열기

● **컨트롤 막대** : 화면 가장 위에 있는 컨트롤 막대는 프로젝트를 재생하거나 사용자 연주를 녹음하는 등의 역할을 하는 트랜스포트 버튼과 자주 사용되는 명령 버튼, 그리고 프로젝트 정보를 표시하는 디스플레이 창으로 구성되어 있습니다.

● **보기 컨트롤 막대** : 화면 가장 아래쪽에 있는 보기 컨트롤 막대는 트랙 창 왼쪽에 브라우저, 인스펙터, 페이더를 열거나 닫는 버튼, 트랙 창 아래쪽에 편집기, 플러그인 영역, 믹서, 그리고 로직에서 제공하는 악기를 연주할 수 있는 키보드, 프렛보드, 코드 스트립, 드럼 패드, 기타 스트립 등의 플레잉 서피스를 열거나 닫을 수 있는 버튼으로 구성되어 있습니다.

● **트랙 영역** : 화면 중앙에는 실제 작업이 이루어지는 트랙 창이 있으며, 사용자 연주를 녹음하거나 로직에서 제공하는 샘플을 가져다 놓으면 가로 바 형태의 미디 및 오디오 재생 범위를 나타내는 리전이 생성됩니다.

● **브라우저** : 보기 컨트롤 막대의 브라우저 버튼을 탭하여 트랙 창 왼쪽에 열거나 닫을 수 있으며, 패치, 루프, 프리셋 등, 음악 작업에 사용할 악기와 샘플들을 제공합니다.

● **인스펙터** : 보기 컨트롤 막대의 인스펙터 버튼을 탭하여 트랙 창 왼쪽에 열거나 닫을 수 있으며, 선택된 리전 및 트랙 등의 연주 정보를 제어할 수 있는 파라미터를 제공합니다.

● **페이더** : 보기 컨트롤 막대의 페이더 버튼을 탭 하여 트랙 창 왼쪽에 열거나 닫을 수 있으며, 선택한 트랙의 볼륨이나 팬 등을 조정할 수 있는 컨트롤러를 제공합니다.

● **편집기** : 보기 컨트롤 막대의 편집기 버튼을 탭 하여 트랙 창 아래쪽에 열거나 닫을 수 있으며, 오디오 및 미디 이벤트를 편집합니다. 편집기는 선택한 리전에 따라 오디오 편집기, 피아노 롤 편집기, Drummer 편집기 및 스텝 시퀀서가 있습니다.

● **플러그인 영역** : 보기 컨트롤 막대의 플러그인 버튼을 탭 하여 트랙 창 아래쪽에 열거나 닫을 수 있으며, 선택한 트랙의 이펙트 및 인/아웃 신호를 컨트롤할 수 있습니다.

● **믹서** : 보기 컨트롤 막대의 믹서 버튼을 탭 하여 트랙 창 아래쪽에 열거나 닫을 수 있으며, 프로젝트의 모든 채널 스트립이 표시됩니다. 믹싱 작업을 할 때 가장 많이 사용하는 창입니다.

● **플레잉 서피스** : 컨트롤 막대의 플레잉 서피스 버튼을 탭 하여 화면 아래쪽에 열거나 닫을 수 있으며, 로직에서 제공되는 소프트웨어 악기를 터치로 연주할 수 있는 키보드, 프렛보드, 코드 스트립, 드럼 패드 등의 플레잉 서피스를 제공합니다.

● **라이브 루프** : 트랙 창 메뉴 막대의 라이브 루프 버튼을 탭하여 열 수 있습니다. 셀과 씬으로 이루어진 그리드에 사용자 연주를 녹음하거나 샘플을 가져다 놓고 실시간으로 연주할 수 있습니다. 라이브 공연 및 디제잉이 가능한 프로젝트입니다.

| 컨트롤 막대

화면 상단에 있는 컨트롤 막대는 재생 및 녹음 등의 기능을 수행하는 트랜스포트, 재생헤드 위치 및 프로젝트 템포, 박자표, 조표 등의 정보를 표시하는 디스플레이, 메트로놈 및 카운트인 버튼, 그리고 기타 컨트롤 버튼으로 구성되어 있으며, 사용자가 원하는 것들로 재구성할 수 있습니다.

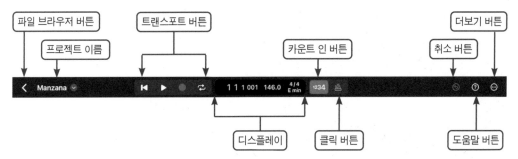

| 보기 컨트롤 막대

화면 아래쪽에 위치하고 있는 보기 컨트롤 막대는 브라우저, 인스펙터, 페이더, 편집기, 플러그인, 믹서, 그리고 플레잉 서피스 창을 열거나 닫은 버튼으로 구성되어 있습니다. 빈 공간을 더블 탭하면 열린 모든 창을 한 번에 닫거나 다시 열 수 있습니다.

- **왼쪽의 3개** : 트랙 창 왼쪽에 브라우저, 인스펙터, 페이더 창을 열거나 닫습니다.
- **중앙의 3개** : 트랙 창 아래쪽에 미디 및 오디오, 또는 패턴 및 드러머 편집 창을 열거나 닫는 버튼, 선택한 채널의 플러그인을 컨트롤할 수 있는 창을 열거나 닫는 버튼, 믹싱 및 마스터링 작업을 위한 창을 열거나 닫는 버튼으로 구성되어 있습니다.
- **오른쪽의 1개** : 화면 아래쪽으로 소프트웨어 악기 연주를 위한 키보드, 프렛보드, 코드 스트립, 드럼 패드 또는 기타 스트립 플레잉 서피스 창을 열거나 닫는 버튼입니다.

| 트랜스포트

처음으로 이동 또는 정지, 재생, 녹음, 사이클의 4가지 버튼으로 구성되어 있으며, 사용자가 원하는 것들로 재구성할 수 있습니다. 컨트롤 막대 오른쪽 끝에 있는 더 보기 버튼을 탭하여 메뉴를 열고, 컨트롤 막대 사용자화를 선택합니다.

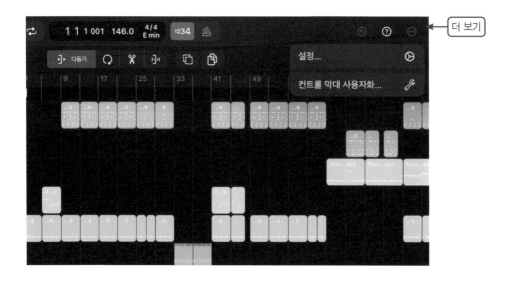

되감기, 앞으로, 녹음 캡처 버튼을 추가할 수 있는 트랜스포트 페이지가 열립니다.

로직에서 제공하는 트랜스포트 버튼은 총 7개이며, 되감기, 앞으로, 녹음 캡처, 사이클 버튼은 필요에 따라 컨트롤 막대에 표시하거나 감출 수 있습니다.

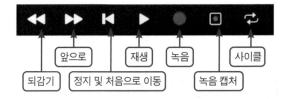

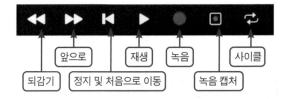 **되감기 버튼** : 재생헤드를 곡의 시작 위치로 한 마디 씩 이동시킵니다. 재생헤드를 드래그하는 것이 더 편하기 때문에 실제로 잘 사용하지 않는 버튼입니다.

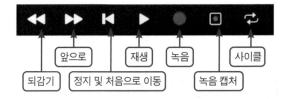 **되감기 버튼** : 재생헤드를 곡의 끝 위치로 한 마디 단위 씩 이동시킵니다. 재생헤드를 드래그하는 것이 더 편하기 때문에 실제로 잘 사용하지 않는 버튼입니다.

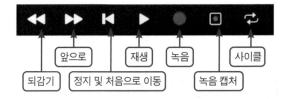 **처음으로 이동 버튼** : 재생헤드를 곡의 시작 위치 또는 사이클의 시작 위치로 이동시킵니다. 재생 중에는 정지 버튼으로 표시됩니다.

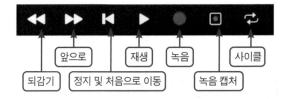 **재생 버튼** : 곡을 재생하며, 재생 중에는 시작 위치에서 다시 재생됩니다. 재생 버튼을 누르고 있으면 사이클, 선택한 리전, 마지막 지정 위치로 재생 옵션을 변경할 수 있습니다. 눈금자를 더블 탭하여 재생하거나 정지하는 방법도 있습니다.

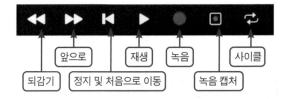 **녹음 버튼** : 녹음 활성화 버튼이 On으로 되어 있는 트랙에 보컬 및 악기 연주를 녹음합니다. 녹음 버튼을 누르고 있으면 녹음 캡처 기능을 수행하거나 설정 창을 열 수 있는 메뉴가 열립니다.

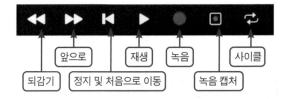 **녹음 캡처** : 로직은 플레잉 서피스 또는 마스터 건반으로 연주한 미디 신호를 기억하고 있으며, 녹음 캡처 버튼을 탭하여 기록할 수 있습니다. 실제로 녹음을 진행하지 않은 상태에서 프레이즈를 연습하다가 마음에 드는 프레이즈를 기록할 수 있는 기능입니다.

 사이클 버튼 : 눈금자에 노란색 바로 표시되며, 해당 구간을 반복합니다. 눈금자를 드래그하여 설정할 수 있으며, 시작 및 끝 위치를 드래그하여 범위를 조정하거나 중앙을 드래그하여 이동할 수 있습니다. 버튼을 누르고 있으면 사이클 구간을 건너뛰는 메뉴를 선택할 수 있습니다.

│ 디스플레이

디스플레이에는 기본적으로 재생헤드의 위치를 마디 및 타임 단위로 표시하며, 템포, 박자와 조표 정보를 표시합니다. 컨트롤 막대 사용자화 표시 페이지에서 MIDI 및 CPU/메모리 정보를 추가할 수 있습니다.

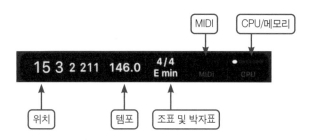

위치 : 재생헤드의 위치를 표시합니다. 컨트롤 막대 사용자화에서 비트(마디/박자/비트/틱) 또는 박자 단위를 선택할 수 있으며, 비트 및 시간을 동시에 표시할 수도 있습니다.

위치 항목을 탭하면 사용자가 원하는 위치를 입력하여 이동시킬 수 있는 창이 열립니다. 단위를 선택하고, 증/감 버튼을 탭하거나 숫자를 입력합니다. 완료 및 이동 버튼을 탭하여 이동시킬 수 있습니다. 확장 버튼은 10 증/감 및 2배/절반을 선택할 수 있는 버튼을 표시합니다.

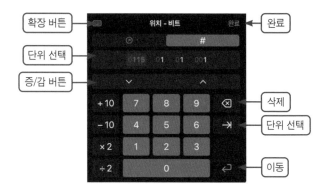

스크롤 휠 버튼을 탭하면 선택한 단위를 스크롤
휠을 돌려 이동시킬 수 있는 창이 열립니다.

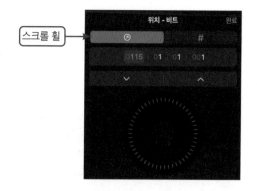

146.0 템포 : 프로젝트 템포를 표시합니다. 값은
위/아래로 드래그하여 조정할 수 있으며, 탭하면
값을 입력할 수 있는 숫자 키 패드 창이 열립니
다. 아래쪽의 탭 템포 버튼을 두들겨 사용자 기
분에 따른 템포 설정이 가능합니다.

4/4 E min 조표 및 박자표 : 박자와 키를 표시합니다.
탭하면 변경 가능한 창이 열립니다. 프로젝트에
샘플을 가져올 때 여기서 설정한 박자와 조표를
따릅니다.

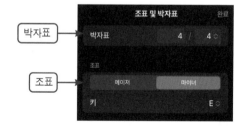

MIDI : 미디 정보가 제대로 입력되고 있는지 확인할 수 있습니다.

CPU/메모리 : 시스템 사용량을 체크할 수 있습니다. 항목을 탭하면 CPU와 메모리 정보 표
시로 전환됩니다.

| 모드 버튼

컨트롤 막대에는 기본적으로 카운트인과 메트로놈 모드 버튼을 제공하며, 컨트롤 막대 사용자화 모드 페이지에서 동기화, 대치, 튜너 등의 모드 버튼을 추가할 수 있습니다.

동기화 버튼 : Ableton Live와 동기화 합니다. 에이블톤 라이브와 로직이 함께 움직이도록 하여 하나의 프로그램을 다루듯이 사용할 수 있는 기능입니다. 에이블톤 라이브의 세션 기능은 라이브 연주에 최적화되어 있기 때문에 EDM 및 HIP HOP 뮤지션이나 DJ 들에게 많은 사랑을 받고 있는 프로그램인데, 로직의 Link 기능을 사용하면 로직의 자체 기능처럼 사용할 수 있습니다.

대치 버튼 : 기존의 리전을 제거하면서 새로 녹음하는 이벤트를 기록합니다. 로직은 기본적으로 리전이 있는 트랙에서 녹음을 하면 병합되거나 테이크 폴더를 생성합니다. 기존 리전을 새로 녹음하는 이벤트로 바꾸고 싶을 때 사용합니다.

로우 레이턴시 모니터링 버튼 : 레이턴시 현상이 발생하는 플러그인을 우회시킵니다. 레이턴시는 입력 사운드가 지연되어 출력되는 현상을 말하는 것으로 녹음을 할 때 매우 불편합니다. 버튼을 탭하면 이러한 현상을 유발하는 이펙트를 Off하여 해결할 수 있습니다.

튜너 버튼 : 악기를 조율할 수 있는 튜너를 엽니다. 아이패드는 자체적으로 마이크가 내장되어 있기 때문에 기타나 바이올린과 같은 어쿠스틱 악기를 조율할 때 매우 편리합니다.

1234 **카운트 인 버튼** : 녹음 전의 예비 박을 들려줍니다. 기본은 1, 2, 3, 4의 1마디이며, 버튼을 누르고 있으면 길이를 변경할 수 있는 메뉴가 열립니다.

📐 **클릭 버튼** : 녹음 및 재생 중에 메트로놈 소리를 On/Off 합니다.

│ 기능 버튼

컨트롤 막대 오른쪽에는 이전 작업을 취소하는 취소 버튼과 프로젝트의 환경 및 컨트롤 막대를 사용자가 원하는 것으로 꾸밀 수 있는 더 보기 버튼이 있습니다.

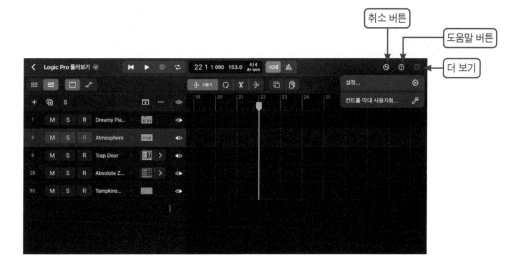

⊙ **취소 버튼** : 이전 작업을 취소합니다. 길게 누르면 취소할 작업 내용을 확인할 수 있습니다. 편집뿐 아니라 믹서 및 이펙트 컨트롤까지의 모든 동작을 취소할 수 있기 때문에 사용자 실수를 최소화할 수 있는 유용한 버튼입니다.

⊙ **도움말 버튼** : 레슨 및 Logic Pro 도움말을 볼 수 있습니다.

⊖ **더 보기 버튼** : 설정과 컨트롤 막대 사용자화 메뉴를 엽니다. 설정은 로직 및 프로젝트 환경을 사용자 작업 스타일에 맞게 세팅할 수 있는 창을 엽니다.

┃ 트랙 창

실제 작업이 이루어지는 영역입니다. 오디오 및 미디 트랙을 만들고, 사용자 연주 및 샘플을 각 트랙에 가져다 놓으면 이벤트가 기록되어 있는 리전이 생성됩니다.

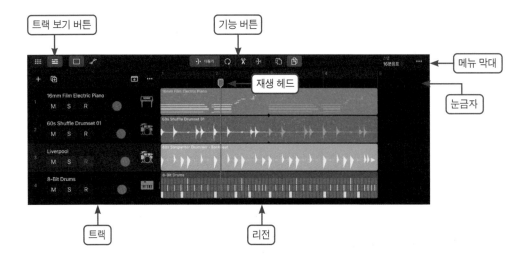

● **메뉴 막대** : 트랙 또는 라이브 루프 그리드 보기 버튼, 트랙 및 오토메이션 모드 버튼, 리전 편집을 위한 기능 버튼, 그리고 스냅 및 더 보기 버튼으로 구성되어 있습니다.

● **눈금자** : 마디와 비트 또는 시간을 표시합니다. 작업 공간의 확대/축소 레벨에 따라 표시되는 간격은 자동으로 조정됩니다.

● **재생헤드** : 재생 및 녹음 또는 편집 위치를 세로 라인으로 표시하며, 헤드를 드래그하거나 눈금자를 탭하여 이동시킬 수 있습니다. 재생헤드는 위치를 나타내는 것뿐만 아니라 리전 및 기타 항목을 정렬하고 편집할 때의 기준이 됩니다.

● **트랙** : 각 트랙에는 트랙 번호 및 아이콘을 나타내는 헤더가 있으며 트랙을 뮤트하거나 솔로로 지정하고 녹음을 준비하는 등의 기능을 하는 컨트롤이 있습니다.

● **리전** : 작업 공간에 생성되며, 트랙의 연주 정보를 담고 있습니다.

ㅣ 라이브 루프 창

메뉴 막대의 그리드 보기 버튼을 탭하여 열 수 있으며, 작업 공간은 셀이라 불리는 바둑판 모양의 사각형으로 구성됩니다. 각 셀에는 오디오 및 미디 샘플을 가져다 놓거나 레코딩하여 이벤트를 기록할 수 있고, 터치로 재생시켜 라이브 연주가 가능한 모드입니다.

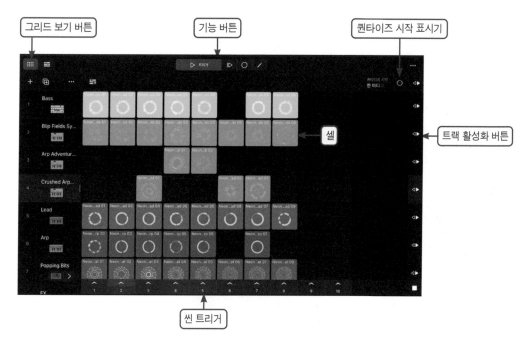

● **셀** : 사각형 하나를 셀이라고 부르며, 오디오 및 미디 샘플을 가져다 놓고, 터치로 재생시킬 수 있습니다. 라이브 연주 및 디제잉에 활용도가 높습니다.

● **씬 트리거** : 라이브 루프 창의 세로 라인을 씬 이라고 부르며, 트리거 버튼을 탭하여 해당 씬에 존재하는 모든 씬을 동시에 연주할 수 있습니다.

● **기능 버튼** : 셀 트리거, 셀 대기열, 셀 녹음 및 셀 편집 버튼으로 구성되어 있습니다.

● **퀀타이즈 시작** : 셀 또는 씬이 재생되는 마디 및 비트 단위를 설정합니다.

● **트랙 활성화 버튼** : 트랙 또는 라이브 루프 활성화 여부를 선택합니다.

| 브라우저

보기 컨트롤 막대의 브라우저 버튼을 탭하여 트랙 리스트 왼쪽에 열거나 닫을 수 있습니다. 브라우저는 프로젝트에서 사용할 수 있는 악기 패치, 오디오 패치, 루프, 샘플, 플러그인 프리셋, 패턴, 그리고 즐겨찾기 및 최근 사용과 사운드 라이브러리 카테고리를 제공하며, 각 항목을 탭하여 열수 있습니다. 그림은 악기 패치를 탭하여 열어본 경우입니다.

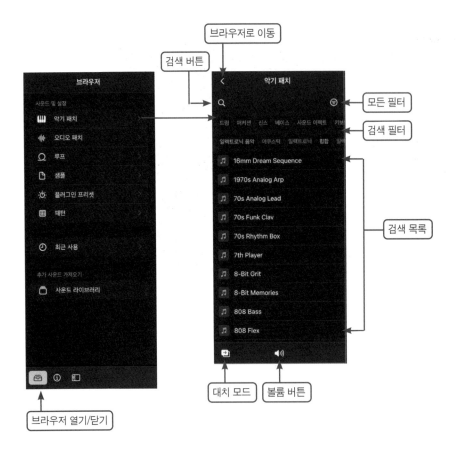

악기 패치는 미디 트랙에 사용할 수 있는 악기를 제공하며, 빠른 검색이 가능한 검색 버튼과 필터를 제공합니다.

● **검색 버튼** : 이름으로 악기를 검색할 수 있는 검색 필드를 표시합니다. 키보드 및 펜슬로 입력할 수 있으며, 필터 기능을 이용하여 범위를 줄일 수 있습니다.

● **검색 필터** : 필터를 선택하여 검색 범위를 줄입니다. 악기와
장르 등 순차적으로 선택할 수 있으며, 제거 버튼을 클릭하거
나 모두 지우기 버튼을 클릭하여 취소할 수 있습니다.

● **모든 필터 버튼** : 검색 필드 오른쪽의 모든 필터 버튼을 탭하면 악기, 정보, 장르 등 브라우저에
서 제공하는 검색 필터를 모두 열어 선택할 수 있습니다.

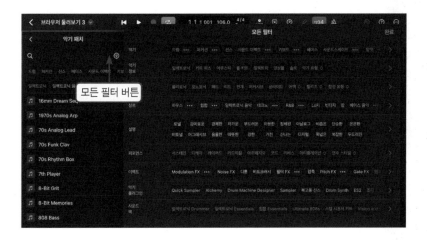

● **검색 목록** : 선택한 검색 조건과 일치하는 사운드를 표시하
며, 왼쪽의 아이콘을 탭하여 사운드를 들어볼 수 있고, 이름을
트랙 또는 작업 공간으로 드래그하여 선택한 악기로 연주되는
트랙을 만들 수 있습니다.

● **대치 모드 버튼** : 버튼을 켜면 패치를 선택할 때, 트랙에 바로 적용되게 합니다.

● **볼륨 버튼** : 미리 듣기 볼륨을 조정합니다.

| 인스펙터

보기 컨트롤 막대의 인스펙터 버튼을 탭하여 트랙 리스트 왼쪽에 열거나 닫을 수 있습니다. 트랙 및 리전의 연주 정보를 컨트롤할 수 있는 파라미터를 제공하며, 선택한 트랙 및 리전에 따라 파라미터의 종류는 달라집니다.

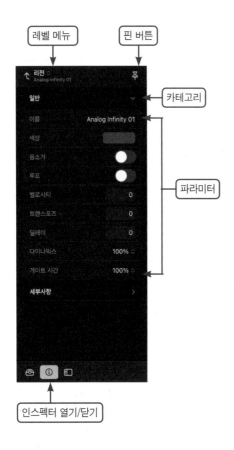

- **레벨 메뉴** : 인스펙터 파라미터는 선택된 유형에 따라 자동으로 표시되지만, 필요한 경우에 메뉴를 탭하여 트랙 또는 리전을 선택할 수 있습니다.

- **핀 버튼** : 선택한 인스펙터 유형을 유지하도록 고정합니다.

- **카테고리** : 탭하면 해당 카테고리의 파라미터를 열거나 닫습니다. 모든 파라미터를 한 화면에 표시할 수 없기 때문에 필요한 카테고리만 열거나 닫을 수 있게 하고 있습니다.

- **파라미터** : 값은 위/아래로 드래그하여 변경하거나 탭하여 숫자 입력 창을 열 수 있습니다. 스위치 및 메뉴는 탭하여 선택합니다.

| 페이더

보기 컨트롤 막대의 페이더 버튼을 탭하여 트랙 리스트 왼쪽에 열거나 닫을 수 있으며, 선택한 트랙의 볼륨 및 팬 등을 컨트롤할 수 있는 채널 스트립입니다. 트랙 영역에서 녹음 중이거나 편곡 작업을 할 때 유용합니다. 사용 가능한 컨트롤은 볼륨 페이더, 패닝 노브, 음소거 및 솔로 버튼, 녹음 활성화 버튼 등이 있습니다.

● **옵션 버튼** : 트랙의 오디오 입/출력 및 Bus 트랙을 선택하거나 프리즈 On/Off 및 그룹 편집을 위한 옵션 창을 엽니다.

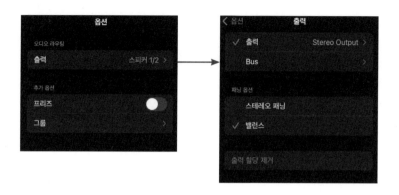

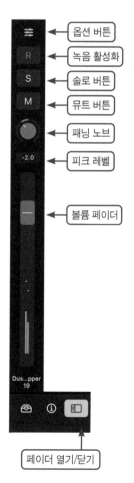

● **녹음 활성화 버튼** : 해당 트랙에 오디오를 녹음할 수 있게 합니다.

● **솔로 버튼** : 해당 트랙을 솔로로 연주합니다.

● **뮤트 버튼** : 해당 트랙을 음소거 합니다.

● **패닝 노브** : 사운드의 좌/우 밸런스를 조정합니다. 노브를 위/아래로 드래그하거나 탭하여 값을 입력하거나 스크롤 휠로 조정할 수 있는 창을 열 수 있습니다.

● **피크 레벨 디스플레이** : 최대 레벨 값을 표시합니다.

● **볼륨 페이더** : 트랙의 볼륨을 조절합니다.

| 편집기

보기 컨트롤 막대의 편집기 버튼을 탭하면 선택한 리전에 입력되어 있는 이벤트를 편집할 수 있는 창이 열립니다. 선택한 리전에 따라 미디 이벤트를 편집할 수 있는 피아노 롤, 오디오 이벤트를 편집할 수 있는 오디오 편집 창, 패턴을 편집할 수 있는 패턴 창, 그리고 드러머 편집 창이 있습니다.

[피아노 롤]
미디 리전을 선택했을 때 열리는 창이며, 미디 이벤트를 편집하거나 입력할 수 있습니다.

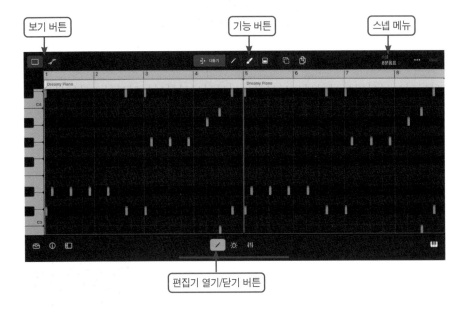

- **보기 버튼** : 일반 편집 보기 또는 오토메이션 보기를 표시합니다.

- **기능 버튼** : 미디 노트의 위치 및 길이를 조정할 수 있는 다듬기, 새로운 노트를 입력할 수 있는 연필과 브러시, 세기를 조절할 수 있는 벨로시티 버튼을 제공합니다.

- **스냅 메뉴** : 피아노 롤 편집기의 스냅 값 및 스냅 옵션을 설정합니다.

[오디오 편집기]

오디오 리전을 선택했을 때 열리는 창이며, 오디오 이벤트를 자르고, 붙이는 등의 세부적인 편집 작업을 진행할 수 있습니다.

● **보기 버튼** : 일반 편집 보기 또는 오토메이션 보기를 표시합니다.
● **기능 버튼** : 오디오 이벤트의 위치 및 길이를 조정할 수 있는 다듬기, 반복 시킬 수 있는 루프, 자르는 분할 및 타임을 조절할 수 있는 스트레치 버튼을 제공합니다.
● **스냅 메뉴** : 오디오 편집기의 스냅 값 및 스냅 옵션을 설정합니다.

[드러머 편집기]

드러머 트랙의 리전을 선택했을 때 열리는 창이며, 연주 패턴을 편집하거나 사용자 패턴을 만들 수 있습니다.

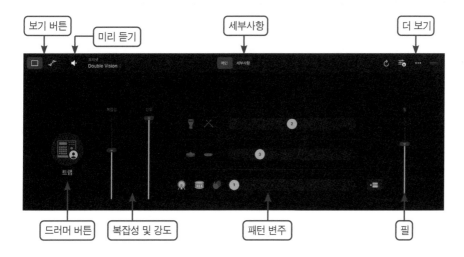

- **보기 버튼** : 일반 편집 보기 또는 오토메이션 보기를 표시합니다.
- **미리 듣기 버튼** : 드러머 연주를 솔로로 들어볼 수 있습니다.
- **드러머 버튼** : 장르 및 드러머를 선택할 수 있습니다.
- **복잡성 및 강도 슬라이더** : 패턴의 복잡성 및 강도를 조절합니다.
- **패턴 변주 슬라이더** : 개별 악기의 패턴을 변경합니다.
- **필 슬라이더** : 패턴의 필 양을 조절합니다.

[스텝 시퀀서]

패턴 리전을 선택했을 때 열리는 창이며, 로직에서 제공하는 패턴을 편집하거나 사용자 패턴을 만들 수 있습니다.

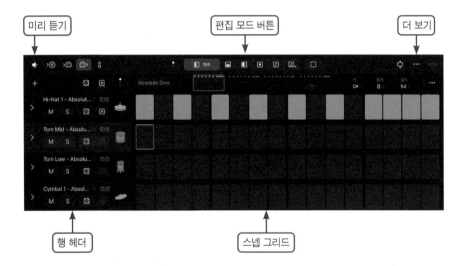

- **미리 듣기 버튼** : 패턴을 연주를 솔로로 들어볼 수 있습니다. .
- **편집 모드 버튼** : 벨로시티, 길이, 피치 등의 편집 모드를 제공합니다.
- **더 보기 버튼** : 패턴을 표시하고, 저장하고, 행을 정렬하고, 편집 모드 값을 표시하는 등의 컨트롤 메뉴를 제공합니다.
- **행 헤더** : 헤더에는 행 아이콘, 서브행을 표시하는 펼침 화살표, 음소거 및 솔로 버튼, 행 할당 팝업 메뉴, 회전 버튼, 감소/증가 버튼 등 해당 행을 제어할 수 있는 버튼들을 제공합니다.
- **스텝 그리드** : 이벤트를 입력하고 편집하는 실제 작업이 이루어지는 공간입니다.

❘ 플러그인 타일

보기 컨트롤 막대의 플러그인 버튼을 탭하거거 트랙을 더블 탭하여 열거나 닫을 수 있으며, 선택한 트랙의 신호 체인을 자세히 볼 수 있는 채널 스트립입니다. 로직은 방대한 양의 전문가급 품질의 플러그인을 제공하며, 트랙의 플러그인, 센드 및 출력 설정을 보고 편집할 수 있습니다.

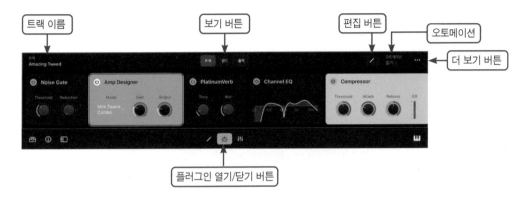

● **트랙 이름** : 선택한 트랙의 이름을 표시합니다.

● **보기 버튼** : 선택한 트랙의 신호 흐름을 보거나 편집할 수 있으며, 플러그인을 더블 탭하면 모든 파라미터를 편집할 수 있는 플러그인 패널이 열립니다.

　트랙 : 선택한 트랙에서 미디 이펙트, 악기 패치, 오디오 이펙트 플러그인을 보고 편집하거나 플러그인을 추가, 대치, 재정렬 및 제거할 수 있습니다.
　센드 : 센드 트랙을 보고, 버스로 추가 및 할당하고, 센드 레벨을 제어할 수 있습니다.
　출력 : 선택한 트랙의 출력 채널에서 오디오 플러그인을 보고 편집할 수 있습니다.

● **편집 버튼** : 플러그인을 재정렬하고 제거할 수 있습니다.

● **오토메이션** : 플러그인 오토메이션 모드 선택 메뉴를 엽니다.

● **더 보기 버튼** : 채널 스트립 설정 복사, 이펙트 플러그인 끄기, 플러그인 또는 센드 제거 및 채널 스트립 재설정 명령 메뉴를 엽니다.

| 믹서

보기 컨트롤 막대의 믹서 버튼을 탭하여 열거나 닫을 수 있으며, 채널에서 제공하는 모든 컨트롤러를 한 화면에 표시하려면 아이패드를 세로 방향으로 돌려야 할 정도로 많은 파라미터를 제공합니다. 믹서에는 Aux 및 출력 채널 스트립과 마스터 채널 스트립을 포함하여 프로젝트의 모든 채널 스트립이 표시되며, 상대적 레벨 및 패닝 위치를 확인하거나 조절하고, 트랙의 음소거 및 솔로 상태를 지정하고, 이펙트를 추가하거나 편집하고, 버스 및 센드를 사용하여 신호 흐름을 제어하고, 그룹을 사용하여 여러 채널 스트립을 제어하는 등의 믹싱 작업이 이루어지는 창입니다.

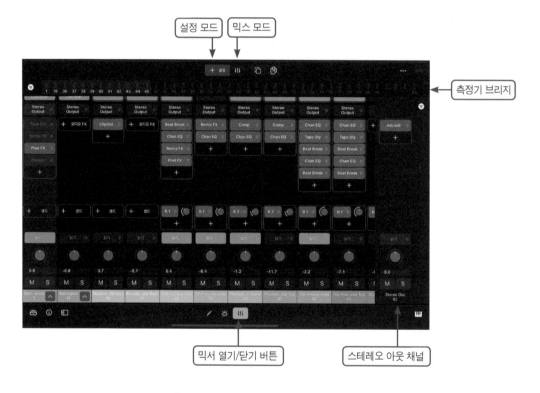

믹서는 설정 및 믹스의 두 가지 모드를 제공합니다.

● **설정 모드** : 프로젝트의 채널 스트립에서 플러그인을 추가, 대치, 재정렬 및 제거할 수 있습니다.

● **믹스 모드** : 세부사항 보기에서 플러그인을 열어 모든 플러그인 파라미터를 보고 조정할 수 있으며, 빠르게 플러그인을 켜거나 꺼서 믹스에 어떤 영향을 주는지 들어볼 수 있습니다.

| 플레잉 서피스

로직은 소프트웨어 악기를 터치로 연주할 수 있는 다양한 플레잉 서피스를 제공하며, 보기 컨트롤 막대의 플레잉 서피스 버튼을 탭하여 열거나 닫을 수 있습니다. 유형은 악기 종류에 따라 자동으로 선택되지만, 필요하면 왼쪽 끝의 유형 버튼을 탭하여 키보드, 프렛보드, 드럼 패드, 코드 스트립, 기타 스트립 등으로 변경할 수 있습니다. 크기는 도구 막대의 빈 공간 또는 오른쪽 끝에 2줄로 표시되어 있는 리사이즈 핸들을 드래그하거나 탭하여 조절할 수 있습니다.

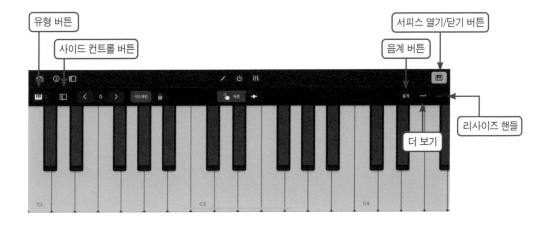

● **유형 버튼** : 키보드, 드럼 패드, 플랫보드 등의 플레이 서피스 유형을 선택합니다.

● **사이드 컨트롤 버튼** : 피치 벤딩 및 모듈레이션 휠을 포함한 퍼포먼스 컨트롤을 엽니다.

● **음계 버튼** : 특정 음계를 사용하여 키보드 및 프렛보드 플레잉 서피스를 연주할 수 있습니다.

● **더 보기 버튼** : 서피스 설정 및 보기 옵션 메뉴를 제공합니다.

● **리사이즈 핸들** : 드래그하여 플레잉 서피스의 크기를 조절합니다. 보기 컨트롤 막대의 빈 공간을 드래그해도 되며, 리사이즈 핸들을 탭하면 이전 크기로 전환됩니다.

Lesson 06

프로젝트 다루기

워드에서 글을 쓰기 위해서 가장 먼저 하는 작업이 새 문서를 만드는 일입니다. 로직에서도 곡을 만들기 위해서는 새 문서가 필요하며, 이를 프로젝트라고 부릅니다. 즉, 로직의 프로젝트는 워드의 새 문서와 같은 개념이며, 메인에 해당하는 트랙 창에는 연주자 역할을 하는 트랙과 각 트랙의 연주 내용을 담고 있는 리전으로 구성됩니다.

워드에 글자는 직접 입력해야 하듯이 트랙과 리전은 사용자가 직접 입력하여 생성합니다. 단, 로직에서 제공하는 트랙의 유형은 미디, 오디오, 패턴, 드러머의 4가지인데, 미디와 오디오는 연주자에게 악보를 그려주듯 일일이 이벤트를 입력해야 하지만, 함께한 시간이 오래된 연주자라면 대충 스타일만 요구해도 알아서 연주를 해주듯이 패턴과 드러머 트랙은 사용자가 스타일만 지정해주면 알아서 연주를 해주는 특별한 트랙입니다.

미디와 오디오 트랙에 이벤트를 입력하는 방법과 패턴과 드러머 트랙에게 연주를 요구하는 방법은 뒤에서 살펴보기로 하고, 여기서는 로직에서 제공하는 자습서를 이용하여 트랙과 리전을 다루는 기초적인 내용을 살펴보겠습니다.

| 리전 편집

01 로직을 실행하면 혼자서 공부할 수 있는 학습 및 탐색 카테고리가 있습니다. 여기서 첫 학습에 해당하는 Logic Pro Tour를 탭하여 열어봅니다.

02 레슨을 시작하면 직접 따라하며 익힐 수 있는 도움말 창이 열립니다. 천천히 읽어보며 따라하면 기초적인 활용법을 익힐 수 있습니다. 여기서는 닫기 버튼을 탭하여 레슨을 종료합니다.

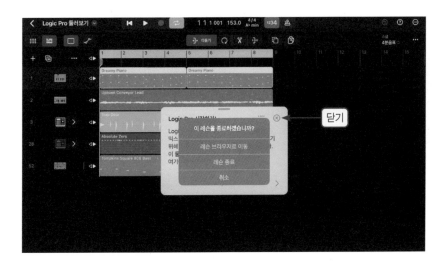

03 Logic Pro Tour는 로직에서 제공하는 4가지 유형의 트랙이 모두 사용된 프로젝트입니다. 첫 번째 라인이 미디 트랙에 생성된 미디 리전, 두번째 라인은 오디오 트랙에 생성된 오디오 리전, 세번째 라인은 드러머 트랙에 생성된 드러머 리전, 네번째 라인은 패턴 트랙에 생성된 패턴 리전입니다.

04 트랙 창에는 리전을 편집할 수 있는 도구를 제공합니다. 기본적으로 선택되어 있는 도구는 다듬기이며, 이것은 선택한 리전의 시작과 끝 부분을 드래그하여 시작 위치 및 길이를 조정합니다. 단, 오디오의 경우에는 실제 녹음된 길이 이상으로 늘릴 수 없습니다.

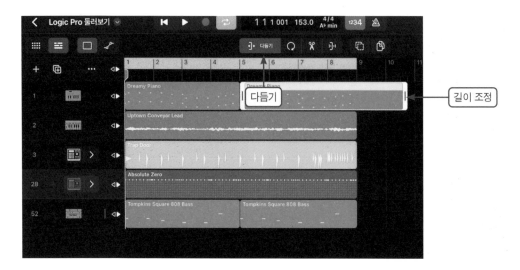

05 두 번째 루프 버튼은 리전의 끝 부분을 드래그하여 같은 연주를 반복시킬 수 있습니다. 반복이 시작되는 위치에는 리전에 홈으로 구분됩니다.

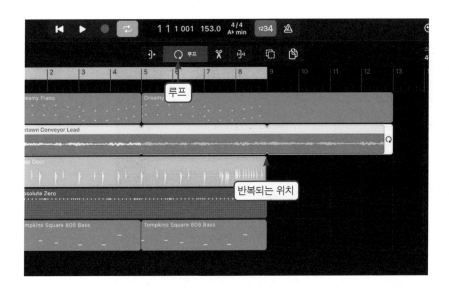

06 세번째 분할 도구는 리전을 둘로 나눕니다. 리전을 선택하면 가위 모양의 마커가 표시되며, 이를 드래그하여 위치를 설정하고, 아래쪽으로 내리면 리전이 잘립니다.

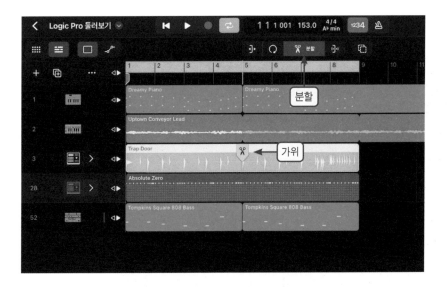

07 네 번째 스트래치 도구는 미디 및 오디오 리전의 재생 속도를 조정합니다. 리전을 줄이면 빨라지고, 늘리면 길어지는 것입니다. 단, 오디오는 음색이 변하기 때문에 음성 변조와 같은 특별한 목적이 아니라면 많은 조정은 피하는 것이 좋습니다.

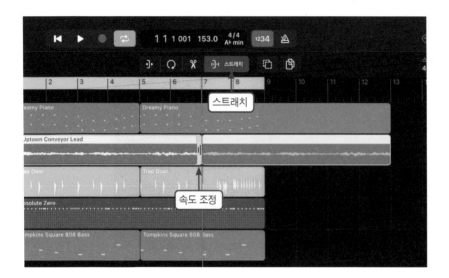

08 근접한 리전들은 빈 공간을 누르고 있다가 사각형 표시가 나타나면 드래그하여 선택할 수 있지만, 떨어져 있는 리전들을 선택할 때는 다중 선택 버튼을 탭하여 활성화시켜 놓고 선택합니다. 일시적으로 사용할 때는 버튼을 누르고 있으면 됩니다.

09 다중 선택 버튼을 탭하여 Off하고, 선택한 리전을 드래그하면 이동되며, 복사 버튼을 탭하여 On하면 복사됩니다.

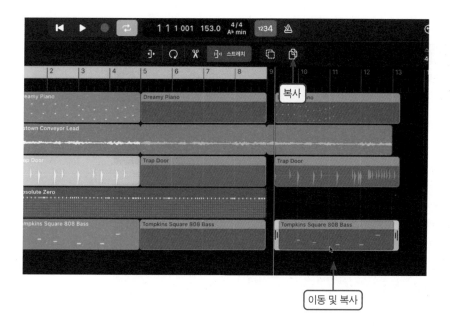

10 선택된 리전을 탭하면 모든 리전을 선택할 수 있는 모두, 동일한 트랙의 모든 다음 항목 리전을 선택할 수 있는 메뉴를 이용할 수 있습니다.

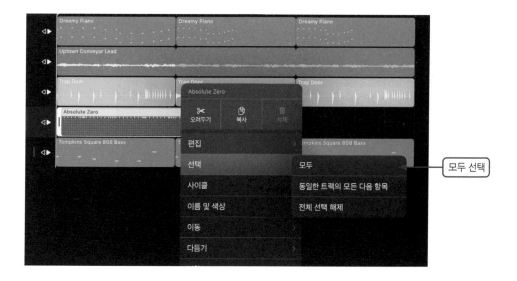

11 가까운 거리는 리전을 드래그하여 이동하거나 복사하는 것이 편하지만, 먼 거리는 앞의 메뉴에서 오려두기 및 복사를 선택하고, 눈금자를 탭하여 이동 및 복사할 위치에 가져다 놓습니다. 그리고 빈 공간을 탭하면 열리는 메뉴에서 재생헤드에 붙이기를 선택하면 됩니다.

12 편집을 하다가 실수를 한 경우에는 컨트롤 막대 오른쪽에 있는 취소 버튼을 탭하여 이전상태로 되돌릴 수 있습니다.

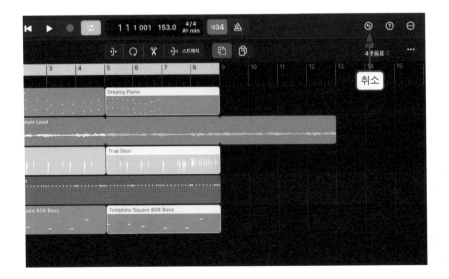

| 리전 인스펙터

01 보기 막대의 인스펙터 버튼을 탭하면 리전의 연주 정보를 세부적으로 편집할 수 있는 인스펙터 창을 열 수 있습니다. 파라미터의 구성은 미디와 오디오 유형에 따라 차이가 있습니다.

인스펙터 보기

02 **미디 리전**은 일반, 퀀타이즈, 세부사항의 3가지 카테고리로 구성되어 있으며, 각각의 카테고리 이름을 탭하여 구성 파라미터를 열거나 닫을 수 있습니다.

일반

● **이름** : 선택한 리전의 이름을 표시하며, 탭하여 변경할 수 있습니다. 여러 개의 리전을 선택한 경우에는 리전 이름 대신 선택한 리전의 수가 나타납니다.

● **색상** : 선택한 리전의 색상을 표시하며, 탭하면 색상을 변경할 수 있는 팔레트가 열립니다.

● **음소거** : 선택한 리전을 소리가 나지 않게 음소거할 수 있습니다.

● **루프** : 선택한 리전을 다음 리전까지 반복시킵니다.

● **벨로시티** : 벨로시티는 연주 강약을 말하는 것으로 리전에 입력되어 있는 노트의 벨로시티를 증가시키거나 감소시킬 수 있습니다. 파라미터 항목을 위/아래로 드래그하여 설정할 수 있고, 탭하면 숫자 또는 스크롤 휠을 돌려 조정할 수 있는 창을 열 수 있습니다.

● **트랜스포즈** : 반음 단위로 리전의 음정을 올리거나 내릴 수 있습니다.

● **딜레이** : 리전이 재생되는 타임을 앞/뒤로 이동시킵니다.

● **다이나믹스** : 벨로시티 범위를 조절하여 다이나믹스 범위를 증/감 시킬 수 있습니다. 컴프레서 또는 익스팬더와 유사한 방식으로 100%를 초과하는 값은 높은 노트 벨로시티와 낮은 노트 벨로시티 사이의 차이를 증가시키고, 100% 미만의 값은 차이를 감소시킵니다. 고정은 모든 노트에 벨로시티 값 64를 강제 적용합니다.

● **게이트 시간** : 리전에 입력되어 있는 노트의 길이를 조정하여 레가토 및 스타카토 효과를 만들 수 있습니다. 100% 미만의 값은 노트를 줄이고 100%를 초과하는 값은 노트를 늘립니다. 고정 설정은 극도의 스타카토를 생성하고, 레가토 설정은 노트의 원래 길이와 상관없이 노트 사이의 모든 공간을 제거하여 강한 레가토를 생성합니다.

● **클립 길이** : 스위치를 켜면 리전의 끝점에서 소리가 나는 노트는 갑자기 중단되고, 스위치를 끄면 리전 끝점이 더 일찍 도달했는지에 상관없이 노트가 일반 끝점까지 재생됩니다.

퀀타이즈

● **퀀타이즈** : 박자를 맞추는 기능입니다. 몇 비트로 박자를 정렬할 것인지를 선택할 수 있으며, 끔으로 퀀타이즈를 사용하지 않을 수 있습니다.

● **Q-스윙** : 업 비트를 퍼센트 단위로 밀어 스윙 리듬을 만듭니다. 50%를 초과하는 값은 비트를 밀고, 50% 미만의 값은 당깁니다. 가장 실용적인 설정은 50~75% 사이이며, 엄격하게 퀀타이즈되거나 타이트하게 재생되는 리전에 스윙 느낌을 줍니다.

● **Q-강도** : 얼마나 정확하게 퀀타이즈 할 것인지를 퍼센트 단위로 설정합니다. 100%는 정확하게 퀀타이즈 되고, 0%는 퀀타이즈를 적용하지 않습니다.

● **Q-범위** : 얼마나 벗어나 노트를 정렬할 것인지를 퍼센트 단위로 설정합니다. 기본값 0에서는 모든 노트가 퀀타이즈됩니다. 양의 값에서는 설정된 범위를 벗어난 노트만 퀀타이즈되며, 범위 내의 노트는 원래 위치를 유지합니다. 음의 값에서는 설정된 범위의 노트만 퀀타이즈되며, 범위를 벗어난 노트는 변경되지 않습니다.

퀀타이즈 양은 Q-강도 설정에 따라 다릅니다. 예를 들어 Q-범위가 20틱이고, Q-강도가 50%로 설정된 경우에는 20틱이 초과된 노트만 퀀타이즈됩니다. 이러한 노트는 50% 퀀타이즈되므로 퍼포먼스가 기계적으로 들리지 않으면서도 타이밍이 향상됩니다.

● **Q-플램** : 코드로 연주된 노트를 높은 음 또는 낮은 순서로 이동시켜 아르페지오를 만듭니다. 양수 값은 오름차순 아르페지오를 생성하고 음수 값은 내림차순 아르페지오를 생성합니다. 코드에서 맨 아래 또는 맨 위 노트의 위치는 변경되지 않습니다.

● **Q-벨로시티** : 그루브 템플릿과 함께 사용할 경우에 노트 퀀타이즈의 벨로시티 값이 템플릿 미디 리전의 벨로시티 값의 영향을 받는 양을 결정합니다. 0% 값에서 노트는 원래 벨로시티를 유지하고, 100%에서는 템플릿의 벨로시티 값을 적용합니다. 음수 값은 벨로시티를 변경하여 템플릿과의 편차를 더욱 크게 만듭니다.

● **Q-길이** : 그루브 템플릿과 함께 사용할 경우에 퀀타이즈된 노트 길이가 템플릿 미디 리전의 동등한 노트 길이로 인해 어떤 영향을 받는지 결정합니다. 값이 0%이면 이펙트가 없지만 100%에서 노트는 템플릿 리전의 정확한 노트 길이를 적용합니다. 음수 값은 노트 길이를 더 변경하므로 템플릿에서 더 큰 편차가 발생합니다.

● **Q-알고리즘** : 리전에 사용할 퀀타이즈 알고리즘을 선택합니다.

클래식 퀀타이즈는 현재 퀀타이즈 설정과 고급 퀀타이즈 파라미터를 사용하여 미디 노트를 가장 가까운 비트로 퀀타이즈합니다.

스마트 퀀타이즈는 오디오 리전에 대한 Flex Time과 유사하게 작동합니다. Q-범위 설정에 의한 그리드 위치 근처의 미디 이벤트가 분석됩니다. 대상 그리드 위치에 대한 근접도와 벨로시티를 결합한 가중치를 기반으로 각 그룹에 기준점을 설정하고 대상 그리드 위치로 이동합니다. 모든 미디 이벤트는 기준점에 비례하여 이동합니다. 각 이벤트의 이동 정도는 Q-강도 설정으로 결정됩니다. 클래식 퀀타이즈와 달리 미디 이벤트는 모두 Flex Time을 사용하여 편집된 오디오 리전과 유사하게 원래 순서를 유지합니다. 여기에는 노트뿐만 아니라 모든 미디 데이터 유형이 포함됩니다.

스마트 퀀타이즈는 대부분 클래식 퀀타이즈보다 자연스러운 결과를 만들 수 있습니다. 예를 들어 미디 피아노 퍼포먼스에서 빠른 아르페지오 코드의 노트는 서스테인 페달과 마찬가지로 상대적 위치를 유지합니다. 또 하나 유용한 상황은 퀀타이즈가 약간 필요한 미디 드럼 퍼포먼스인 경우지만, 클래식 퀀타이즈가 비트에 엄격하게 맞춰 재생되지 않는 롤, 플램 및 그 외 노트를 디스토션하는 경우입니다. 두 경우 모두 스마트 퀀타이즈는 노트 켬, 노트 끔 및 컨트롤 정보 이벤트의 상대적 위치를 유지합니다.

세부사항
● **위치** : 리전 위치를 마디, 박자, 비트 및 틱으로 표시하며 변경 가능합니다.

● **길이** : 리전 길이를 마디, 박자, 비트 및 틱으로 표시하며 변경 가능합니다.

● **시간 위치 잠금** : 실수로 위치가 변경되지 않도록 잠글 수 있습니다.

03 **오디오 리전**은 일반, 퀀타이즈, 페이드 시작/종료, 세부사항의 5가지 카테고리로 구성되어 있으며, 일반의 퀀타이즈, 세부사항 등의 일부분은 미디 리전과 동일합니다.

일반

● **게인** : 데시벨 단위로 오디오 리전의 게인을 설정합니다. 일반적으로 레벨을 올리는 것 보다 리전의 레벨이 너무 커서 클리핑이 발생할 때 줄이는 용도로 사용합니다.

● **트랜스포즈** : 반음 단위로 리전의 음정을 조정합니다.

● **미세 조정** : 센트 단위로 리전의 음정을 조정합니다.

● **딜레이** : 리전의 재생 위치를 조정합니다.

● **리버스** : 오디오가 거꾸로 재생되게 합니다. Flex 및 따르기 파라미터가 켜져 있는 경우에는 사용할 수 없습니다.

● **속도** : 오디오 리전의 재생 속도 변경할 수 있습니다.

- **Flex 및 따르기** : 켬으로 리전이 프로젝트 템포를 따르게 할 수 있습니다. 그 외, 마디 단위로 정렬되게 하는 켬+마디 정렬, 비트까지 정렬되게 하는 마디 및 비트를 선택할 수 있습니다. Flex 및 따르기 옵션을 끄면 프로젝트 템포를 따르도록 하는 템포 따르기 파라미터로 변경됩니다.

- **원래의 템포** : 리전이 원래의 템포를 표시하며, Flex 및 따르기가 켜져 있으면 변경 가능합니다.

페이드 시작
- **스타일** : 페이드 인 또는 속도 높이기를 선택할 수 있습니다.

- **박자** : 페이드 인 또는 속도 높이기 길이를 설정합니다.

- **커브** : 페이드 인 또는 속도 높이기 곡선을 조정합니다. 페이드 인 또는 속도 높이기 커브는 리전 시작 위치에 표시됩니다.

페이드 종료
- **스타일** : 페이드 아웃 또는 속도 낮추기를 선택할 수 있습니다.

- **박자** : 페이드 아웃 또는 속도 낮추기 길이를 설정합니다.

- **유형** : 페이드 아웃의 페이드 유형을 선택합니다.
아웃 : 표준 페이드 아웃을 생성합니다.
X(크로스페이드) : 선택한 리전을 뒤에 오는 리전과 크로스페이드합니다.
EqP(동일 출력 크로스페이드) : 오디오 리전 사이의 볼륨 감소를 최소화하여 레벨이 약간씩 다를 수 있는 여러 리전 사이의 크로스페이드를 평탄하게 만듭니다.
X S(S-커브 크로스페이드) : S자 모양의 커브로 크로스페이드가 적용됩니다. 아웃 이외의 메뉴는 연속된 두 리전 중 첫 번째에만 적용할 수 있으며, X, EqP 또는 X S 옵션을 선택하면 페이드 인 파라미터는 중복됩니다.

- **커브** : 페이드 아웃 또는 속도 늦추기 곡선을 조정합니다.

ㅣ 트랙 헤더

01 Logic Pro Tour 자습서 프로젝트는 트랙 헤더에 아이콘만 표시되어 있지만, 트랙을 오른쪽
으로 쓸어 넘기면 페이더에서 보았던 파라미터를 표시할 수 있습니다.

02 트랙 헤더 상단의 더 보기 버튼을 탭하면 트랙 추가, 출력트랙 보기, 트랙 헤더 사용자화를
선택할 수 있는 메뉴가 열리며, 여기서 트랙 헤더 사용자화를 선택하면 트랙 헤더에 표시되는 파라
미터를 사용자가 필요한 것으로 재구성할 수 있습니다.

| 글로벌 트랙

01 트랙 헤더 상단의 글로벌 버튼을 탭하면 마커 및 템포 정보를 입력할 수 있는 글로벌 트랙을 열 수 있습니다. 글로벌 버튼을 누르고 있으면 박자와 조표 트랙을 추가할 수 있습니다.

02 마커는 전주, 간주 등 곡의 위치를 메모하는 역할을 하며, 생성 버튼을 탭하여 재생 헤드 위치에 만들 수 있습니다. 이름은 인스펙터 창에서 입력할 수 있습니다.

03 박자표와 조표 역시 마커와 동일한 방법으로 입력하고 편집할 수 있습니다. 마커, 박자표, 조표는 드래그로 위치를 조정하거나 시작 및 끝 위치를 드래그하여 길이를 변경할 수 있습니다.

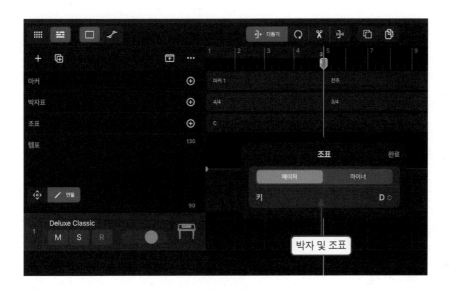

04 템포는 연필 버튼이 선택되어 있는 상태에서 라인을 탭하여 포인트를 추가하고 변경할 수 있습니다. 포인트를 삭제할 때는 더블 탭합니다. 이동 버튼은 포인트의 위치를 이동시킬 때 사용하지만, 익숙해지면 연필 버튼만으로 이동, 추가, 편집 작업이 가능합니다.

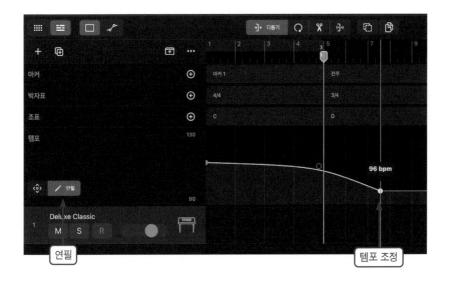

iPad용 Logic Pro 당신의 손끝에 음악 스튜디오

Part 2

신선한 사운드
무한한 영감

새로운 사운드를 빠르게 찾고 발견할 수 있어, 끊임없이 창의적 플로를 유지할 수 있습니다. 여기에 계속 늘어나는 악기, 루프, 패치 라이브러리 덕분에 창의적 자극을 끝없이 받을 수 있습니다.

Lesson 01

드러머 트랙

로직은 미디, 오디오, 패턴, 드러머의 4가지 트랙 유형을 제공합니다. 곡 작업을 위해 새로운 프로 젝트를 만들고, 어떤 유형의 트랙에서 시작하는지는 개인마다 다릅니다. 미디 트랙을 만들어 즐겨 사용하는 코드 패턴을 연주하는 사람도 있고, 오디오 트랙을 만들어 기타 연주를 레코딩 하는 사 람도 있습니다. 하지만 어떤 경우이든 템포를 결정하고 레코딩 가이드가 되어줄 소리를 선택하는 일이 먼저입니다.

레코딩 가이드로 사용할 수 있는 것에는 메트로놈과 드럼 루프가 있으며, 선택은 개인의 취향입 니다. 그러나 대부분의 팝 아티스트들은 드럼 루프에 맞추어 레코딩하는 것을 선호합니다. 특히, EDM이나 Hip Hop 뮤지션들은 처음부터 드럼을 프로그래밍하면서 아이디어를 얻기도 합니다.

로직의 드러머 트랙은 선택하는 것만으로 멋진 드럼 패턴이 연주되기 때문에 그대로 템포 가이드 로 사용해도 되고, 다양한 장르와 연주 스타일 및 사운드를 제공하고 있기 때문에 실제 드러머를 섭외하여 레코딩한 것과 같은 드럼 트랙을 만들 수 있습니다.

ㅣ 새로운 프로젝트 만들기

01 로직을 실행하면 아이패드 사용자에게 너무 익숙한 파일 브라우저가 열립니다. 새로운 프로젝트를 만들려면 프로젝트 생성 또는 도구 바에 + 기호로 표시되어 있는 버튼을 탭합니다.

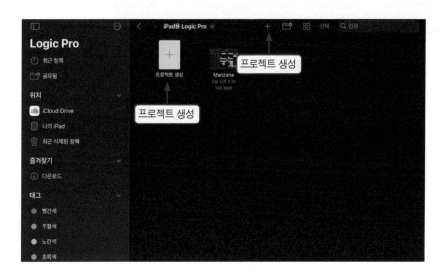

02 녹음 품질을 결정하는 샘플률은 오디오 레코딩을 진행하기 전에 설정하면 되지만, 프로젝트를 만들 때 설정해두면 실수를 피할 수 있습니다. 새로운 프로젝트 설정을 탭합니다.

03 새로 만들 프로젝트의 템포, 박자, 키, 그리고 샘플률을 설정할 수 있는 창이 열립니다. 일반적으로 샘플률은 48KHz를 많이 사용합니다. 마지막 설정은 기억을 하므로 프로젝트를 만들 때마다 설정할 필요는 없습니다.

04 템포와 박자, 그리고 키를 미리 결정하고 음악을 만드는 경우는 거의 없기 때문에 기본값을 변경할 이유는 없겠지만, 열어본 김에 살펴보겠습니다. 템포 값은 위/아래로 드래그하여 조정할 수 있으며, 탭하면 3가지 타입으로 값을 설정할 수 있는 스크롤 휠 창이 열립니다.

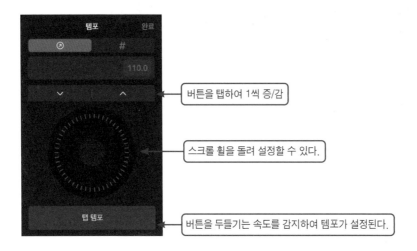

버튼을 탭하여 1씩 증/감

스크롤 휠을 돌려 설정할 수 있다.

버튼을 두들기는 속도를 감지하여 템포가 설정된다.

05 박자표 오른쪽의 분모 값을 탭하면 선택할 수 있는 메뉴가 열리며, 왼쪽 분자 값은 위/아래로 드래그하여 설정하거나 탭하면 열리는 숫자 키 패드를 이용할 수 있습니다. 박자를 입력하는데 굳이 필요할까 싶지만, 로직에서 값을 입력하는 항목들이 키 패드를 지원한다는 것을 기억합니다. 조표는 메이저와 마이너를 선택할 수 있는 버튼과 키를 선택할 수 있는 메뉴를 제공합니다.

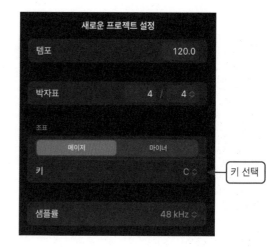

06 프로젝트 설정에서 가장 중요한 사항은 샘플률입니다. 48KHz인 것을 확인했다면 비어 있는 새로운 프로젝트의 트랙 버튼을 탭하여 새로운 프로젝트를 만듭니다.

| 새로운 트랙 만들기

01 비어 있는 새로운 프로젝트의 트랙 버튼을 탭하면 어떤 유형의 트랙을 만들 것인지를 묻는 창이 열립니다. 드럼 리듬은 트랙 종류에 상관없이 다양한 소스를 이용하여 만들 수 있지만, 로직에서 제공하는 드러머 트랙으로 시작을 하는 것이 가장 편리합니다.

02 Drummer 트랙을 만들 때 장르를 미리 선택하고 싶은 경우에는 더 보기 버튼을 탭하여 열고, Drummer 장르 항목에서 선택합니다. 그 외, 외부 MIDI 악기를 사용할 것인지, 브라우저를 악기 패치로 열것인지, 루프로 열 것인지를 설정할 수 있습니다.

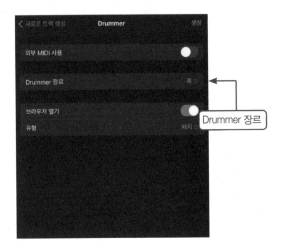

03 새로운 트랙 생성 창에서 Drummer를 선택하면 기본적으로 8마디 패턴의 록 연주 패턴이 기록되어 있는 오디오 리전이 생성되며, 왼쪽 브라우저에는 음색을 선택할 수 있는 악기 패치가 열리고, 아래쪽에는 연주 스타일을 변경할 수 있는 편집 창이 열립니다.

04 음색과 스타일은 사운드를 모니터하면서 편집을 하는 것이 좋습니다. 눈금자를 탭하여 사이클 기능을 활성화시키고, 오른쪽 끝을 드래그하여 8마디 길이로 만듭니다. 그리고 재생 버튼을 탭합니다.

05 악기 패치 아래쪽의 대치 버튼을 탭하여 On으로 놓고, 마음에 드는 음색을 찾습니다.

대치 버튼

06 마음에 드는 음색을 찾았다면 보기 컨트롤 막대의 브라우저 버튼을 탭하여 창을 닫습니다. 편집 창에 팝 록으로 표시되어 있는 아이콘을 탭하면 장르별 드러머를 선택할 수 있는 메뉴가 열립니다. 만들고자 하는 음악 장르에 어울리는 드러머를 선택합니다.

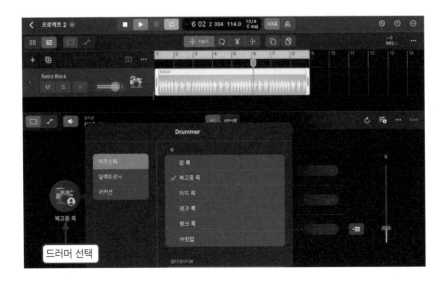

드러머 선택

07 같은 음색, 같은 장르라도 연주 스타일이나 악기 구성에 따라 리듬은 달라집니다. 드럼 편집 메뉴 막대에 프리셋을 탭하면 미리 세팅되어 있는 연주 스타일을 선택할 수 있으며, 같은 프리셋이라도 새로 고침 버튼을 탭하면 미세하게 변경됩니다.

08 마음에 드는 프리셋이 없다면 사용자가 직접 만들 수 있습니다. 복잡성과 강도는 말 그대로 얼마나 복잡하고 강하게 연주되게 할 것인지를 조정합니다. 그리고 오른쪽 아이콘에서 드럼 구성 요소를 추가하거나 뺄 수 있고, 각 악기의 연주 패턴을 변경할 수 있습니다.

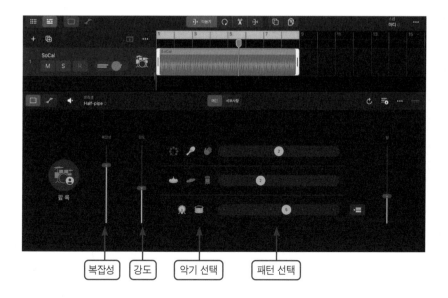

09 킥과 스네어의 따르기 버튼을 탭하면 패턴 선택 슬라이더는 트랙 선택 메뉴로 변경되며, 선택한 트랙에 드러머의 킥과 스네어 연주 비트를 맞출 수 있습니다.

10 필 슬라이더는 얼마나 화려한 필인 연주를 만들 것인지를 결정합니다. 필은 리전의 마지막 마디에서 연주되는 것이므로, 1-2 마디 또는 4마디 위치에 필인을 넣고 싶다면 분할 툴을 이용하여 리전을 원하는 길이로 자르는 요령이 필요합니다.

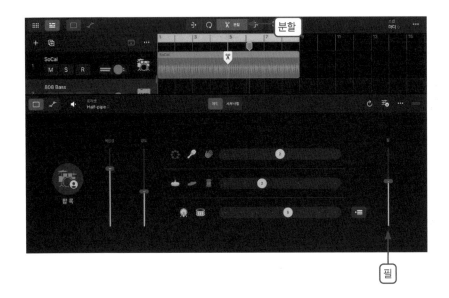

11 세부사항을 탭하면 느낌, 하이-햇 열기, 스윙, 고스트 노트 등의 세부적인 연주 테크닉을 설정할 수 있는 창이 열립니다.

세부사항

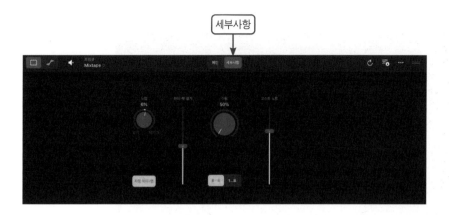

- **느낌** : 연주를 앞으로 당기거나 뒤로 밉니다.
- **자동 하이-햇** : 하이-햇 연주 비율이 자동으로 설정됩니다.
- **하이-햇 열기** : 수동으로 오픈 하이-햇 연주 비율을 조정할 수 있습니다.
- **스윙** : 8비트 또는 16비트 스윙 리듬을 만듭니다.
- **고스트 노트** : 고스트 노트 연주 비율을 조정합니다.

12 다른 프리셋 또는 다른 드러머를 선택할 때 사용자 설정이 변경되지 않게 하려면 메뉴 막대의 잠금 버튼을 탭하여 선택합니다. 필, 스윙, 설정, 드럼 키드를 잠글 수 있습니다.

잠금 버튼

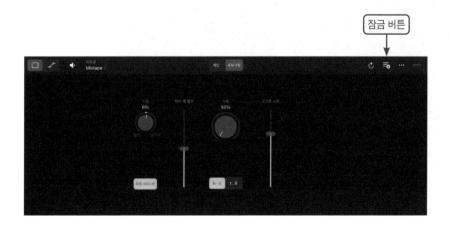

13 더 보기 버튼은 기본 패치 및 기본값을 재호출할 수 있는 메뉴를 제공합니다.

14 드러머의 편집기를 이용하여 다양한 리듬을 만들 수 있지만, 사용자 음악에 딱 들어맞는 연주는 어려울 수 있습니다. 좀 더 세부적인 편집이 필요하다면 드러머 리전을 탭하면 열리는 메뉴에서 변환의 MIDI 리전으로 변환을 선택합니다. 오디오 보다 자유로운 편집이 가능한 미디 리전으로 변환됩니다.

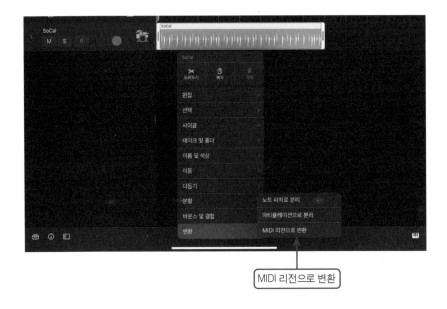

15 미디 리전으로 변환을 했어도 필요하다면 언제든 변환 메뉴의 Drummer 리전으로 변환을 선택하여 복구할 수 있습니다.

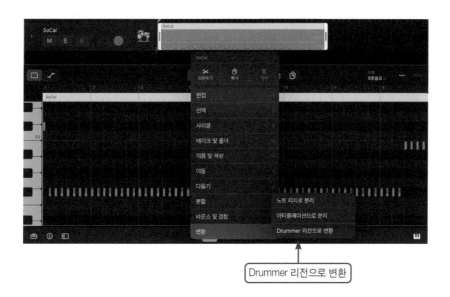

Drummer 리전으로 변환

16 드러머도 좋지만 메트로놈이 편하다는 사용자도 있습니다. 메트로놈은 필요할 때 On/Off로 사용할 수 있으며, 버튼을 누르고 있으면 몇 가지 옵션을 설정할 수 있는 메뉴가 열립니다.

메트로놈

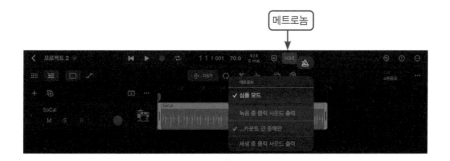

● **심플 모드** : 메트로놈을 On/Off로 동작시킵니다. 이 옵션을 해제해야 다른 설정이 가능합니다.
● **녹음 중 클릭 사운드 출력** : 메트로놈 On/Off에 관계없이 녹음 중에 출력됩니다.
● **카운트 인 중에만** : 메트로놈이 On/Off에 관계없이 카운트 인 중에만 출력됩니다. 단, 녹음 중 클릭 사운드 출력 옵션이 함께 선택되어 있어야 합니다.
● **재생 중 클릭 사운드 출력** : 재생 중에만 출력됩니다.

Lesson 02

미디 트랙

아이패드용 로직 프로는 처음부터 터치 기반으로 만들어졌기 때문에 손가락 터치만으로 표현력이 풍부한 소프트웨어 악기를 연주할 수 있는 플레잉 서피스를 제공합니다. 가상 피아노의 건반을 탭하여 라이브 연주를 할 수도 있고, 보다 정밀한 플레이를 원하면 드럼 패드를 이용해 원하는 순간에 발동되도록 프로그래밍을 할 수 있어 머릿속의 음악을 현실화하기 위한 온갖 종류의 악기로의 변신이 가능합니다.

기본적으로 열리는 플레잉 서피스는 선택한 소프트웨어 악기 트랙에 로드된 악기 패치 유형에 따라 달라집니다. 그러나 사용자가 원한다면 악기 패치 유형에 상관없이 손에 익숙한 플레잉 서피스를 사용하여 모든 소프트웨어 악기를 연주할 수 있습니다.

로직은 크게 건반 악기 연주에 적합한 키보드와 코드 스트립, 현 악기 연주에 적합한 프렛보드와 기타 스트립, 그리고 드럼 악기에 최적화되어 있는 드럼 패드의 플레잉 서피스를 제공하는데, 특정 플레잉 서피스를 항상 사용하려면 플레잉 서피스 잠근 기능을 이용하여 모든 악기 패치의 기본값으로 설정되게 할 수 있습니다.

| 트랙 추가하기

01 로직은 트랙을 추가하는 다양한 방법을 제공합니다. 가장 흔하게 사용하는 방법은 트랙 리스트 상단에 + 기호로 표시되어 있는 추가 버튼을 탭하는 것입니다.

02 프로젝트를 시작할 때 보았던 새로운 트랙 생성 창이 열립니다. 각 트랙의 패치는 트랙을 만든 후에 변경하는 것이 일반적이지만, 사용자가 원하는 패치로 트랙을 만들 수도 있습니다. MIDI 항목에서 더 보기 버튼을 탭합니다.

03 외부 MIDI 악기를 사용할 것인지, 기본 패치 외의 악기를 선택할 것인지, 브라우저가 열리게 할 것인지, 브라우저 유형은 어떤 것으로 할 것인지를 선택할 수 있습니다. 변경 사항이 있다면 선택을 하고, 생성 버튼을 탭합니다.

04 기본 설정으로 만들어진 미디 트랙은 Deluxe Classic 악기 패치이며, 플레잉 서피스 버튼을 탭하여 키보드를 열고, 음색을 모니터 해볼 수 있습니다. 대치 버튼이 On으로 되어 있으면, 악기 패치 이름을 선택할 때 바로 트랙에 로딩되어 마음에 드는 음색을 찾을 수 있습니다.

05 악기 패치가 바로 바뀌는 것을 원치 않는다면 대치 버튼을 Off합니다. 이때는 패치 이름을 선택하도 트랙에 로딩되지 않기 때문에 키보드로 모니터할 수 없고, 패치 이름 왼쪽의 아이콘을 탭하여 미리 들어보는 방법을 선택합니다. 트랙의 패치를 변경할 때는 패치 이름을 길게 터치 한 다음에 트랙으로 드래그 합니다.

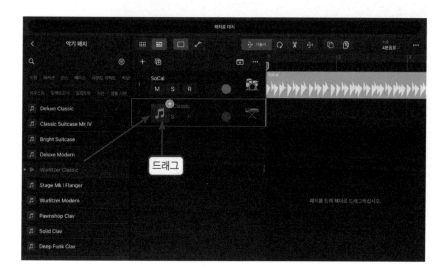

06 악기 패치 이름을 트랙의 빈 공간으로 드래그하여 가져다 놓으면, 해당 패치가 로딩된 새로운 트랙이 생성된다는 것도 기억해두면 좋습니다.

07 악기 패치가 너무 많아 리스트를 줄이고 싶다면 필터 기능을 이용합니다. 리스트 상단에 악기, 장르, 등의 필터 버튼을 탭하여 자신이 만들고자 하는 음악에 어울리는 범위로 줄일 수 있습니다. 선택한 필터를 취소할 때는 모두 지우기 버튼을 탭합니다.

08 필터를 한 화면에 모두 열어 놓고 선택하고자 한다면 모든 필터 버튼을 탭합니다.

09 Piano, violin 등의 특정 악기 이름으로 검색을 하고 싶을 때는 돋보기 모양의 검색 버튼을 탭하여 입력합니다. 키보드를 이용해도 좋고, 펜슬로 직접 필기하는 것도 가능합니다.

10 트랙을 만드는 또 다른 방법은 트랙 리스트의 빈 공간을 더블 탭하거나 복제 버튼을 탭하는 것입니다. 더블 탭은 선택한 트랙과 같은 유형의 트랙을 만들며, 복제 버튼은 악기 패치가 동일한 트랙을 만듭니다.

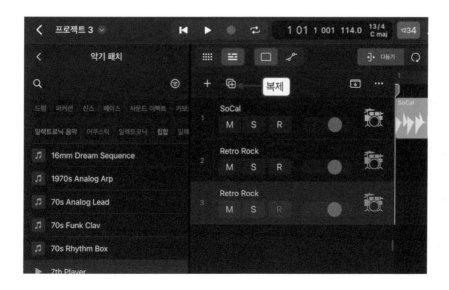

11 복제 버튼을 길게 누르면 콘텐츠와 함께 트랙 복제 메뉴를 선택할 수 있습니다. 트랙에 존재하는 리전까지 함께 복제되는 기능입니다.

12 트랙은 브라우저에서 만드는 것도 가능합니다. 브라우저의 더 보기 버튼을 탭하여 메뉴를 열고 패치를 포함한 새로운 트랙을 탭하면 악기 패치에서 선택한 음색이 로딩된 새로운 트랙을 만들 수 있습니다. 그 외, 메뉴의 역할은 다음과 같습니다.

- **패치를 포함한 새로운 트랙** : 악기 패치에서 선택한 음색이 적용된 트랙을 만듭니다.
- **패치 대치** : 악기 패치에서 선택한 음색을 트랙에 로딩합니다.
- **새로운 항목의 기본값으로 설정** : 새로운 트랙을 만들 때의 기본 패치로 적용합니다.
- **유사한 항목 찾기** : 필터 및 검색 내용에 포함된 것과 유사한 패치를 나열합니다.
- **유사하지 않은 항목 찾기** : 필터 및 검색 내용에 포함되지 않은 패치를 나열합니다.
- **즐겨찾기에 추가** : 브라우저 즐겨찾기 목록에 추가하여 다음에 쉽게 찾을 수 있도록 합니다.

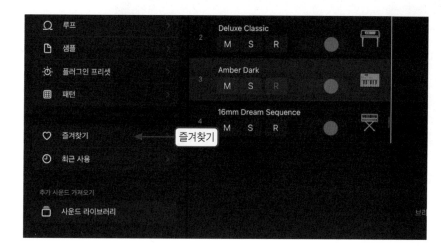

13 트랙 이름을 왼쪽으로 쓸어 넘기면 더 보기 메뉴에서 자주 사용하는 패치 대치, 패치를 포함한 새로운 트랙, 즐겨찾기에 추가 기능 버튼을 이용할 수 있습니다.

┃ 터치로 연주

01 보기 컨트롤 막대의 플레잉 서피스 버튼을 탭하면 악기를 터치로 연주할 수 있는 키보드가 열립니다. 기본적으로 열리는 플레잉 서피스는 악기 패치 유형에 따라 달라지며, 유형 버튼을 탭하여 변경할 수 있습니다.

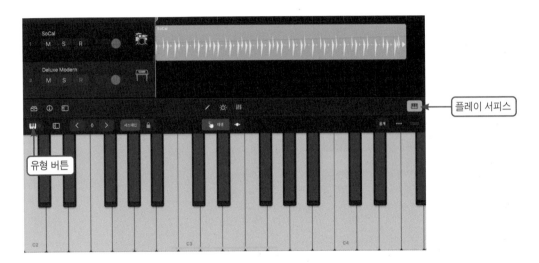

02 플레잉 서피스의 크기는 오른쪽에 두 줄로 표시되어 있는 리사이즈 버튼을 드래그하여 조정할 수 있습니다. 탭하면 이전 크기로 전환됩니다.

03 플레잉 서피스 컨트롤 막대에는 유형 선택 및 리사이즈 버튼 외에도 다양한 버튼을 제공합니다. 버튼의 구성과 역할은 유형마다 조금씩 차이가 있지만, 기능은 비슷합니다.

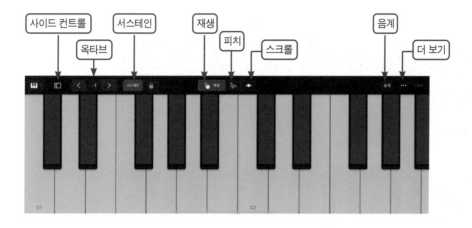

04 **사이드 컨트롤** : 사이드 컨트롤 버튼을 탭하면 하드웨어 마스터 건반에서 볼 수 있는 피치 (Pitch)휠과 모듈레이션(모드) 휠, 그리고 벨로시티 범위를 설정할 수 있는 컨트롤러가 열립니다.

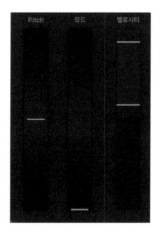

● **Pitch** : 연주하고 있는 노트의 음정을 올리거나 내립니다. 피치 밴드라고도 부르는데, 기타 연주자들에게는 익숙한 용어일 것입니다.

● **모드** : 모듈레이션은 악기 패치마다 차이가 있는데, 대부분 음을 떨게 하는 비브라토 효과를 만듭니다.

● **벨로시티** : 로직의 플레잉 서피스는 연주 노트의 강약을 의미하는 벨로시티를 인식하며, 이때 적용되는 벨로시티의 범위를 사이드 컨트롤의 벨로시티 슬라이더로 설정할 수 있습니다. 드럼 패드의 경우에는 아래쪽을 누르면 약하게 연주되고, 위쪽을 누르면 강하게 연주됩니다. 물론, 사용자가 원하는 값으로 고정하거나 연주 세기에 반응하도록 설정할 수 있습니다.

05 사이드 컨트롤의 피치 휠과 모듈레이션 대신에 누르고 있는 건반이 반복 연주되도록 하는 컨트롤러로 대체할 수 있습니다. 컨트롤 막대의 더 보기 버튼을 탭하여 메뉴를 열고, 보기 옵션의 노트 반복을 선택합니다.

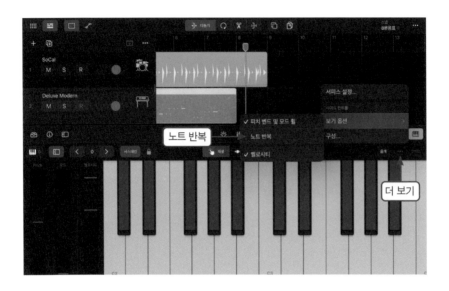

06 피치 휠과 모듈레이션 휠 컨트롤러가 속도와 게이트 컨트롤러로 대체됩니다.

● **속도** : 노트가 반복 연주되게 합니다. 속도에서 원하는 비트를 선택하고 건반을 연주하면 해당 비트로 노트가 반복됩니다. 트레몰로 연주가 필요할 때 효과적으로 사용할 수 있습니다.

● **게이트** : 반복되는 노트의 길이를 설정합니다. 슬라이더를 아래쪽으로 내려 길이를 짧게 설정하면 스타카토 연주를 간단하게 연출할 수 있습니다.

07 옥타브 및 스크롤 : 키보드는 기본적으로 2옥타브 반 정도의 범위로 표시되며, 건반을 크게 하면 이보다 좁은 2옥타브도 되지 않습니다. 이 문제를 해결할 수 있는 것이 옥타브 또는 스크롤 버튼입니다. 옥타브 버튼은 화면에 표시되는 건반의 위치를 옥타브 단위로 증/감소시킬 수 있으며, 스크롤 버튼은 건반을 누른 상태로 좌/우로 스크롤하여 위치를 이동할 수 있습니다.

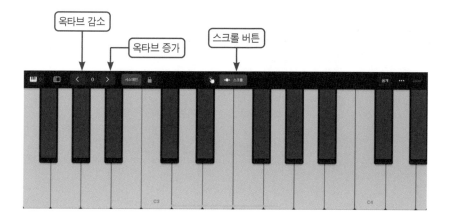

08 서스테인 : 피아노의 서스테인 페달과 동일한 역할입니다. 버튼을 누르고 있으면 피아노의 서스테인 페달을 밟고 있는 것과 같습니다. 서스테인 버튼을 오른쪽으로 밀면 서스테인 페달을 계속 밟고 있는 상태가 되며, 버튼을 누를 때 서스테인이 Off 됩니다.

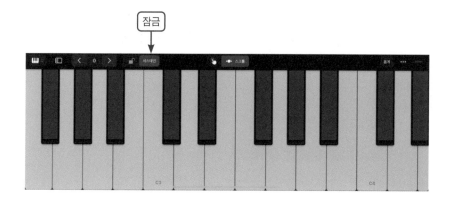

09 피치 : 피치 버튼은 베이스, 스트링 등의 일부 악기 패치에서 사용할 수 있습니다. 건반을 누른 상태로 좌/우로 스크롤하여 두 음사이를 부드럽게 연결하는 슬라이스 및 포르타멘토 주법을 표현할 수 있습니다.

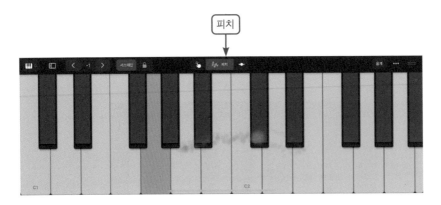

10 음계 : 건반을 특정 스케일 폼으로 배열합니다. 스케일과 이조 연주는 1-2년 연습으로 완성할 수 있는 학습이 아니지만, 건반을 스케일로 배열하여 쉽게 연주할 수 있게 합니다. 음계 버튼을 탭하여 메뉴를 열고, 활성화 버튼을 On으로 합니다. 그리고 근음을 바꾸면 C 키로 연주하는 것을 쉽게 이조 시킬 수 있으며, 음계를 선택하면 건반이 해당 스케일 폼으로 배열되기 때문에 초보자도 프로 못지않은 스케일 연주를 구사할 수 있습니다.

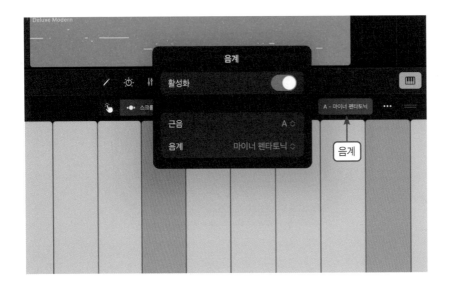

11 더 보기 : 서피스 설정, 보기 옵션, 구성의 3가지 메뉴를 제공합니다.

[서피스 설정]

● 크기 :

건반의 넓이를 보통보다 좁게 또는 넓게 표시합
니다.

● 노트 이름 표시 :

건반에 노트 이름을 표시합니다.

● 폴리포닉 피치 밴드 :

컨트롤 막대에 피치 버튼을 표시합니다.

● Y-매핑 :

피치 버튼을 애프터터치 및 모듈레이션 컨트롤
러 기능으로 사용합니다.

● 벨로시티 모드 :

다이내믹 및 고정 중에서 선택합니다.

● 벨로시티 (범위) :

고정으로 선택한 경우의 값 또는 다이내믹으로 선택한 경우의 최소/최대 값을 설정합니다.

[보기 옵션]

사이드에 표시할 컨트롤러를 선택합니다.

[구성]

● 모드 휠 :

모듈레이션 휠을 익스프레션(CC#11) 휠로 사용
할 수 있게 합니다.

● 노트 반복 :

노트 반복 목록 및 게이트 범위를 설정합니다.

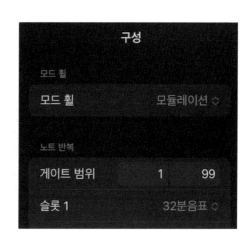

12 플레잉 서피스는 키보드 외에 다양한 유형을 제공합니다.

● **드럼 패드**

유형 버튼을 탭하여 선택할 수 있으며, 드럼 계열의 악기 패치에서 자동으로 열리는 드럼 패드는
화면상의 패드를 두들기며 즉흥적인 퍼포먼스를 즐길 수 있습니다.

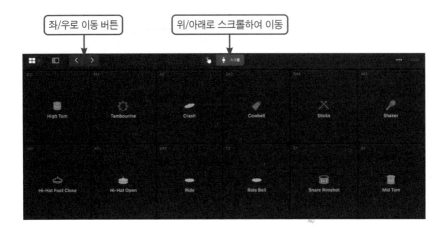

● **프렛보드**

유형 버튼을 탭하여 선택할 수 있으며, 기타 계열의 악기 패치에서 자동으로 열리는 프렛보드
는 실제 기타에서 구현할 수 있는 모든 테크닉을 연출할 수 있습니다. 편집 버튼을 탭하면 각 현
을 개별적으로 튜닝할 수 있으며, 더 보기 메뉴의 서피스 설정에서 Bass, Ukulele, Violin, Viola,
Cello 레이아웃으로 변경할 수 있습니다.

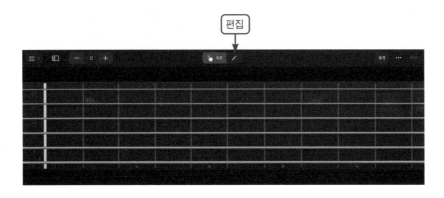

● 코드 스트립

유형 버튼을 탭하여 열 수 있으며, 코드를 연주합니다. 위쪽의 흰색 세그먼트는 코드가 연주되는 옥타브 범위를 나타내며, 아래쪽의 회색 세그먼트는 1-5-1 베이스를 연주합니다. 즉, 피아노 양손 연주를 연출하려면 두 세 손가락으로 회색 세그먼트와 흰색 세그먼트를 동시에 연주합니다. 편집 버튼을 탭하면 스트립에 기본적으로 설정되어 있는 코드를 변경할 수 있습니다.

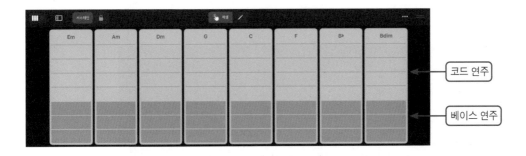

코드 연주

베이스 연주

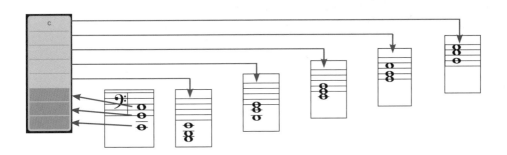

● 기타 스트립

유형 버튼을 탭하여 열 수 있으며, 코드 스크로크 및 아르페지오를 연주할 수 있습니다.

ㅣ 미디 레코딩

01 노멀 레코딩 :

디스플레이 템포 값을 위/아래로 드래그하거나 탭하여 스크롤 휠 창을 열어 템포를 설정합니다. 그리고 녹음을 시작하기 전에 준비할 수 있는 카운트 인 버튼이 On으로 되어 있는지 확인합니다.

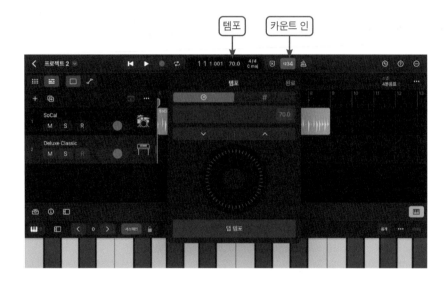

02 트랜스포트의 녹음 버튼을 탭하면 4박자의 카운트 소리가 들리고 녹음이 시작됩니다. 연주는 플레잉 서피스를 이용해도 좋고, USB로 연결한 외부 마스터 건반을 이용해도 좋습니다.

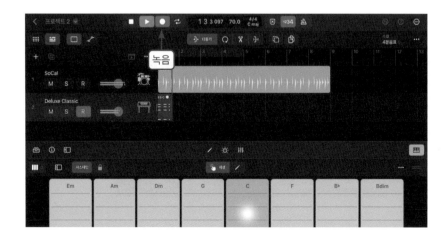

03 실수를 했다면 정지 버튼을 탭하여 정지하고, 컨트롤 막대의 취소 버튼을 탭하여 취소합니다. 그리고 처음으로 이동 버튼을 탭하여 재생헤드를 처음으로 이동시키고, 다시 시도합니다.

04 녹음이 끝나면 정지 버튼을 탭하여 완료합니다. 리전이 필요한 길이보다 길다면 오른쪽 끝 핸들을 왼쪽으로 드래그하여 줄입니다.

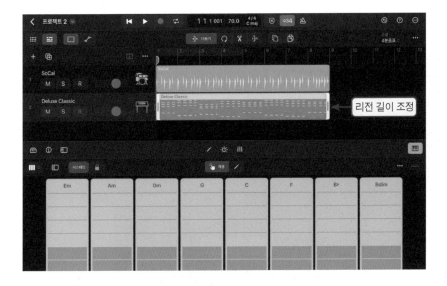

05 테이크 레코딩 :

피아노의 왼손과 오른손 또는 드럼의 하이햇과 스네어 및 킥 드럼을 나누어 녹음하는 경우라면 처음으로 이동 버튼을 탭하여 같은 방법으로 녹음을 반복할 것입니다.

06 로직은 기본적으로 처음 녹음했던 리전 위로 새로 녹음을 하면 테이크 폴더로 생성됩니다.
재생을 해보면 마지막에 녹음했던 리전만 재생되는 것을 확인할 수 있습니다.

07 녹음을 반복해서 2개 이상의 리전이 겹치게 만드는 것을 테이크 녹음이라 하며, 같은 프레이즈를 몇 차례 반복해서 마음에 드는 것을 고르고자 할 때 이용합니다. 리전을 탭하면 메뉴가 열리며, 테이크 및 폴더 항목을 보면 녹음했던 테이크가 순서대로 나열되어 있는 것을 확인할 수 있습니다. 여기서 최종적으로 재생되게 하고 싶은 연주를 선택합니다.

08 사이클 레코딩 :

하지만, 의도했던 것은 피아노 왼손과 오른손 또는 드럼 구성 악기를 하나씩 반복 녹음하여 하나로 병합되게 만드는 것이었습니다. 컨트롤 막대의 취소 버튼을 탭하여 취소합니다.

09 눈금자를 드래그하여 반복 녹음하고자 하는 길이만큼 사이클 구간으로 설정합니다. 그리고 녹음을 하면 사이클이 꺼져 있을 때와는 다르게 반복되는 리전들이 하나로 병합되는 것을 확인할 수 있습니다.

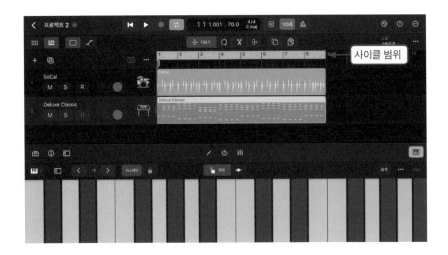

10 즉, 기존 리전 위에 새로운 이벤트를 녹음할 때 사이클이 꺼져 있으면 테이크로 만들고, 사이클을 켜면 병합되는 것입니다. 필요하다면 이것을 반대로 설정할 수 있습니다. 컨트롤 막대의 더 보기 버튼을 탭하여 설정을 선택합니다.

11 앱 설정 창의 녹음 항목을 탭하여 열어보면 사이클 켜져 있을 때 병합되고, 꺼져 있을 때 테이크 폴더를 생성되게끔 설정되어 있는 것을 확인할 수 있습니다. 이것을 자신의 작업 스타일에 따라 변경하면 됩니다.

12 멀티 레코딩 :

미디를 멀티로 녹음하는 경우는 거의 없겠지만, 친구는 마스터 건반으로 피아노를 연주하고, 본인은 플레잉 서피스로 베이스를 연주하는 등의 작업이 필요하다고 가정합니다. 이때 각각의 연주가 서로 다른 트랙에 녹음되게 할 수 있습니다. 트랙 리스트의 빈 공간을 더블 탭하여 현재 선택되어 있는 미디 트랙과 같은 유형의 트랙을 만듭니다.

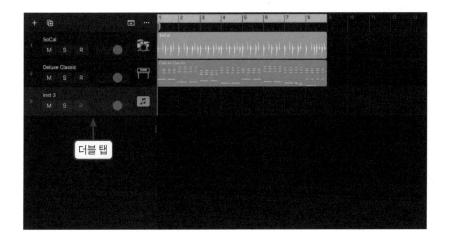

13 보기 컨트롤 막대의 브라우저 버튼을 탭하여 열고, 각 트랙에서 연주하고자 하는 악기 패치를 선택합니다.

14 계속해서 보기 컨트롤 막대의 인스펙터 버튼을 탭하여 창을 엽니다. 인스펙터에 리전 파라미터가 표시되고 있다면 유형 항목을 탭하여 트랙으로 변경합니다.

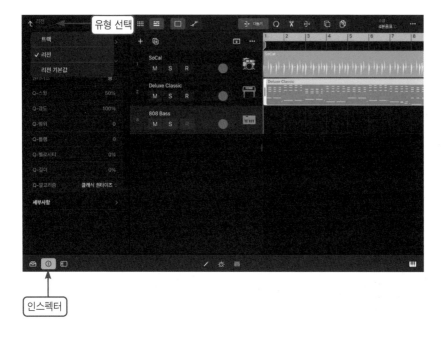

15 MIDI 입력 포트 항목을 탭하여 USB 단자에 연결한 마스터 건반을 선택합니다. 그리고 다른 트랙에서는 플레잉 서피스를 선택합니다. 물론, 2대 이상의 건반을 연결했다면 각각의 제품을 선택합니다.

16 두 트랙의 녹음 활성화 버튼을 탭하여 On 합니다. 로직은 녹음을 진행할 때 선택된 트랙의 녹음 활성화 버튼이 자동으로 On 되지만, 두 트랙 이상의 동시 녹음이 필요한 경우에는 수동으로 켜줘야 합니다. 레코딩을 진행하면 마스터 건반의 연주와 플레잉 서피스의 연주가 각각의 트랙에 녹음되는 것을 확인할 수 있습니다.

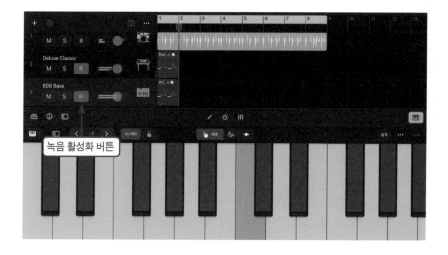

피아노 롤

01 사용자가 녹음한 미디 이벤트를 편집하거나 새로운 이벤트를 입력하는 등의 작업을 진행할 수 있는 피아노 롤은 미디 트랙 또는 미디 리전이 선택되어 있는 상태에서 보기 컨트롤 막대의 편집 버튼을 탭하여 열거나 닫을 수 있습니다.

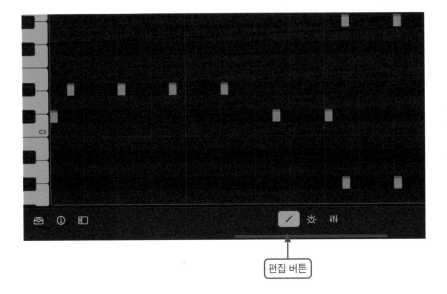

편집 버튼

02 피아노 롤은 노트를 리전과 같은 색상의 막대 모양으로 표시하며, 노트를 편집할 수 있는 버튼들로 구성된 메뉴 막대와 시간 위치를 나타내는 눈금자가 있고, 왼쪽에는 피치를 나타내는 건반이 있습니다. 건반을 누르고 있으면 해당 피치의 노트를 모두 선택할 수 있습니다.

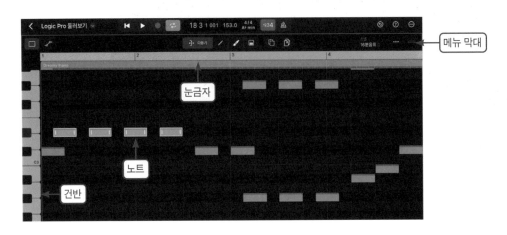

메뉴 막대

눈금자

노트

건반

03 작업 공간은 가로 또는 세로로 손가락을 모으거나 펼쳐서 확대/축소할 수 있고, 창의 크기는 메뉴 막대의 빈 공간 또는 리사이즈 핸들을 드래그하여 조정할 수 있습니다. 리사이즈 핸들을 더블 탭하면 이전 크기로 복구됩니다.

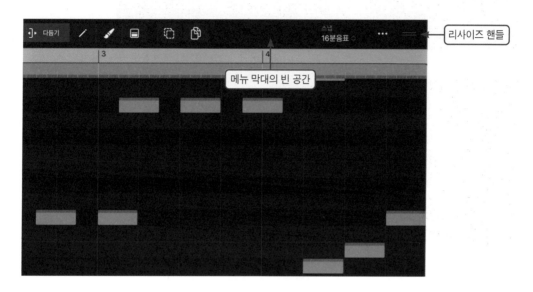

04 더 보기 버튼을 탭하여 메뉴를 열고, 노트 레이블 보기를 선택하면 노트에 피치 및 벨로시티 값을 표시할 수 있습니다.

05 더 보기 메뉴의 노트 색상 설정은 노트의 색상을 벨로시티 또는 MIDI 채널로 표시되게 합니다. 벨로시티로 설정을 하면 노트의 강약을 색상으로 구분할 수 있어 유용합니다.

06 기본적으로 피아노 롤의 작업 공간은 재생헤드 위치를 따라 자동으로 스크롤됩니다. 만일, 고정시켜 놓고, 편집을 해야 하는 경우가 필요하다면 더 보기 메뉴의 재생헤드 캐치에서 끔을 선택합니다. 재생헤드가 현제 위치가 아닌 경우에는 작업 공간을 재생헤드 위치로 이동시키는 지금 캐치 메뉴가 추가됩니다.

07 노트는 드래그로 피치와 위치를 수정할 수 있습니다. 이때 위치는 스냅 간격으로 이동되는데, 스냅 간격은 작업 공간의 크기에 따라 자동으로 설정됩니다.

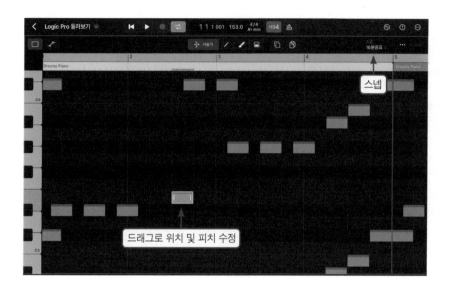

08 노트를 미세하게 이동시키고 싶은 경우에는 스냅 메뉴를 탭하여 열고, 그리드로 스냅 옵션을 선택하여 해제합니다.

09 스냅 간격을 작업 공간 크기에 상관없이 수동으로 설정하고 싶은 경우에는 스냅 메뉴의 자동 옵션을 해제합니다.

10 2개 이상의 노트를 선택할 때는 메뉴 막대의 다중 선택 버튼을 On으로 합니다. 근접한 노트의 경우에는 사각형이 표시될 때까지 빈 공간을 누르고 있다가 드래그합니다.

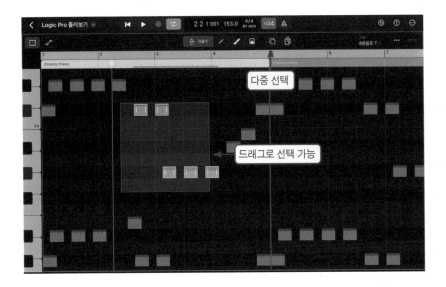

11 선택한 노트는 드래그로 이동 가능하며, 메뉴 막대의 복사 버튼을 On으로 하면 복사할 수 있습니다. 다중 선택 또는 복사 버튼을 일시적으로 사용하고자 할 때는 버튼을 누른 상태에서 노트를 선택하거나 복사하면 됩니다.

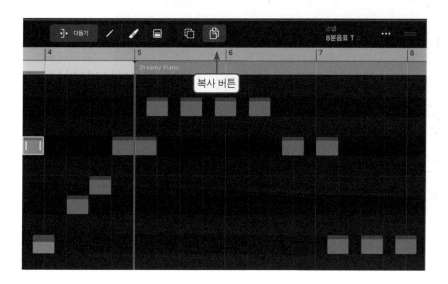

12 작업 공간을 탭하면 전체, 겹쳐진 노트, 음소거된 노트를 일괄적으로 선택할 수 있는 메뉴가 열립니다.

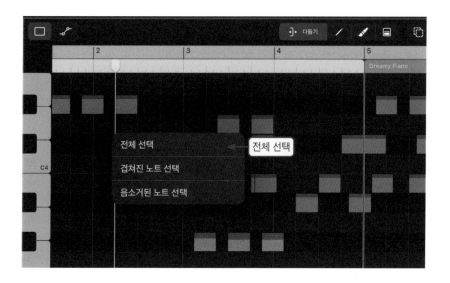

13 노트를 선택하고 다시 탭하면 조건에 따라 노트를 선택할 수 있는 메뉴가 열립니다.

● **선택 부분 반전** : 선택한 노트를 제외한 나머지 노트를 모두 선택합니다.

● **모든 다음 항목 선택** : 선택한 곳부터 트랙 끝에 있는 모든 노트가 선택됩니다.

● **동일한 서브 위치 선택** : 선택한 노트와 같은 위치의 모든 노트를 선택합니다. 예를 들어 선택한 노트가 5마디의 세 번째 비트에 있는 것이라면, 해당 트랙에서 모든 마디의 세 번째 비트에 있는 모든 노트가 선택되는 것입니다.

● **동일한 아티큘레이션 선택** : 트랙에서 아티큘레이션 값이 동일한 모든 노트가 선택됩니다.

● **동일한 피치 선택** : 트랙에서 피치가 동일한 모든 노트가 선택됩니다.

● **오려두기/복사/붙여넣기** : 선택한 노트를 이동 및 복사합니다.

● **강제 레가토** : 선택한 노트의 길이를 다음 노트 시작점까지 늘립니다.

● **아티큘레이션** : 선택한 노트에 아티큘레이션을 할당합니다. 이는 Studio Strings 또는 Studio Horns과 같은 아티큘레이션 지원 악기를 사용하는 경우에 적용됩니다.

● **트랜스포즈** : 노트의 피치를 옥타브 단위로 변경합니다.

● **겹쳐진 부분 제거** : 같은 피치의 노트를 유지할 것인지, 삭제할 것인지를 선택할 수 있습니다.

● **삭제** : 선택한 노트를 제거합니다.

14 **다듬기** : 노트의 길이를 조정합니다.

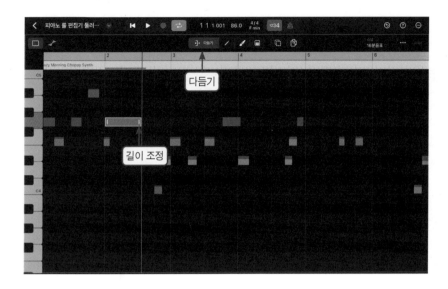

15 **연필** : 노트를 입력하거나 삭제합니다. 입력되는 노트는 마지막 노트 길이이며, 드래그하여 조정할 수 있습니다.

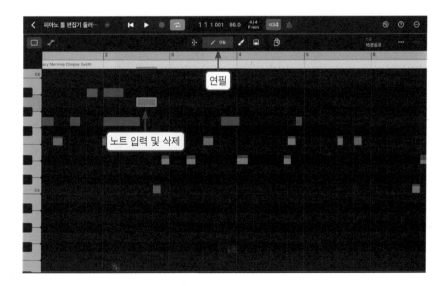

14 브러쉬 : 드래그로 연속된 노트를 입력하거나 삭제합니다.

15 벨로시티 : 노트의 벨로시티를 조정합니다.

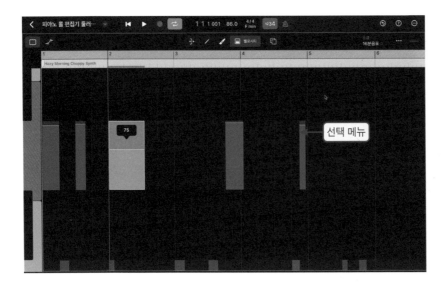

| 노트 인스펙터

01 보기 컨트롤 막대의 인스펙터 보기 버튼을 탭하면 선택한 노트의 세부 정보를 편집할 수 있는 노트 인스펙터 창이 열립니다.

인스펙터 보기

02 퀀타이즈는 그리드 라인에서 벗어난 노트를 끌어당겨 맞춰주는 기능입니다. 여기서 주의해야 할 사항은 그리드 라인에서 가까운 노트를 맞춘다는 것입니다. 즉, 너무 늦게 연주된 노트는 뒤에 있는 라인에 정렬되어 원하지 않는 결과가 될 수 있습니다. •입문자들이 가장 많이 착각하는 부분입니다. 로직은 뛰어난 퀀타이즈 기능을 제공하지만, 어느 정도의 연주 실력은 필요합니다.

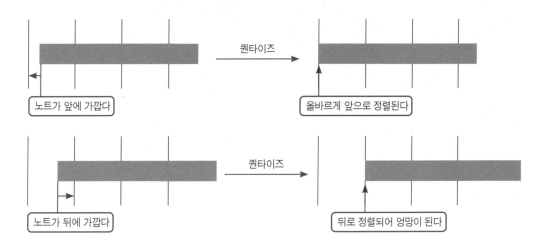

03 퀀타이즈의 정렬 기준은 퀀타이즈 메뉴에서 선택하며 모든 노트를 퀀타이즈 하겠다면 빈 공간을 탭하여 리전 인스펙터 파라미터가 열리게 하고, 리전 퀀타이즈 항목에서 적용합니다.

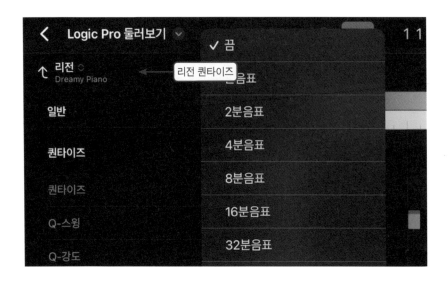

04 리전 인스텍트에서 퀀타이즈 알로리즘을 선택할 수 있습니다. 클래식은 그리드 라인을 기준으로 노트를 정렬하고, 스마트는 상대적 위치를 기준으로 하며, Q-강도로 범위를 설정합니다.

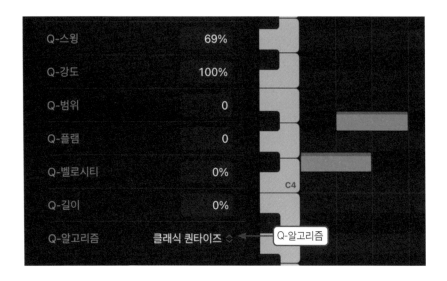

05 기본적으로 퀀타이즈 Q-강도는 100으로 설정되어 있습니다. 노트를 그리드 라인에 정확하게 맞추는 것입니다. 하지만, 너무 정확한 연주는 기계적으로 들리기 때문에 조금 느슨하게 설정하는 것이 좋습니다. 50%으로 설정하면 반만 끌어 맞추는 것입니다.

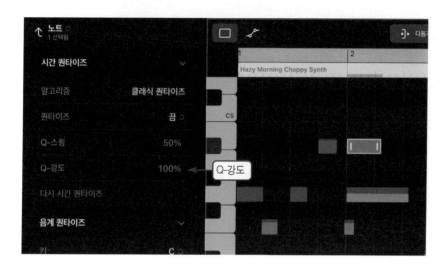

06 잇단음이나 스윙 리듬을 퀀타이즈 할 때는 퀀타이즈 메뉴에서 셋잇단음 또는 스윙 A-F을 선택합니다. Q-스윙은 메뉴에서 제공하는 스윙 값을 수동으로 설정합니다. 다시 시간 퀀타이즈는 같은 설정을 다른 노트에 반복해서 적용할 때 이용합니다.

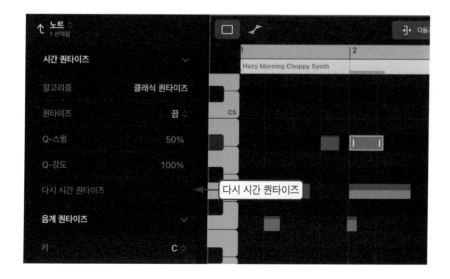

07 음계 퀀타이즈는 선택한 노트의 스케일을 맞춰주는 기능입니다. 모든 노트의 음계를 정렬할 필요가 있다며 빈 공간을 탭하여 메뉴를 열고, 전체 선택을 합니다.

08 키와 음계에서 스케일을 선택하면 노트를 해당 스케일로 바꿔줍니다. C 메이저 스케일로 녹음한 노트를 마이너 및 블루스 등의 스케일로 바꿀 수 있는 것입니다. 오랜 연습이 필요한 스케일을 자신이 만든 곡에 간단하게 적용해볼 수 있는 기능입니다.

09 세부 사항에는 노트의 세부적인 편집이 가능한 파라미터로 구성되어 있습니다.

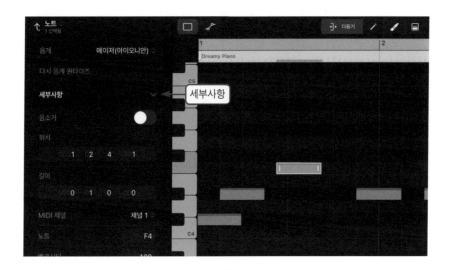

● **음소거** : 선택한 노트를 뮤트합니다.

● **위치** : 선택한 노트의 시작 위치를 표시하며 변경 가능합니다.

● **길이** : 선택한 노트의 길이를 표시하며 변경 가능합니다.

● **MIDI 채널** : 선택한 노트의 채널을 표시하며 변경 가능합니다.

● **노트** : 선택한 노트의 피치를 표시하며 변경 가능합니다.

● **벨로시티** : 선택한 노트의 벨로시티 값을 표시하며 변경 가능합니다.

● **릴리즈 벨로시티** : 노트 Off 값을 표시하며 변경 가능합니다. Note Off 값은 악기에 따라 지원 여부가 달라집니다.

● **아티큘레이션** : 노트에 적용된 아티큘레이션을 표시하며 변경 가능합니다. 이것 역시 아티큘레이션을 지원하는 악기에서 적용됩니다.

● **시간 위치 잠금** : 세부사항에서 노트의 위치를 변경할 수 없게 합니다.

Lesson 03

오디오 트랙

로직은 아이패드에 내장된 마이크나 아이팟 또는 별도의 외장 마이크나 오디오 인터페이스를 통해 보컬, 어쿠스틱 악기 등의 오디오를 녹음할 수 있습니다. 기본적으로 아이패드 내장 마이크로 설정되어 있지만, 아이팟을 비롯한 외부 장치가 연결되면 자동으로 설정되기 때문에 매번 체크할 필요는 없습니다. 다만, 작업한 음악에 맞추어 보컬을 녹음하는 경우라면 어떤 장치를 사용하든 재생되는 음악이 마이크로 녹음되면 안 되기 때문에 아이팟을 비롯한 별도의 이어폰이 필요하며, 자동으로 설정되는 헤드셋 마이크를 수동으로 변경해야 하는 경우도 있습니다.

그 외, 레코딩 품질을 결정하는 샘플률은 프로젝트마다 설정되는 것이므로 오디오를 녹음하기 전에 반드시 체크해야 하며, 입력 포맷과 레벨은 레코딩을 할 때마다 체크해야 합니다. 로직은 녹음이 활성화되지 않은 오디오 트랙의 출력을 들을 수 있게 해주는 입력 모니터링 기능을 제공하며, 신호가 로직으로 전송되기 전에 녹음되는 오디오 신호를 모니터 출력으로 전송할 수 있습니다.

다만, 별도의 오디오 인터페이스를 사용하는 경우에는 제품마다 설정 방법이 다르므로, 해당 장치의 사용법을 사전에 숙지할 필요가 있습니다.

| 오디오 설정

01 일렉 기타 및 콘덴서 마이크는 아이패드에 바로 연결하여 사용할 수 없기 때문에 별도의 오디오 인터페이스가 필요합니다. 아이패드용으로 휴대성을 강조한 제품들도 많으므로, 작업실 밖에서 녹음할 일이 많다면 하나쯤 장만하는 것이 좋습니다.

아이패드용 인터페이스

02 녹음 품질을 결정하는 샘플률은 프로젝트를 만들 때 또는 오디오를 녹음하기 전에 결정해야 합니다. 녹음을 한 후에는 의미가 없습니다. 프로젝트를 만들 때는 새로운 프로젝트 설정을 탭하여 결정합니다.

새로운 프로젝트 설정

샘플률

03 프로젝트를 이미 만든 후에 변경하고자 한다면 컨트롤 막대의 더 보기 버튼을 탭하면 열리는 메뉴에서 설정을 선택합니다.

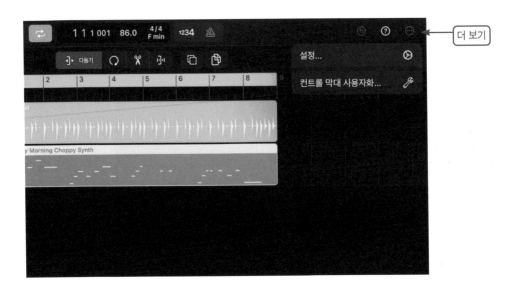

04 프로젝트 설정 페이지의 오디오 항목을 탭하면 현재 작업중인 프로젝트의 샘플률이 표시되며, 변경 가능합니다. 단, 반드시 오디오를 녹음하기 전에 변경해야 합니다.

05 입력은 아이패드 내장 마이크로 설정되어 있으며, 아이팟을 비롯한 외부 장비가 연결되면 자동으로 변경됩니다. 만일, 수동 설정이 필요하다면 앱 설정의 오디오 항목에서 오디오 기기 자동 선택을 끄고, 입력 장치를 선택합니다.

06 트랙 리스트 상단의 + 기호를 탭하여 트랙 추가 창을 엽니다.

07 오디오를 탭하여 오디오 트랙을 만들 수 있습니다. 입력 설정은 트랙을 만든 후에 설정이 가능하지만, 트랙을 만들 때 설정할 필요가 있다면 더 보기 버튼을 탭합니다.

● **포맷** : 마이크 및 기타와 같이 라인이 하나 연결되는 음원을 녹음할 때의 모노, 신디사이저와 같이 두 개의 라인이 연결되는 음원을 녹음할 때는 스테레오 포맷을 선택합니다.

● **채널** : 녹음 마이크를 선택합니다. 외부 장치가 연결되면 자동으로 해당 장치가 설정됩니다. 멀티 오디오 인터페이스를 사용하는 경우에는 마이크 및 악기가 연결되어 있는 포트를 선택해야 합니다.

● **오름차순** : 멀티 트랙을 만드는 경우에 포트가 순서대로 설정되게 합니다.

● **입력 모니터링** : 트랙의 레코딩 활성화 버튼이 켜져 있지 않아도 입력되는 오디오를 모니터할 수 있는 입력 모니터링 기능을 활성화합니다.

● **패치** : 비어 있는 오디오 트랙, 컴프레서와 채널 EQ가 장착되어 있는 기본 오디오 패치, 기타 레코딩에 최적화 되어 있는 기본 앰프 패치 중에서 선택할 수 있습니다.

● **브라우저 열기** : 브라우저 창을 열 것인지를 선택합니다.

● **유형** : 브라우저를 열 때의 카테고리를 선택합니다.

08 트랙을 만들고 입력 설정이 필요하다면 보기 컨트롤 막대의 페이더 보기 버튼을 탭하여 열고, 페이더 상단의 설정 버튼을 탭합니다.

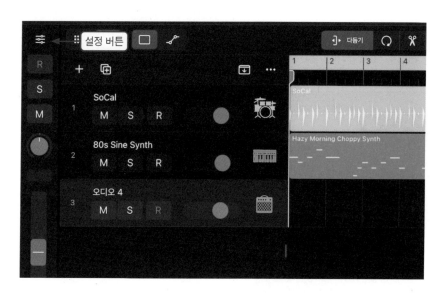

09 오디오 입력 및 출력 라인을 결정할 수 있는 오디오 라우팅과 입력 모니터링, 프리즈, 그룹을 설정할 수 있는 추가 옵션을 설정할 수 있습니다. 프리즈는 트랙의 플러그인을 적용하는 것이고, 그룹은 트랙을 그룹으로 구분하는 것으로, 녹음 후에 설정 가능합니다.

| 오디오 레코딩

01 오디오 트랙의 녹음 활성화 버튼을 On으로 하면 입력 레벨을 모니터할 수 있습니다. 보컬 및 악기를 연주하면서 클리핑이 발생하지 않는 한도 내에서 가능한 크게 녹음할 수 있게 오디오 인터페이스의 인풋 레벨을 조정합니다.

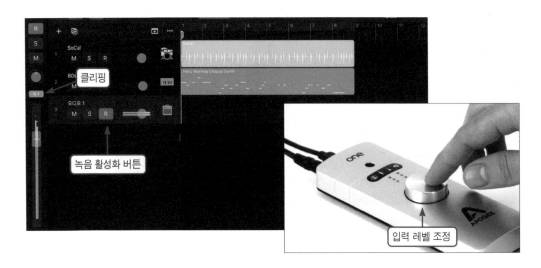

02 컨트롤 막대의 카운트 인 버튼을 On으로 하고, 녹음 버튼을 탭합니다. 1, 2, 3, 4의 카운트 가 들린후에 녹음이 진행됩니다.

03 테이크 레코딩

눈금자를 드래그하여 사이클 구간을 설정합니다. 그리고 레코딩을 진행하면 해당 구간이 반복되어 녹음이 진행되며, 반복될 때마다 리전이 새로 생성됩니다.

04 녹음을 완료하고 리전을 탭하면 열리는 메뉴의 테이크 및 폴더 항목을 보면 반복 녹음한 이벤트가 나열되어 있습니다. 여기서 가장 마음에 드는 녹음 결과를 선택하여 재생할 수 있습니다.

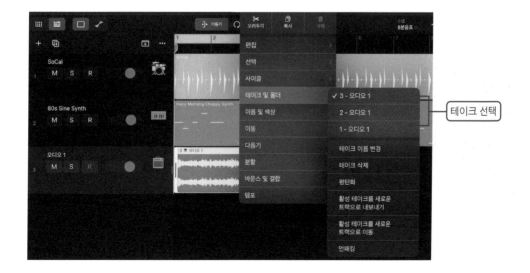

05 멀티 레코딩

로직에서는 미디 트랙에 피아노 반주를 녹음하면서 오디오 트랙에 보컬을 동시에 녹음하거나 두 개의 오디오 트랙을 만들어 놓고, 기타 반주와 보컬을 동시에 녹음하는 등의 멀티 레코딩이 가능합니다. 단 오디오는 2in 이상을 제공하는 오디오 인터페이스가 필요합니다.

06 두 개의 오디오 트랙을 만들어 기타 연주와 보컬을 동시에 녹음한다고 가정합니다. 오디오 트랙의 페이더에서 설정 버튼을 탭하여 열고, 입력 항목에서 기타가 연결되어 있는 오디오 인터페이스 인풋을 선택합니다. 또 다른 트랙에서는 마이크가 연결되어 있는 인풋을 선택합니다.

07 두 트랙의 녹음 활성화 버튼을 탭하여 켜고, 녹음을 진행하면 한쪽에는 기타 연주가 녹음
되고, 또 다른 트랙에는 보컬이 녹음됩니다.

08 대치 레코딩

녹음을 실수 했거나 마음에 안 들어 다시 하고 싶을 때는 컨트롤 막대의 취소 버튼을 탭하거나
리전을 탭하여 메뉴를 열고, 삭제를 하는 방법이 있습니다.

09 후반부를 다시 녹음하고 싶을 때는 리전 오른쪽 끝 부분을 왼쪽으로 드래그하여 줄이고, 눈금자에서 탭하여 재생헤드를 가져다 놓고, 녹음을 진행하는 방법이 있습니다.

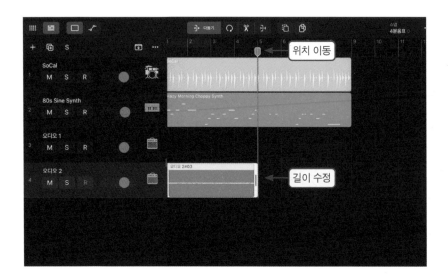

10 일부분을 다시 녹음하고 싶을 때는 해당 구간을 잘라내는 방법도 있지만, 대치 기능이 편리합니다. 컨트롤 막대의 더 보기 버튼을 탭하여 메뉴를 열고, 컨트롤 막대 사용자화를 선택합니다.

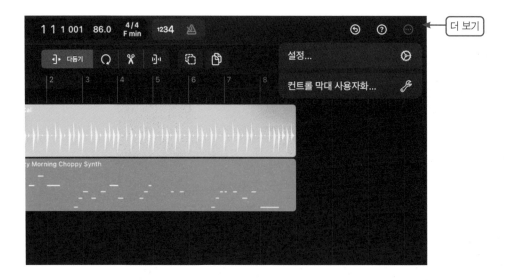

11 컨트롤 막대에 표시할 버튼을 선택할 수 있는 창이 열립니다. 모드 페이지에서 대치를 켜면, 컨트롤 막대에 대치 버튼을 표시할 수 있습니다.

12 대치 버튼을 탭하여 켜고, 재생헤드를 위치시킵니다. 녹음을 진행하면 기존 리전이 삭제되면서 새로운 리전으로 대체되는 것을 확인할 수 있습니다.

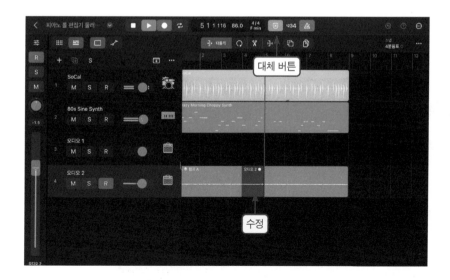

| 오디오 편집

01 오디오 편집기는 오디오 리전이 선택되어 있는 상태에서 보기 컨트롤 막대의 편집 버튼을 탭하여 열 수 있습니다. 선택한 오디오 트랙의 모든 리전이 표시되며, 트랙 영역과 동일한 도구 및 기능을 제공하지만, 보다 정확한 편집을 위해 파형을 확대할 수 있는 옵션이 있습니다.

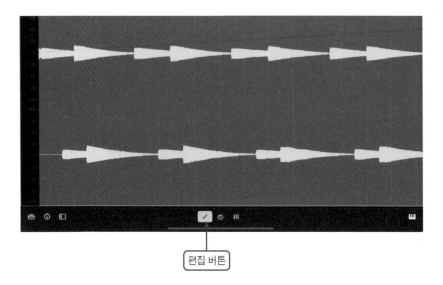

편집 버튼

02 다듬기 : 선택한 리전의 시작 및 끝 부분을 드래그하여 길이를 조정합니다. 단, 원래 길이를 넘을 수는 없습니다. 섬세한 조정이 필요하다면 스냅 메뉴에서 그리드로 스냅 옵션을 해제하고, 리전을 누르고 있으면 확대됩니다.

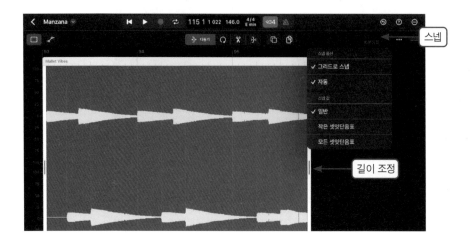

스냅

길이 조정

03 루프 : 선택한 리전의 끝 부분을 드래그하여 리전을 반복시킵니다. 반복되는 위치는 리전에 홈으로 표시됩니다.

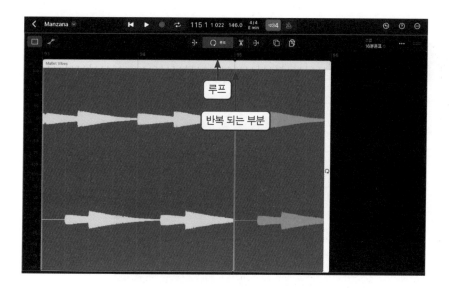

04 분할 : 버튼을 선택하면 재생헤드 위치에 가위 모양의 버튼이 표시되며, 드래그하여 위치를 설정하고, 아래로 쓸어내려 리전을 자를 수 있습니다.

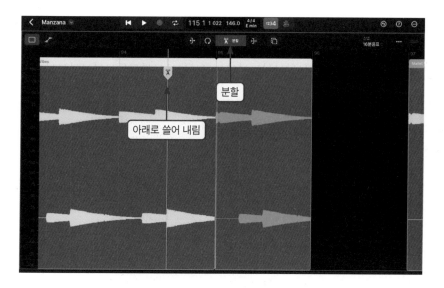

05 결합 : 자른 리전을 붙이고자 할 때는 다중 선택 버튼을 탭하여 On으로 하고, 붙이고자 하는 리전들을 선택합니다. 그리고 다중 선택 버튼을 Off한 다음에 선택한 리전들 중에서 하나를 탭하여 메뉴를 열고, 바운스 및 결합의 결합을 선택하여 붙일 수 있습니다.

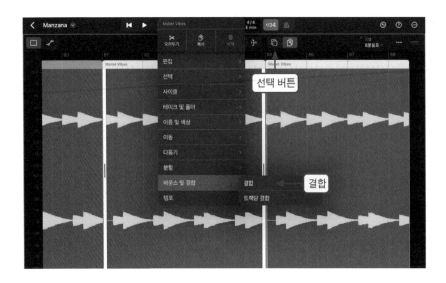

06 스크레치 : 선택한 리전의 시작 및 끝 부분을 드래그하여 타임을 조정합니다. 단, 사운드가 변하게 되므로 명확안 목적을 가지고 사용해야 합니다.

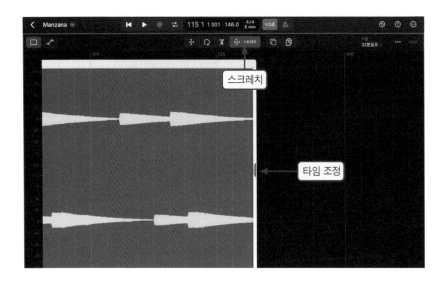

07 다중 선택 : 여러 개의 리전을 선택할 수 있게 합니다. 트랙의 모든 리전을 선택하려면 리전 또는 작업 공간을 탭하면 열리는 메뉴에서 선택의 모두를 탭합니다.

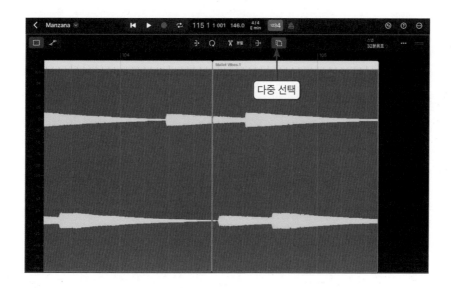

08 복사 : 드래그하는 리전이 복사되도록 합니다. 먼 거리로 복사하거나 이동할 때는 리전을 탭하면 열리는 단축 메뉴에서 오려두기 및 복사를 선택하고, 이동 또는 복사하고자 하는 위치에 재생헤드를 가져다 놓습니다. 그리고 탭하여 재생헤드에 붙여넣기를 선택합니다.

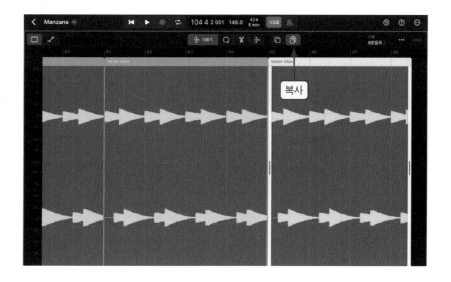

iPad용 Logic Pro 당신의 손끝에
음악 스튜디오

Part **3**

어깨가 들썩이는 비트
손쉽게 척척

비트와 베이스 라인을 프로그래밍하거나 프로젝트에
완벽하게 어울리는 커스텀 드럼 키트를 제작할 수 있
습니다. 어떤 샘플 사운드라도 새로운 악기가 될 수
있죠. 손가락을 이리저리 움직여 이미 만든 멜로디와
리듬을 새로운 모습으로 바꿔놓을 수도 있답니다.

Lesson 01

• • •

Sample Alchemy

로직은 상업용 음원 제작에 손색 없는 광범위한 종류의 소프트웨어 악기를 제공합니다. 아이패드 용 로직에 추가된 Sample Alchemy는 단일 샘플을 빠르게 리신디사이즈하고 재생 가능한 고유한 악기로 변환할 수 있도록 처음부터 터치 기반으로 설계된 악기입니다.

그래뉼러(Granular), 애디티브(Additive), 스펙트럴(Spectral) 등 다양한 합성 기법을 제공하며, 이를 결합하여 고유한 사운드 베드, 패드, 이펙트 및 리듬을 포함한 다양한 사운드를 만들 수 있습니다. 핸들은 최대 4개의 독립적인 사운드 생성 소스를 제어할 수 있으며, A, B, C, D로 레이블된 핸들은 분리된 레이어를 각자 제어하고 파형의 정확한 포인트에 위치할 수 있습니다.

Classic, Loop, Scrub, Bow, Arp의 5가지 재생 모드는 샘플을 다시 재생하고 샘플과 상호작용할 수 있는 다양한 방법을 제공합니다. 또한, 샘플 기반 악기이므로 브라우저, 파일 앱 또는 트랙 영역 의 리전에서 직접 샘플 및 루프를 로드하여 빠르게 사운드를 만들기 시작할 수 있으며, 모노포닉 악기, 보컬 또는 파운드 사운드에 최적화되어 있습니다.

| 악기 대치하기

01 새로운 미디 트랙을 기본 설정으로 생성하면 Vintage Electric Piano가 로딩되며, 악기 패치를 선택하면 자동으로 해당 프리셋의 악기가 로딩됩니다. 보기 컨트롤 막대의 플러그인 버튼을 탭하면 각각의 악기 패치마다 어떤 악기가 사용되고 있는지 확인할 수 있습니다.

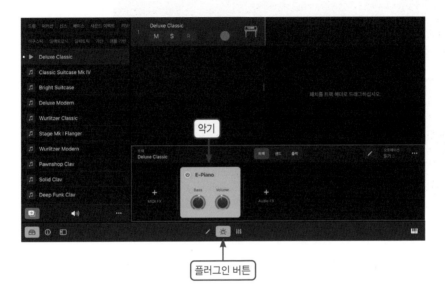

02 반대로 사용자가 원하는 악기로 대치하고 해당 악기의 프리셋을 선택할 수도 있습니다. 플러그인 창의 악기를 누르고 있으면 열리는 메뉴에서 대치를 선택합니다.

03 악기는 Drums, Sampler, Studio Instruments, Synthesizer, Utility, Vintage Keys 계열로 구분되어 있으며, Sample Alchemy는 Sampler 카테고리에서 선택할 수 있습니다.

04 Sample Alchemy는 외부 오디오 파일 또는 프로젝트의 오디오 리전을 가져와 재생하는 악기이기 때문에 기본적으로는 아무런 소리가 나지 않습니다. 브라우저로 이동 버튼을 탭합니다.

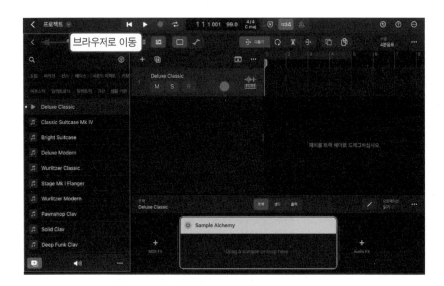

05 브라우저의 샘플 항목을 탭하여 열고, 악기로 사용할 샘플을 찾아 트랙 또는 Sample Alchemy로 드래그하여 가져다 놓습니다. 트랙으로 드래그하면 플레잉 서피스 창이 열려 사운드를 바로 모니터해볼 수 있습니다.

06 Sample Alchemy는 사용자가 가지고 있는 오디오 샘플이나 녹음한 리전도 이용할 수 있습니다. 아이패드 화면 밑에서 중앙으로 쓸어 올려 홈 화면으로 이동합니다.

07 아이패드 홈 화면에서 파일 앱을 탭하여 실행합니다. 자주 사용할 앱이라면 독으로 드래그하여 가져다 놓습니다.

08 상단에 점 세계로 표시되어 있는 메뉴 버튼을 탭하여 열고, Slide Over를 선택합니다.

09 네 개의 손가락으로 아이패드 화면을 왼쪽에서 오른쪽으로 쓸어 넘겨 로직으로 전환합니다. 파일 앱에서 샘플 파일을 로직의 트랙 또는 Sample Alchemy로 드래그하여 가져다 놓으면 바로 악기로 사용할 수 있습니다.

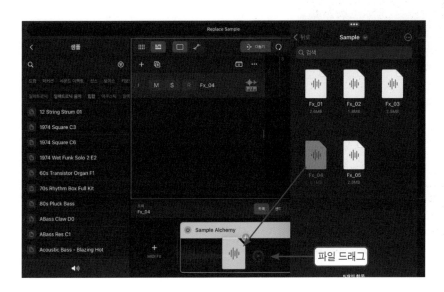

10 파일 앱을 독에 등록한 경우라면 화면 아래쪽에서 살짝 밀어 올려 독을 열고, 파일 앱을 드래그하여 바로 슬라이드 오버 창으로 열 수 있습니다.

11 트랙을 만들 때 Sample Alchemy를 로드 하려면 새로운 트랙 생성 창의 MIDI에서 더 보기 버튼을 탭하여 열고, 패치/악기 항목의 악기 폴더에서 Sample Alchemy를 선택합니다.

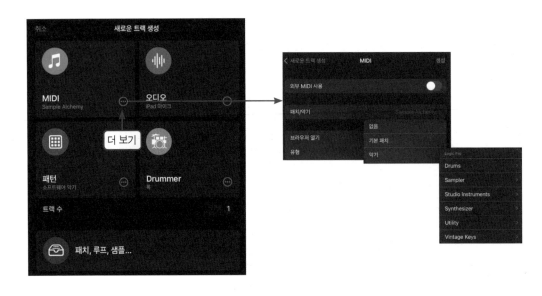

12 브라우저의 루프 및 샘플 목록이나 파일 앱 또는 프로젝트의 오디오 리전을 트랙 리스트의 빈 공간으로 드래그하여 가져다 놓으면 어떤 악기로 로딩할 것인지를 묻는 창이 열리는데, 여기서 Sample Alchemy를 선택하여 트랙을 만드는 방법도 있습니다.

┃ 재생 모드

01 Sample Alchemy라고 표시되어 있는 타이틀 바를 탭하면 악기의 세부 사항을 컨트롤할 수 있는 패널이 열립니다. 이전 화면으로 되돌아 갈 때는 플러그인으로 이동 버튼을 탭합니다.

02 Sample Alchemy는 Play, Motion, Trim의 3가지 편집 모드를 제공하며, Play 모드는 Classic, Loop, Scrub, Bow, Arp의 5가지 재생 모드를 제공합니다. **Classic**은 화면에 A로 표시되어 있는 소스 핸들 위치에서부터 재생하는 것으로 핸들은 드래그하여 위치를 자유롭게 변경할 수 있습니다.

03 Loop 모드는 A 포인트에서 서브 포인트까지 반복 재생합니다. 각각의 핸들은 드래그로 위치를 설정할 수 있습니다. 재생 속도는 Loop Speed로 조정합니다.

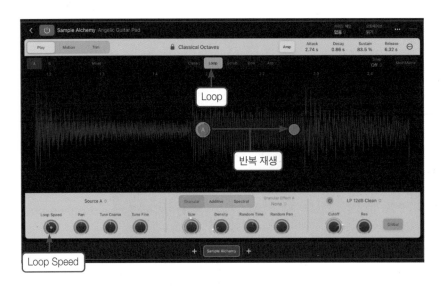

04 Scrub 모드는 포인트 위치에서 DJ들이 LP 판을 앞/뒤로 움직여 스크러빙하는 것과 같은 방식으로 재생합니다. Scrub Jitter는 스크러빙 범위를 설정합니다.

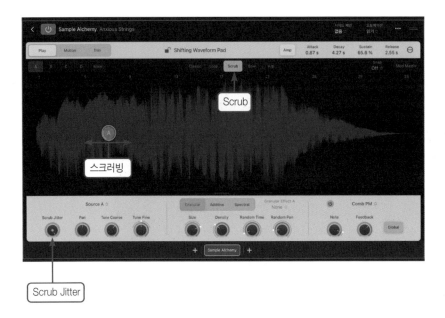

05 Bow 모드는 현악기의 활을 위/아래로 움직이는 동작을 재현하듯이 포인트 지점을 앞/뒤로 재생합니다. Bow Rate는 비트 단위로 재생 속도를 조정합니다. Sync 버튼을 Off하면 Hz 단위로 조정할 수 있습니다.

06 Arp 모드는 2개 이상의 소스를 사용할 때 각각의 소스를 순차적으로 재생하여 아르페지오 효과를 만듭니다. Sample Alchemy는 A, B, C, D로 4개의 소스를 제공하며, 소스 버튼을 탭하여 활성화시킬 수 있습니다. Classic, Loop, Scrub, Bow 모드에서는 각 소스가 동시에 재생됩니다.

| 모션 모드

01 Motion 모드는 소스 핸들의 움직임을 녹음하여 시간의 흐름에 따라 변조되는 사운드를 만들 수 있습니다. 녹음 버튼을 탭하고 소스 핸들을 움직입니다. Clear 버튼은 녹음을 삭제합니다.

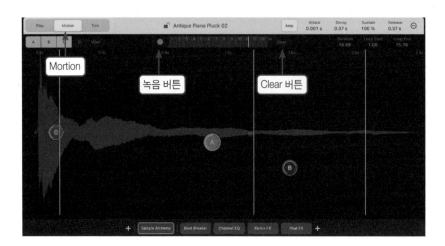

02 Timeline은 비트 마커를 축으로 삼아 최신 노트의 재생 위치를 표시하며, Loop Start와 End는 모션 재생 루프 시작과 끝점을 비트로 설정합니다. 그리고 Duration은 녹음의 길이를 비트로 설정합니다.

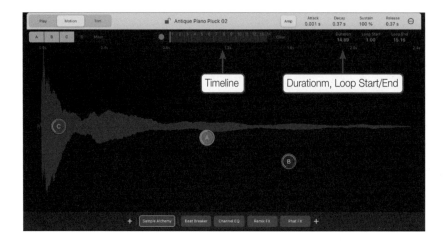

┃ 트림 모드

01 Trim 모드는 시작 및 끝 마커를 드래그하여 샘플의 재생 범위를 선택합니다. 손가락 펼치기/오므리기 제스처로 확대 또는 축소하거나 쓸어 넘기는 동작으로 스크롤할 수 있습니다. 확대할 때 스크롤 막대는 파형의 현재 위치를 나타냅니다.

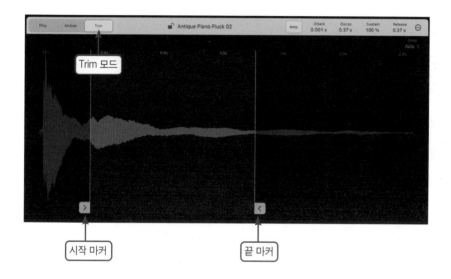

02 Snap 메뉴는 마커를 스냅 단위로 편집할 수 있게 합니다. 샘플에 기반한 최고의 값으로 자동 설정되는 Auto, 트랜지언트로 스냅하는 Transients, 비트 값으로 스냅하는 Beat, 세로에서만 움직이도록 하는 Fixed, 그리고 스냅 기능을 끄는 Off가 있습니다.

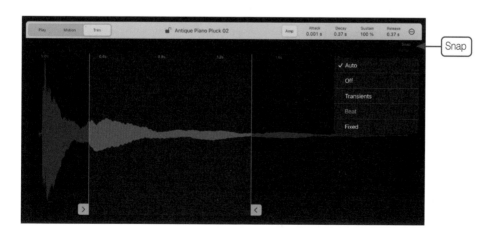

소스

01 Sample Alchemy은 A, B, C, D로 4개의 소스를 제공하며, Mixer 버튼을 탭하면 각 소스의 출력 레벨을 조정할 수 있습니다. 디스플레이 아래쪽에는 선택한 소스를 컨트롤할 수 있는 소스 모듈, 합성 모듈, 필터 모듈 세트를 제공합니다.

02 소스 모듈은 재생 속도, 팬, 음정을 조정할 수 있는 파라미터로 구성되어 있습니다.

- **Source** : 선택된 소스를 표시하며, 탭하면 소스를 선택할 수 있는 메뉴가 열립니다.
- **Speed** : 재생 모드에 따라 변경되지만, 재생 속도를 조정하는 역할은 동일합니다.
- **Pan** : 스테레오 필드에서 출력 위치를 설정합니다.
- **Tune Coarse** : 소스의 음정을 반음 단위로 조정합니다.
- **Tune Fine** : 반음을 1/100 단위로 조정합니다.

03 각 소스에는 독립적인 파라미터 세트가 있으며 각자 다른 합성 유형으로 설정할 수 있습니다. 그래뉼러(Granular) 합성은 사운드를 작은 조각으로 분할하고, 연속적인 스트림 또는 임의화되거나 구조화된 패턴 순서대로 재생합니다. 사운드의 미묘한 변화부터 급격한 변화까지 다른 합성 방법으로는 달성하기 어려운 색다른 사운드를 만드는 데 자주 사용됩니다.

● Size : 2~230ms로 각 그레인의 지속 시간을 조절합니다.
● Density : 1(겹침 없음) ~ 10까지 잠재적으로 겹치는 그레인의 숫자를 결정하며, Size와 상호작용됩니다. Density 값이 1이면 단일 그레인은 출력 스트림으로 송출되며, 한 그레인의 송출이 끝나면 다른 그레인이 송출되고, Size 값이 100ms이면 매 100ms마다 신규 그레인이 송출됩니다.

Density를 2로 올리면 첫 번째 그레인 중간에 송출된 두 번째 그레인을 더하며, 결과적으로 50ms마다 신규 그레인을 더해 100ms의 Size 값을 갖습니다. 첫 번째 그레인과 두 번째 그레인은 서로 겹치고, 고밀도 값들은 추가로 신규 그레인을 출력 스트림에 삽입합니다. 이러한 신규 그레인은 보다 자주 발생하며 더 많이 겹칩니다.

급격한 트랜지언트가 없는 부드러운 패드 사운드를 위해서는 Size를 100ms, Density를 약 5그레인로 설정하는 것이 적합한 경우가 많습니다. 급격한 트랜지언트가 있는 드럼 및 기타 사운드를 위해서는 Size를 40ms~80ms로, Density를 약 2그레인으로 설정하는 것이 유용합니다. 크기 값이 작으면 샘플의 원 피치를 가리는 윙윙거리는 소리를 생성하는 경향이 있으며, 크기 값이 크면 사운드가 깨지는 경향이 있기 때문에 밀도를 올려 이 두 경향을 상쇄시킬 수 있습니다.

● Random Time : 작은 무작위 오프셋을 샘플의 그레인 추출 위치에 추가합니다. 기본 값은 3%인데 이는 적은 양의 무작위 할당이 부드럽게 그래뉼러 요소를 출력하는 데 도움이 됩니다.
● Random Pan : 무작위 오프셋을 각 그레인의 스테레오 위치에 추가합니다.

04　Additive 합성은 각 사운드를 개별 부분음의 합으로 나타냅니다. 각 개별 부분은 사인파를 사용하여 합성되고 시간의 흐름에 따라 각각 변경되는 진폭, 피치, 패닝 및 위상 파라미터로 표현됩니다. 가산 데이터는 특정 시간 포인트에서 각 부분음을 캡처하는 일련의 스냅샷이라고 할 수 있으며, 스냅샷 사이의 각 파라미터는 다음 스냅샷 값을 향해 고르게 업데이트됩니다. 연속으로 재생되고 타이밍이 맞는 일련의 스냅샷은 잠재적으로 복잡하고 지속적으로 진화하는 사운드를 생성합니다. 컨트롤은 선택된 Additive Effect에 따라 달라지며, A/B/C/D로 레이블된 핸들 중 하나를 탭하여 편집하려는 소스를 선택합니다.

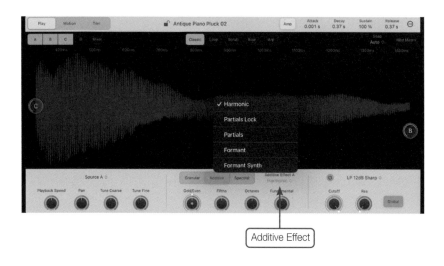

Additive Effect

Harmonic : 하모닉 인터벌과 관련된 컨트롤로 부분음 레벨의 그룹을 제어할 수 있습니다.

● Odd/Even : 홀수 또는 짝수 하모닉 간의 밸런스를 설정합니다. 낮은 값은 홀수 부분음(1, 3, 5, 7 등) 레벨을 증가시켜 둔탁한 사운드를 만들고, 높은 값은 짝수 하모닉(기본 톤 유지 - 제1 하모닉/부분음)의 레벨을 증가시켜 밝고 부드러운 사운드를 만듭니다.

● Fifths : 기본 톤 레벨과 이를 초과하는 5도 음정(7개 세미톤)으로 모든 부분음을 설정합니다. 높은 값은 1, 3, 9, 27 등의 하모닉을 증가시키며 이에 따라 다른 하모닉 레벨에서 감소가 이루어지고, 낮은 값은 리버스 이펙트를 주며 보다 커팅되고 엣지 있는 사운드를 만들 수 있습니다.

● Octaves : 기본 톤 레벨과 이를 초과하는 전체 옥타브 음정으로 모든 부분음을 설정합니다. 0으로 설정하면 1, 2, 4, 8, 16 등의 하모닉을 완전히 제거하고 비옥타브 하모닉 레벨을 증가시킵니다. 값을 높게 설정하면 옥타브 하모닉 레벨을 부스팅하고 다른 하모닉 레벨을 감소시킵니다.

● Fundamental : 기본 톤 레벨과 이를 초과하는 모든 기본음을 설정합니다. 0으로 설정하면 기본 톤을 완전히 제거하고, 100%로 설정하면 기본 톤을 분리해 들을 수 있습니다. 값이 높을수록 사운드가 풍부해집니다.

Partials Lock : 모든 부분음을 시작할 때 동일한 0 위상 값으로 설정합니다. 이는 사운드 길이에 걸쳐 피치 변화가 없도록 부분음을 설정하여 깨끗하고 인공적인 사운드를 생성합니다.

● Symmetry : 파형의 전반부를 늘리고 후반부 또는 리버스를 줄여 사인파의 대칭 및 형태를 바꿉니다. 청감상 영향은 노브가 한 방향으로 돌아가 있을 때와 유사합니다. 대칭은 파형이 형태 면에서 더 이상 순수 사인파가 아닐 때까지 파형을 변경해 각 부분음이 독립 하모닉을 전개하고 더욱 선명한 사운드를 만들어내게 합니다.

● Num Partials : 생성된 가산 부분음의 수를 설정합니다. 필요한 오실레이터의 수는 사운드에 따라 결정됩니다. 플루트에 제한된 수의 하모닉이 있고 첼로나 바이올린보다 부분음이 적어야 할 때 또한 재생 레지스터가 필요한 오실레이터의 수에 영향을 줄 수 있습니다. 높은 노트는 가청 한계에 도달하기 전 적은 수의 높은 하모닉만을 수용하는 반면에 베이스 노트는 한계에 도달하지 않고도 수백 개의 하모닉을 수용할 수 있습니다.

● Pitch Var : 모든 부분음을 동시에 조정합니다. 이는 처리 전에 부분음 튜닝을 확장/전환하는 Additive 모듈에 의해 이루어집니다. 0%로 설정하면 완전한 하모닉 열로 모든 부분음을 조정하고, 100%로 설정하면 각 부분음이 원래 오디오 파일에서 탐지되는 피치 변화를 따릅니다. 이 파라미터의 음향적 영향은 오디오 자료에 따라 달라집니다. 벨 소리와 같은 강렬한 불협화음은 피치 변화를 줄임으로써 드라마틱하게 변경될 수 있습니다. 모든 부분음은 하모닉 열로 튜닝되지만 이 노브는 사운드에 영향을 미치지 않습니다.

Partials : 사운드 내의 개별 파트를 수정하여 사운드의 스펙트럴 콘텐츠를 조작할 수 있게 허용하는 이펙트입니다.

Formant Synth : 보컬 포먼트 적용하여 합성된 사운드의 음색을 구성하는 이펙트입니다.

● Shift : 포먼트를 세미톤 위/아래로 이동합니다. 값이 높을수록 밝거나 얇은 사운드가 생성되고, 값이 낮을수록 어둡고 두꺼운 음색이 생성됩니다.

● Size : 포먼트 필터를 확장해 공명 챔버의 인지된 크기를 변경합니다. Select는 Center 노브와 함께 작동합니다.

● **Center** : Size 노브로 설정한 포먼트 확장의 중앙 주파수를 설정합니다. 중앙 주파수 아래의 레조넌스는 크기 값의 증가에 따라 상행 이동하며, 중앙 주파수 위의 레조넌스에는 이에 상응하는 하행 이동이 발생합니다. Size가 100%로 설정되어 있을 때는 Center에 이펙트가 없습니다.

● **Vowel** : 네 개의 필터 모양 A, E, I 및 O 사이에 부드럽게 모핑합니다. 표시된 값은 위치를 나타내며, 전체 숫자는 특정 필터 유닛을 의미하며 분수는 필터 간의 위치를 의미합니다.

05 Spectral 합성은 신호의 변경하는 주파수 스펙트럼을 분석하며 이러한 스펙트럴의 특성을 재생성합니다. Alchemy에서 신호의 가청 스펙트럼은 큰 숫자의 스펙트럴 빈의 개수로 분할되며, 이러한 빈들 간의 에너지 분포를 분석하고 사인파 또는 필터링된 노이즈를 사용해 각 스펙트럴 빈을 필요한 양의 신호로 채움으로써 사운드가 재현됩니다.

Spectral Effect

Formant : 특정 주파스 밴드를 강조하거나 감쇠하여 사운드의 스펙트럴 콘텐츠를 구성할 수 있게 허용하는 이펙트이며, 파라미터의 역할은 Addictive Formant와 동일합니다.

Low/High Cut : 사운드의 톤 특성을 구성합니다. Low Cut은 설정 주파수 이하를 차단하고, High Cut은 설정 주파수 이상을 차단하며, 로우 및 하이컷이 함께 작동해 두 개의 컷오프 범위에 들어가는 신호가 통과되도록 하는 밴드패스 필터로서 역할을 수행합니다.

Blur : 주파수를 흐릿하게 하는 이펙트를 생성합니다.

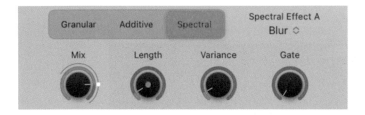

- Mix : 원 신호와 처리된 사운드 간의 밸런스를 설정합니다.
- Length : 주파수가 유지되는 시간(시간 경과에 따라 블러링됨)을 설정합니다.
- Variance : 선택한 주파수의 베리에이션 정도를 설정합니다(블러링된 주파수).
- Gate : 이펙트의 소스 사운드 엔벨로프의 임팩트와 청음 가능한 주파수의 수를 결정합니다.

Cloud : 주파수 그레인을 생성하며 코러스 이펙트 텍스처를 만듭니다.

- Threshold : 최고 진폭의 하모닉을 지속적으로 강조하도록 설정합니다.
- Attack : 주파수가 임계값의 페이드 인 설정으로 강조되는 시간을 설정합니다.
- Simplify : 저진폭 주파수를 줄여 주요 주파수를 높이고 디테일을 줄여 순정 톤을 증가합니다.

Cloud : 주파수 그레인을 생성하며 코러스 이펙트 텍스처를 만듭니다.

- Interval : 이펙트 주파수를 설정합니다.
- Simplify : 이펙트가 생성한 주파수의 수를 줄이고 간략화된 사운드를 만듭니다.
- Feedback : 이펙트의 강도를 설정합니다. 더 높게 설정할수록 하모닉을 강조하며 금속성의 레조넌스를 생성합니다.

Noise : 필터링된 노이즈로 스펙트럴 빈을 채웁니다.

06   필터 모듈은 생성되는 사운드의 하모닉 콘텐츠를 변경합니다. 특정 주파수를 제거하거나 줄이면서 다른 주파수를 통과시켜서 사운드의 톤 특성을 구성할 수 있으며, 다이내믹하고 진화하는 사운드를 생성하기 위해 시간의 흐름에 따라 제어할 수 있는 LFO인 엔벨로프 또는 다른 모듈레이션 소스로도 모듈레이션할 수 있습니다. Sample Alchemy는 LP, HP, Comb, Downsample, FM 필터를 제공하며, 각 유형은 고유한 음향 특성을 가지며 수신 신호에 다르게 반응합니다.

Sample Alchemy는 여러 개의 2극, 4극, 다극 상태 변수 및 아날로그 모델 로우패스(LP) 및 하이패스(HP) 필터 디자인이 있으며 각각의 특징은 용도에 따라 다양합니다. 사용할 수 있는 LP 및 HP 필터 디자인에는 Sharp, Clean, Gritty 및 Edgy 변형이 포함됩니다.

- **Sharp** : 2극 아날로그 모델 필터입니다.
- **Edgy** : 2극 또는 4극 아날로그 모델 필터입니다. 4극 베리에이션은 컷오프를 넘어서는 더 가파른 주파수 차단을 제공합니다.
- **Clean** : Bi-Quad 필터입니다.
- **Gritty** : 더 높은 레조넌스(Res) 설정에서 과하게 세츄레이션 되도록 설계된 2극 필터입니다.

필터 컨트롤에는 모든 로우패스(LP) 및 하이패스(HP) 필터 유형에 대한 표준 기능이 있습니다.

- **Cutoff** : 필터의 컷오프 주파수를 설정합니다. 더 높은 주파수는 감쇠되고 더 낮은 주파수는 LP 필터를 통과할 수 있습니다. HP 필터를 사용할 때는 그 반대입니다.
- **Res** : 컷오프 주파수를 둘러싸는 주파수 밴드에서 신호를 증폭하거나 차단합니다.

Comb PM 필터의 명칭은 빗살처럼 보이는 주파수 응답 커브의 모양에서 비롯되었으며, 오디오 신호의 주파수 스펙트럼에 개성적인 패턴의 피크와 트로프를 생성하는 유형입니다.

익사이터 임펄스가 쉽게 들리지 않고 콤이 보다 현저한 클래식한 밝은 Karplus-Strong 스타일의 사운드에 유용합니다. 레조넌스 레벨은 빠르게 극단으로 이동하여 피드백으로 이어질 수 있으므로 주의가 필요하며, 레조넌스 레벨을 0으로 시작해서 적합한 이펙트 강도를 찾을 때까지 천천히 올리거나 내립니다.

● **Note** : 모듈레이션 주파수를 설정합니다.
● **Feedback** : 콤 서킷의 피드백 양을 제어합니다.

Downsampler 필터는 디지털 오디오 신호의 샘플링 속도를 줄이는 유형으로 Lo-fi 또는 Vintage 사운드 등 다양한 종류의 이펙트를 생성할 수 있습니다.

다운샘플링은 오디오 신호를 대표하는 데 사용하는 샘플의 수를 줄이면서 동작합니다. 샘플의 일부를 삭제하여 이 작업을 수행할 수 있습니다. 생성된 오디오 신호의 샘플률과 주파수 범위가 낮아져 다른 특성이나 음색을 가질 수 있습니다.

● **Freq** : 다운샘플 주파수를 설정합니다.
● **Mix** : 원본과 필터링된 신호 사이의 밸런스를 설정합니다. 값이 높으면 다운샘플링의 강도도 강해집니다.

주파수 모듈레이션(FM)은 클래식한 FM 신스와는 다른 특성을 지닙니다. FM 전용 신디사이저와는 달리 Sample Alchemy는 FM에 특화된 사전 구성된 알고리즘 또는 모듈레이션 매트릭스가 설정되어 있지 않습니다.

Sample Alchemy에서의 FM은 위상이 아닌 오실레이터 주파수를 모듈레이션하는 아날로그 신디사이저에서 FM을 사용하는 것에 더 가깝습니다. 결과적으로 Sample Alchemy의 FM은 사운드에 다양한 종류의 이펙트와 유기적인 디스토션 텍스처를 추가하기 좋습니다.

● **Note** : 캐리어 오실레이터 주파수를 설정합니다.
● **Mod** : 모듈레이터가 캐리어의 주파수 모듈레이션을 가능하게 하는 정도를 설정합니다.

| 엔벨로프

01 엔벨로프 생성기를 사용하여 시간이 지남에 진폭 또는 모듈레이션의 레벨을 제어할 수 있습니다. Amp 버튼을 탭하여 Mod 엔벨로프에 접근할 수 있습니다.

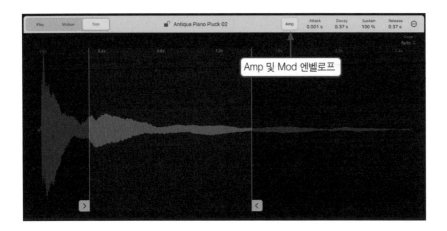

Amp 및 Mod 엔벨로프

02 초기 레벨에 도달하는 데 걸리는 시간(Attack), 홀드 페이즈 또는 초기 어택 시간에 따라 엔벨로프가 서스테인 레벨로 떨어지는 데 걸리는 시간(Decay), 키를 놓을 때까지 유지되는 레벨 (Sustain), 서스테인 레벨에서 0 레벨로 떨어지는 데 걸리는 시간(Relase)을 조정하는 파라미터는 Amp와 Mod 동일합니다.

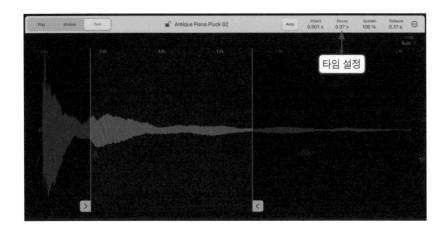

타임 설정

| Mod Matrix

01 Sample Alchemy LFO와 엔벨로프는 모듈레이션 생성기로 알려져 있습니다. 이러한 모듈레이션 소스는 필터 컷오프, 소스 합성 파라미터 및 소스 컨트롤과 같은 모듈레이션 대상을 제어하는 데 사용되며, Mod Matrix 패널에서 모듈레이션 소스 및 대상의 독립적인 라우팅을 최대 4개까지 할당할 수 있습니다.

02 Source 항목을 탭하여 모듈레이션 소스를 선택하고, Depth에서 최대 값 또는 강도를 설정합니다. Waveform Y 모듈레이터로 핸들을 파형의 위/아래로 움직일 때 사운드가 어떻게 변하는지 제어할 수 있고, 키보드 모듈레이션 휠, 애프터터치, 피치 벤드, 벨로시티 및 MIDI 연속 컨트롤러 기능을 Sample Alchemy 파라미터를 위한 실시간 컨트롤 소스로 할당할 수도 있습니다.

프리셋 저장

01 사용자가 만든 음색은 플러그인 메뉴 막대의 더 보기 버튼을 탭하면 열리는 메뉴에서 별도 저장을 선택하여 User 플러그인 프리셋으로 저장할 수 있습니다.

02 Sample Alchemy의 더 보기 버튼을 탭하면 악기의 환경을 설정할 수 있는 Global, Sample 및 MIDI 옵션을 선택할 수 있습니다.

Global 설정

- **Volume** : 프리셋의 볼륨 레벨을 설정합니다.
- **Polyphony** : 프리셋의 최대 폴리포니를 설정합니다(최대 16개 성부). 값이 1이면 모노포닉 프리셋 또는 소스가 됩니다.
- **Glide** : 포르타멘토 속도를 설정합니다. 글라이드는 하나의 노트 피치에서 다른 노트 피치로 슬라이드를 발생시킵니다.
- **Play Mode** : 새로운 노트가 처리되는 방식을 결정합니다. Polyphony 및 Glide 컨트롤과 상호 작용합니다.
- **Always** : 폴리포니 값이 1이면 각 레가토 그룹 시작 시에 트리거가 생성되며, 각 노트 시작 시에 포르타멘토가 발생합니다. 그 외 모든 폴리포니 값의 경우에는 각 노트 시작 시에 트리거가 생성되며, 포르타멘토가 발생합니다.
- **Retrigger** : 각 노트 시작 시에 트리거가 생성되며, 포르타멘토가 발생합니다.
- **Legato** : 폴리포니 값이 1이면 각 레가토 그룹 시작 시에 트리거가 생성되며, 각 레가토 그룹 시작 시에 포르타멘토가 발생합니다. 그 외 모든 폴리포니 값의 경우에는 단일 노트 재생 시에는 동작이 동일합니다. 코드 재생 시에는 코드의 각 노트가 개별적으로 트리거됩니다.
- **Pitch Bend** : 상행 및 하행 피치 벤드 모듈레이션의 최대 범위를 설정하며, 일반적으로 마스터 건반의 피치 밴드 휠로 수행됩니다.

Sample 설정

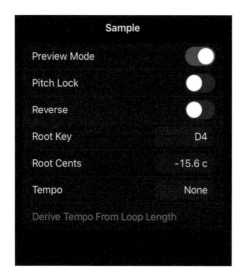

- **Preview Mode** : Preview Mode를 켜거나 끕니다. Preview Mode가 켜져 있으면 핸들을 터치할 때 MIDI 노트가 생성되며, 끄면 핸들을 탭해도 사운드가 재생되지 않습니다.
- **Pitch Lock** : 샘플의 피치를 루트 키에 잠급니다. 다양한 피치를 가진 노트가 포함된 오디오 파일을 불러오는 경우에 Pitch Lock을 사용하면 모든 노트를 하나의 노트에 고정할 수 있습니다. 그런 다음 Sample Alchemy를 연주하면 샘플 내의 다른 피치가 아닌 길게 누르고 있는 노트를 재생합니다.
- **Reverse** : 샘플이 리버스로 재생되도록 설정합니다.
- **Root Key** : 세미톤 사운드의 피치를 조정합니다.
- **Root Cents** : 센트 사운트의 피치를 조정합니다.
- **Tempo** : 샘플의 템포를 설정하거나 샘플이 리드미컬하지 않으면 None을 선택합니다.
- **Derive Tempo from Loop Length** : 다듬기 핸들 사이의 샘플 길이를 기반으로 오디오 파일의 템포를 계산합니다.

MIDI 설정

- **MIDI Mono Mode(MPE)** : MIDI Mono Mode의 설정을 선택할 수 있습니다.
- **MIDI Mono Mode** : Off, On (Common Base Channel 1) 또는 On (Common Base Channel 16) 중에서 선택합니다. 어떤 모드를 선택하든 각각의 보이스는 서로 다른 MIDI 채널에서 수신하며, 음성별 채널은 피치 벤드, 애프터터치, 모듈레이션 휠 및 컨트롤러 할당 메시지를 지원합니다.
- **Pitch Bend Range** : 0~96 사이의 값을 설정합니다. 선택한 피치 벤드 범위는 Common Base Channel을 제외한 모든 채널에서 수신된 개별적인 노트의 피치 벤드 메시지에 영향을 줍니다. 기본값은 48세미톤입니다. 대부분의 미디 기타는 컨버터가 24세미톤을 기본값으로 사용하기 때문에 해당 범위로 설정하는 것이 좋습니다.
- **MIDI Assign** : MIDI 서브 메뉴에서 4개의 다양한 모듈레이션 소스 중 하나를 선택할 수 있으며, Ctrl A/B/C/D를 Mod Matrix 패널의 모듈레이션 대상에 할당할 수 있습니다. 이런 소스들은 브레스 및 풋 컨트롤러 모듈레이션 추가에 이상적입니다.
- **Ctrl A-D** : Ctrl A~D에 할당된 MIDI 지속 컨트롤러를 설정합니다.

Lesson 02

Beat Breaker

아이패드용 로직은 처음부터 터치 기반으로 설계되어 라이브 현장에서 실시간 연주가 가능한 막강한 기능의 플러그인들을 제공합니다. 비트와 베이스 라인을 프로그래밍하거나 프로젝트에 어울리는 커스텀 드럼 키트를 손가락 하나로 제작할 수 있습니다. 아이패드용 로직에 추가된 Beat Breaker는 스와이프와 핀치 동작으로 사운드를 재구축하거나 리듬에 셔플감을 주는 등의 작업을 즉석에서 처리할 수 있는 멀티 이펙트입니다.

오디오를 슬라이스하여 실시간으로 재정렬하고, 다시 편곡하고, 스크래치 이펙트를 추가할 수 있으며, 다른 슬라이스 순서로 재생할 수 있을 뿐 아니라 각 슬라이스를 지정된 수만큼 반복하며 속도, 방향 및 볼륨을 설정할 수 있습니다. 모든 슬라이스 재생 기능은 즉석에서 변경할 수 있는 패턴을 제공합니다.

단순히 트랙에 추가하는 이펙트가 아니라, 무대 또는 스튜디오에서 연주할 수 있는 이펙트로 EDM 및 Hip HOP에서 탁월하며, 제작 과정에서 창작의 고통을 극복하도록 도와줍니다. 또한, 비트와 그에 따른 다양한 버전의 아이디어를 떠올리는데 적합한 궁극의 리믹스 도구입니다.

| 화면 구성

01 보기 컨트롤 막대의 플러그인 버튼을 탭하여 열고, Audio FX 추가 항목을 탭하여 메뉴를 엽니다. 그리고 멀티 이펙트 폴더의 Beat Breaker를 선택하여 로딩합니다.

02 플러그인 창에 추가된 Beat Breaker가 선택된 상태에서 탭하면 세부 사항을 컨트롤 할 수 있는 패널이 열립니다. 이전 화면으로 돌아갈 때는 플러그인으로 이동 버튼을 탭합니다.

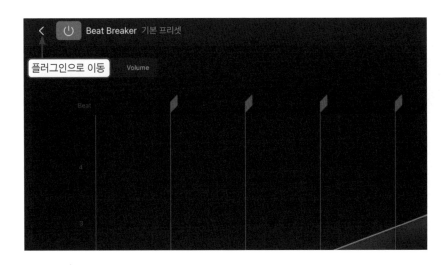

| 편집 모드

01 Beat Breaker를 로딩하면 메인 편집기 왼쪽에 입력 오디오 파형이 세로로 표시되고, 그 오른쪽으로 출력 파형이 표시됩니다. 출력 파형에 표시되는 8개의 세로 라인은 오디오가 잘린 위치를 나타내는 슬라이스 라인입니다.

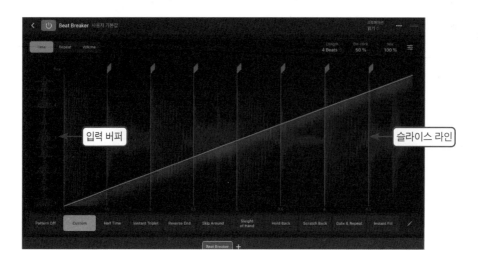

02 슬라이스 라인은 상단의 슬라이스 스트립 바에 표시되는 마커를 드래그하여 위치를 옮길 수 있으며, 빈 공간을 탭하여 추가하거나 마커를 더블 탭하여 제거할 수 있습니다.

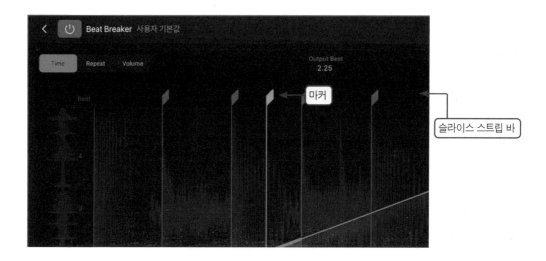

03 Beat Breaker는 Time, Repeat, Volume의 세 가지 편집 모드를 제공하며, 주황색 라인으로 표시되는 Time 모드는 위/아래로 드래그하여 해당 구간이 입력 버퍼의 어느 위치에서 재생되게 할 것인지를 결정합니다.

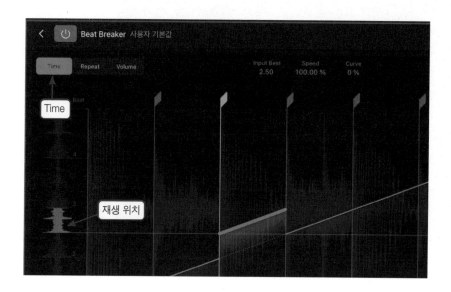

04 재생 위치는 Input Beat 파라미터에 표시되며, 값을 드래그하여 소수점 이하의 정밀한 조정이 가능합니다. 값을 탭하면 컨트롤이 편리한 스크롤 휠 창을 열 수 있습니다.

05 주황색 라인을 좌/우로 드래그하면 재생 속도가 변경됩니다. 값은 Speed 파라미터에서 확인할 수 있으며, 마이너스 값은 거꾸로 재생됩니다. 값을 드래그하거나 탭하여 설정 가능합니다.

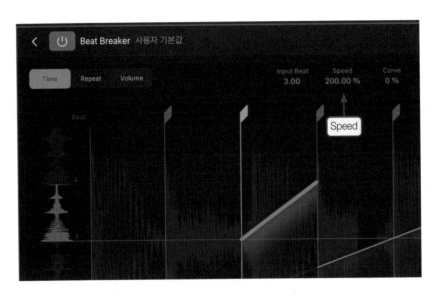

06 슬라이스에 두 손가락을 놓은 다음, 커브를 회전하려는 방향으로 손을 돌리고, 회전을 시작하고 나면 한 손가락으로 드래그하여 속도 변화를 줄 수 있습니다. 그냥 두 손가락으로 돌려도 되고, 제스처가 불편하면 Curve 파라미터 값을 직접 수정해도 됩니다.

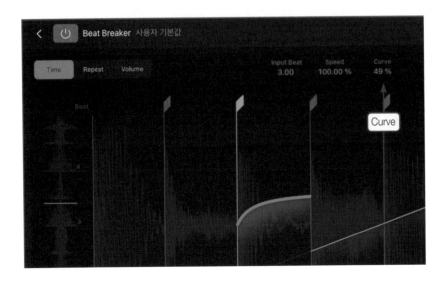

07 자주색으로 표시되는 Repeat 편집 모드는 위/아래로 드래그하여 슬라이스 구간을 최대 8번 반복시킬 수 있습니다. 값은 Repeats 파라미터에 표시되며 변경 가능합니다.

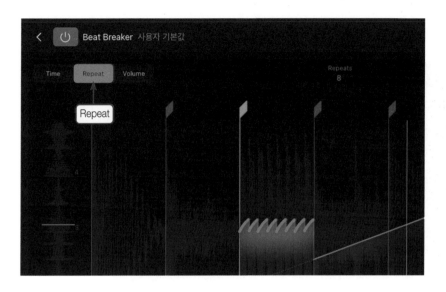

08 노란색으로 표시되는 Volume 편집 모드는 위/아래로 드래그하여 볼륨을 조정하고, 좌/우로 드래그하여 슬로프 값을 조정하고, 두 손가락으로 커브를 조정합니다.

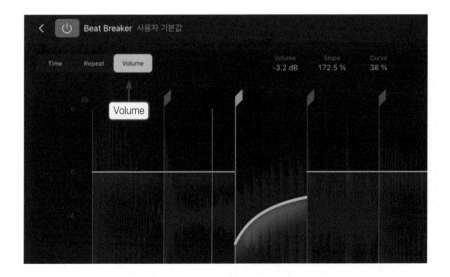

┃ 패턴 및 세팅

01 파형 디스플레이 아래쪽의 버튼들은 로직에서 제공하는 패턴입니다. 각각의 패턴을 선택하여 비트가 어떻게 바뀔 수 있는지 모니터해봅니다.

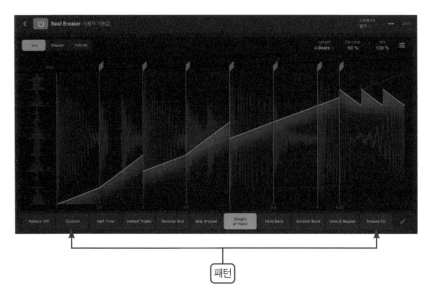

패턴

02 사용자가 만든 것도 패턴으로 저장하여 언제든 사용할 수 있습니다. 연필 모양의 편집 버튼을 탭하고, 사용자가 만든 Custom 패턴 버튼을 탭하여 메뉴를 엽니다. 그리고 Save Pattern As를 을 선택하여 구분하기 쉬운 이름으로 저장합니다.

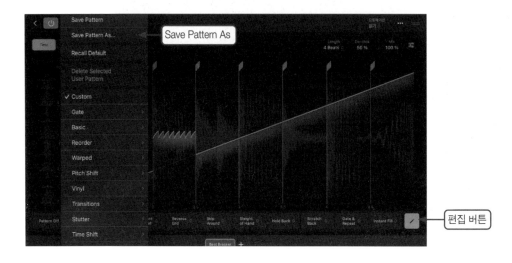

Save Pattern As

편집 버튼

03 오른쪽 상단에는 패턴의 길이를 설정할 수 있는 Length, 페이드 인/아웃 값을 설정할 수 있는 De-click, 소스와 Beat Breaker의 출력 비율을 조절할 수 있는 Mix 파라미터를 제공합니다.

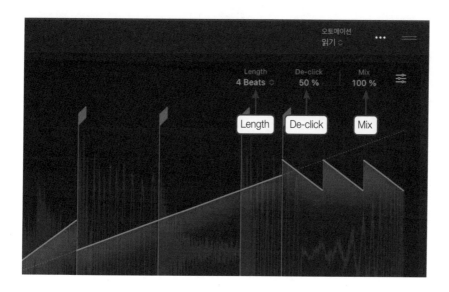

04 오른쪽 끝의 Settings 버튼을 탭하면 In/Output Beat의 스냅 간격과 Time 모드의 Speed를 Pitch로 설정할 수 있는 메뉴가 열립니다.

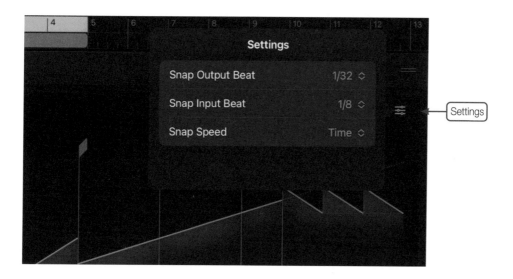

Lesson 03

Quick Sampler

Quick Sampler는 오디오 샘플이나 루프 파일을 가져다가 자르고, 뒤집고, 변형해 완전히 새로운 악기를 만들 수 있는 소프트웨어 샘플러입니다. 사용자가 가지고 있는 오디오 샘플이나 Apple Loop 또는 사용자가 녹음한 오디오 리전 등 모든 오디오 파일을 악기로 만들 수 있습니다.

유연한 샘플러 모드 및 모듈레이션 옵션과 함께 피치, 필터 및 앰프 파라미터를 독립적으로 제어할 수 있으며, 악기 채널 스트립에 삽입되어 재생 가능한 악기 및 오디오 조작 유틸리티로 사용할 수 있습니다.

로직에는 멀티 샘플 사용에 적합한 Sampler도 있지만, 상단 섹션에 샘플러 모드, 파형 표시, 분석, 재생, 매핑 및 기타 옵션을 포함한 모든 샘플 관련 기능이 포함되어 있고, 하단 섹션에 두 개의 LFO와 Pitch, Filter, Amp 및 광범위한 모듈레이션 옵션을 제공하는 Mod Matrix 패널의 심플한 구성으로 빠르고 간편하게 사용할 수 있는 Quick Sampler의 사용 빈도가 높습니다.

Sampler, Alchemy 등에 관한 학습은 〈Logic Pro 레벨업 코스〉 서적을 참조하기 바랍니다.

| 오디오 추가하기

01 새로운 미디 트랙은 Vintage Electric Piano가 로딩되어 생성됩니다. 이것을 Qucik Sampler 로 변경하려면 보기 컨트롤 막대의 플러그인 버튼을 탭하여 열고, E-Piano 패널을 누르고 있으면 열리는 메뉴에서 대치를 선택합니다.

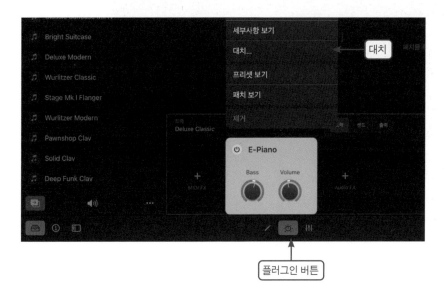

02 Sampler 카테고리를 선택하면 로직에서 제공하는 샘플러의 종류를 볼 수 있으며, 여기서 Qucik Sampler (Single Sample)를 선택하면 됩니다.

03 샘플러는 오디오 파일 또는 프로젝트의 오디오 리전을 가져와 재생하는 악기이기 때문에 기본적으로는 아무런 소리가 나지 않습니다. 악기를 누르고 있으면 열리는 메뉴에서 프리셋 보기 또는 패치 보기를 선택합니다.

04 프리셋이나 패치는 미리 프로그래밍 되어 있기 때문에 별다른 추가 작업 없이 바로 악기로 사용할 수 있습니다.

05 하지만 샘플러를 사용하는 궁극적인 목적은 남들과 다른 사운드를 만들기 위해서입니다. 즉, 로직에서 제공하는 프리셋이나 패치가 아닌 내가 녹음한 사운드나 내가 가지고 있는 오디오 파일을 악기로 사용하는 것입니다. 화면 아래쪽에서 살짝 밀어 올려 독을 열고, 파일 앱을 드래그 하여 슬라이드 오버 창으로 띄웁니다.

파일 앱 실행

06 파일 앱에서 샘플 파일을 Quick Sampler로 드래그하여 가져다 놓으면 바로 악기로 사용할 수 있습니다. 사용자가 녹음한 오디오 리전도 드래그하여 가져다 놓을 수 있습니다.

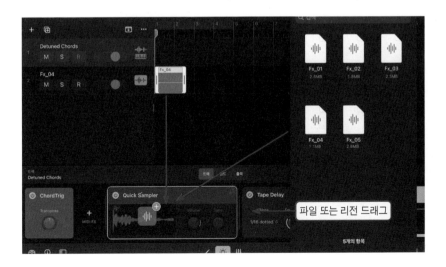

파일 또는 리전 드래그

07 파일 앱 또는 프로젝트의 오디오 리전을 트랙 리스트의 빈 공간으로 드래그하여 가져다 놓으면 어떤 악기로 로딩할 것인지를 묻는 창이 열리는데, 여기서 Quick Sampler를 선택하여 트랙을 만드는 방법도 있습니다.

08 Quick Sampler 라고 표시되어 있는 타이틀 바를 탭하면 악기의 세부 사항을 컨트롤할 수 있는 패널이 열립니다. 이전 화면으로 되돌아 갈 때는 플러그인으로 이동 버튼을 탭합니다.

09 패널 상단에 오디오 파형이 표시되는 디스플레이에 악기로 사용할 오디오 파일을 가져
다 놓을 수 있는데, 플러그인 창과 다른 점은 음정, 레벨, 루핑 및 길이 특성을 그대로 가져오는
Original과 소스를 최적화한 다음에 가져오는 Optimized 중에서 선택할 수 있다는 것입니다.

10 사용자가 만든 악기는 더 보기 버튼을 탭하면 열리는 메뉴에서 별도 저장을 선택하여 저장
할 수 있습니다. 저장된 음색은 User 플러그인 프리셋에 등록되어 언제든 사용할 수 있습니다.

| 재생 모드

01 Qucik Sampler는 3가지 재생 모드를 제공합니다. **Classic** 모드는 건반을 누르고 있는 동안 시작 마커 위치에서 샘플을 재생합니다. 마커의 위치는 드래그하여 조정할 수 있습니다.

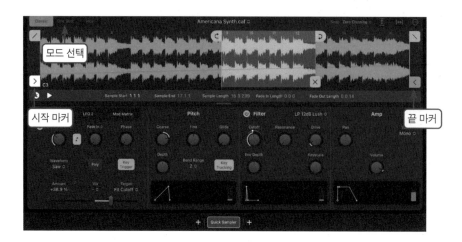

02 시작 및 끝 마커 위쪽에 사선으로 표시되어 있는 마커는 페이드 인/아웃 마커이며, 드래그하여 페이드 인/아웃 길이를 조정할 수 있습니다. 시작 및 끝 또는 페이드 인/아웃 마커를 탭하면 Sample Start/End, Sample Length, Fade In/Out Length 파라미터가 표시되며 드래그하거나 탭하여 정밀하게 조정할 수 있습니다.

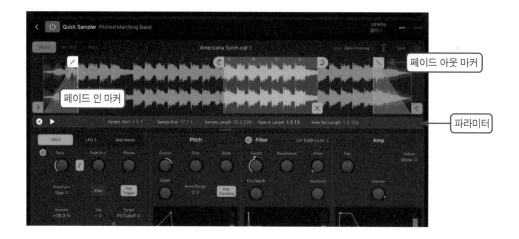

03 루프가 설정되어 있는 경우에는 건반을 누르면 시작 마커 위치에서 시작하고, 루프 구간을 반복합니다. 루프 구간은 시작 및 끝 마커를 드래그하여 범위를 조정하거나 마커 사이 노란색 영역을 드래그하여 위치를 조정할 수 있습니다.

04 루프 구간 오른쪽 하단에 X로 표시되어 있는 마커는 루프 구간의 페이드 인/아웃을 동시에 조정하는 크로스 페이드 마커입니다. 루프 시작 및 끝 또는 크로스 페이드 마커를 탭하면 Loop Start/End, Loop Length, Crossfade Length 파라미터가 표시되며, 값을 드래그하거나 탭하여 정밀하게 조정할 수 있습니다.

05 Classic 모드 파라미터는 Root Key, Tune, Playback, Loop, Flex, Follow Tempo, Speed로 구성되어 있습니다.

● **Root Key** : 샘플이 로딩된 노트 번호를 표시하며, 세로로 드래그하여 변경할 수 있습니다.

● **Tune** : 샘플의 음정을 100분의 1 단위로 조정합니다.

● **Playback** : 재생 방법을 선택합니다. Forward는 시작 마커 위치에서 끝 마커 위치로 재생하고, Reverse는 거꾸로 끝 마커 위치에서 시작 마커 위치로 재생합니다.

● **Loop** : 루프 재생 모드를 선택합니다.
No Loop : 루프 재생을 끕니다.
Forward : 키를 누르고 있는 동안 루프 시작점에서 루프 끝점까지 재생이 반복됩니다.
Reverse : 키를 누르고 있는 동안 루프 끝점에서 루프 시작점까지 재생이 반복됩니다.
Alternate : 키를 누르고 있는 동안 Forward와 Reverse 동작을 반복합니다.
Play to End on Release : 키를 놓으면 루프가 루프 끝점 마커 위치로 재생되고 샘플 끝 마커 위치까지 매끄럽게 재생됩니다.

● **Flex** : Flex 모드를 켜거나 끕니다. Flex 모드가 켜져 있으면 모든 노트의 피치에 대해 오디오 샘플이 원본 속도로 재생됩니다.

● **Follow Tempo** : Flex 모드가 켜져 있으면 이 버튼을 켜 프로젝트 템포를 따르게 합니다.

● **Speed** : Flex 모드가 켜져 있으면 재생 속도를 조정할 수 있습니다.

06 One Shot 모드는 건반을 누르면 노트 오프에 상관없이 시작 마커에서 끝까지 재생됩니다. 원본과 함께 재생되는 샘플의 리버스된 부분과 같은 이펙트를 추가하거나 약간 디튜닝된 버전으로 페이드 인하여 파트를 더블링하는 데에 유용합니다.

07 Slice 모드는 샘플을 잘라서 노트에 매핑합니다. 슬라이스는 마커를 드래그하여 위치를 변경하거나 더블 탭하여 삭제할 수 있으며, 파형 디스플레이를 더블 탭하여 추가할 수 있습니다.

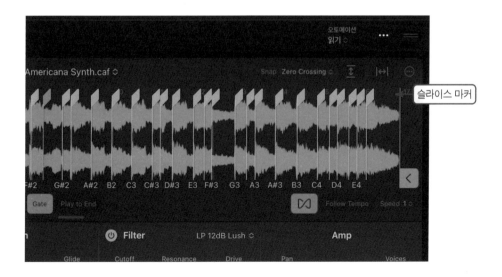

08 Slice 모드 파라미터는 Mode, Start Key, Gate, 그리고 Classic 모드 파라미터와 동일한 Flex, Follow Tempo, Speed로 구성되어 있습니다.

- **Mode** : 슬라이스 모드를 선택합니다. Transient+Note로 자동 분할되게 하거나 Best Divisions 및 Equal Divisions로 오디오 파일을 균등하게 분할하거나 Manual로 수동으로 분할을 설정할 수 있습니다.
- **Sensitivity** : Transient 모드를 선택하면 표시됩니다. 오디오 파일에서 트랜지언트를 감지하여 슬라이스 됩니다. 값이 높을수록 더 많은 슬라이스 마커가 표시됩니다.
- **Division** : Beat Divisions 모드를 선택하면 표시됩니다. 비트 값으로 오디오 파일의 슬라이스 마커 수를 설정합니다. 값이 높을수록 더 많은 슬라이스 마커가 표시됩니다.
- **Slices** : Equal Divisions 모드를 선택하면 표시됩니다. 시작 마커와 끝 마커 사이에 표시되는 슬라이스 마커 수를 설정합니다. 값이 높을수록 더 많은 슬라이스 마커가 표시됩니다.
- **Start Key** : 첫 번째 슬라이스가 매핑되는 노트를 설정합니다.
- **Start Key Mapping** : Chromatic, White 또는 Black을 선택하여 할당된 Start Key에 슬라이스를 매핑합니다.
- **Gate** : 키를 해제할 때 Pitch, Filter 및 Amp 엔벨로프의 릴리즈 페이즈를 활성화하려면 켭니다. One Shot 모드에서 샘플을 재생하려면 끕니다.
- **Play to End** : 트리거된 슬라이스를 끝 마커 위치까지 재생하려면 켭니다.

| LFO 컨트롤

01 Quick Sampler는 2개의 동일한 LFO 유닛을 제공합니다. LFO는 Pitch, Filter, Amp의 파라미터를 Waveform에서 선택한 파형 모양으로 움직이게 하는 역할을 합니다.

02 Waveform은 Sine, Triangle, Saw, Square, Random, Random Smooth의 6가지를 제공하며, 양극으로 활성화하는 Unipolar와 단극으로 활성화하는 Bipolar의 두 가지 옵션을 포함합니다.

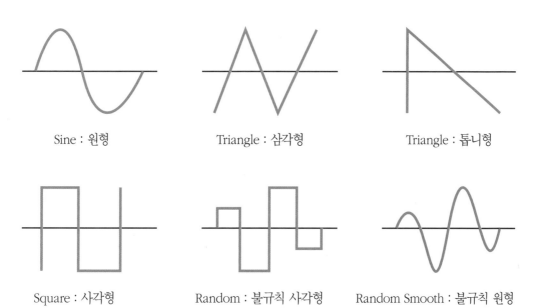

Sine : 원형

Triangle : 삼각형

Triangle : 톱니형

Square : 사각형

Random : 불규칙 사각형

Random Smooth : 불규칙 원형

03 예를 들어 Waveform이 Sine인 경우에 Target을 Filter의 Cutoff 파라미터로 설정하면, 노트가 연주될 때 Filter의 Cutoff 값이 부드럽게 증/감하는 동작을 반복하게 되는 것입니다.

LFO의 역할만 이해하면 구성 파라미터를 목적에 맞게 컨트롤할 수 있습니다.

● **On/Off 버튼** : LFO를 켜거나 끕니다.

● **Rate** : Target에서 선택한 파라미터가 움직이는 속도를 설정합니다. Hz헤르츠) 값은 초당 사이클이며, Sync 버튼이 활성화되면 프로젝트 템포와 동기화된 마디 또는 비트 값으로 설정할 수 있습니다.

● **Fade Mode** : Fade In 또는 Fade Out 모드를 제공합니다. Fade Time 노브로 페이드 인 또는 페이드 아웃 시간을 설정합니다.

● **Phase** : LFO 파형의 시작점을 설정합니다. 이 파라미터를 효과적으로 사용하려면 Trigger Mode를 Poly로 설정합니다.

● **Waveform** : LFO에서 사용하는 파형을 선택합니다.

● **Poly 버튼** : LFO로 각 보이스를 독립적으로 모듈레이션합니다. Poly 버튼을 끄면 LFO는 모든 보이스를 같은 방식으로 모듈레이션합니다.

● **Key Trigger 버튼** : 노트를 연주할 때 Phase 파라미터로 설정한 시작점으로 LFO 사이클을 재설정합니다.

● **Target** : LFO 모듈레이션 대상을 선택합니다.

● **Amount** : 값을 드래그하거나 탭하여 모듈레이션 양을 설정합니다. 아래쪽의 Target Depth 슬라이더로 조정 가능합니다.

● **Via** : 모듈레이션 양을 제어할 소스를 선택합니다. 슬라이더에 두 개의 핸들이 표시되며, 왼쪽은 최소 LFO 양, 오른쪽은 Via 소스에 의해 제어되는 최대 LFO 양을 설정합니다.

| Mod Matrix 패널

01 Mod Matrix 패널에서는 LFO 또는 모듈레이션 휠, 애프터터치, 피치 벤드, 벨로시티 및 MIDI 컨트롤러 등을 소스로 Pitch, Filter, Amp 파라미터를 실시간 컨트롤할 수 있는 대상을 최대 4개까지 할당할 수 있습니다.

02 예를 들어 모듈레이션 휠을 이용하여 Amp의 Pan 파라미터를 컨트롤 하겠다면 Source에서 Mod Wheel을 선택하고, Target에서 Pan을 선택하는 것입니다. 그러면 아이패드에 연결한 마스터 건반 또는 플레잉 서피스의 모듈레이션 휠로 Amp의 Pan을 컨트롤할 수 있는 것입니다. Depth는 모듈레이션의 최대값 또는 강도를 설정하는 것으로 해당 파라미터에 주황색 링으로 표시됩니다.

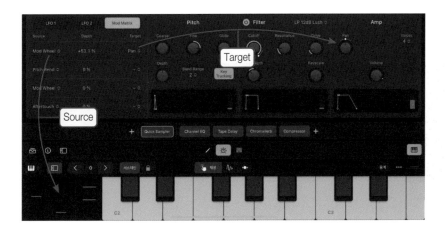

| 컨트롤 패널

01 LFO 및 Mod Matrix로 컨트롤할 수 있는 파라미터는 Pitch, Filter, Amp의 3가지이며, 각각 엔벨로프 파형이 표시되는 디스플레이를 탭하면 창을 확대할 수 있습니다. 창이 확대된 상태에서 패널을 열 때는 왼쪽 상단의 이름 항목에서 선택합니다.

02 엔벨로프는 시간의 흐름에 따라 Pitch, Filter, Amp 파라미터가 변하는 타임을 나타내는 것이며, 핸들을 드래그하여 조정할 수 있습니다. 조정 포인트 수는 Type에서 선택하며, A(Attack)는 엔벨로프가 초기 레벨에 도달하는 데 걸리는 시간, H(Hold)는 디케이 페이즈가 시작되기 전, D(Decay)는 홀드 페이즈 또는 초기 어택 시간에 따라 엔벨로프가 서스테인 레벨로 떨어지는데 걸리는 시간, S(Sustain)는 키를 릴리즈할 때까지 유지되는 레벨, R(Release)은 엔벨로프가 서스테인 레벨에서 0 레벨로 떨어지는 데 걸리는 시간을 의미합니다.

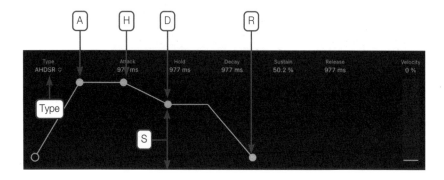

04 예를 들어 Pitch 값을 온음으로 하고, AHDR 타임을 모두 1000ms(1초), S 값을 50%(반음)로 설정했다면, 건반을 누르면 1초 동안(A) 온음에 도달하고, 1초 동안(H) 온음이 유지되고, 1초 동안(D) 반음으로 떨어지고, 건반을 누르고 있는 동안(S) 반음으로 연주되다가 건반을 놓으면 1초 동안(R) 피치가 떨어지면서 사운드가 소멸되는 것입니다.

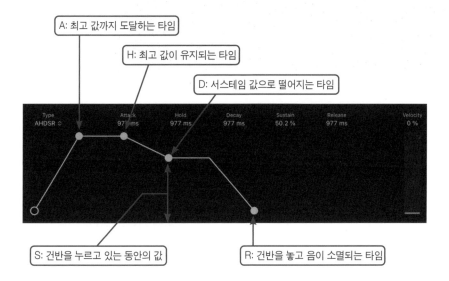

A: 최고 값까지 도달하는 타임

H: 최고 값이 유지되는 타임

D: 서스테인 값으로 떨어지는 타임

S: 건반을 누르고 있는 동안의 값

R: 건반을 놓고 음이 소멸되는 타임

05 Velocity는 수신되는 벨로시티에 대한 응답으로 피치 엔벨로프 모듈레이션의 강도를 설정합니다. 값이 0%일 때 엔벨로프는 연주되는 모든 벨로시티에서 최대 레벨을 출력하고, 값을 100%로 올리면 전체 다이나믹 레인지가 벨로시티로 제어되는 것입니다. 즉, 값을 높이면 엔벨로프의 최소 진폭이 줄어들고, 그 차이가 연주 벨로시티에 의해 제어되는 것입니다. 예를 들어 Velocity를 25%로 설정하면 최소 엔벨로프 진폭이 75%로 감소되며, 나머지 25%는 연주하는 키의 벨로시티에 따라 추가되는 것으로, 벨로시티 0으로 연주되는 키는 엔벨로프 진폭이 75%가 되고, 벨로시티 값 127로 연주된 키는 엔벨로프 진폭이 100%가 됩니다.

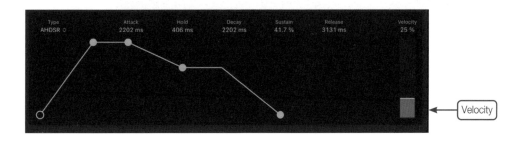

Velocity

06 음정을 컨트롤하는 Pitch 파라미터는 Coarse, Fine, Glide, Depth, Band Range, Key Tracking으로 구성되어 있습니다.

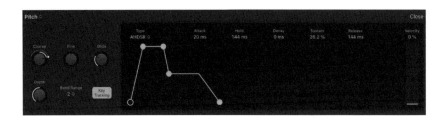

- Coarse : 음정을 반음 단위로 조절합니다.
- Fine : 음정을 1/100 단위로 조절합니다.
- Glide : 연주된 각 노트의 피치 사이를 이동하는 데 걸리는 시간을 설정합니다.
- Depth : 엔벨로프 모듈레이션의 양을 설정합니다.
- Pitch Bend : 피치 벤드 레인지를 반음 단위로 설정합니다.
- Key Track : 다른 노트가 연주될 때 샘플 재생의 피치와 속도를 변경하려면 켭니다. 키를 눌렀을 때 원래의 피치와 속도로 샘플을 재생하려면 끕니다.

07 주파수를 차단률을 컨트롤하는 Filter 파라미터는 Type, Cutoff, Resonance, Drive, Env Depth, Keyscale로 구성되어 있습니다.

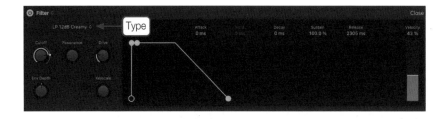

- Type : 필터 타입을 선택합니다. 각 옵션은 Cutoff, Drive, Res 컨트롤 값에 대해 서로 다른 음색과 응답을 제공합니다.

Low Pass Filter : 차단 주파수 아래 신호를 통과하고 해당 주파수 위의 부분을 롤오프합니다.

Band Pass Filter : 차단 주파수를 둘러싼 밴드를 차지하는 신호 부분을 통과하고 해당 밴드 위 및 아래 부분을 롤오프합니다.

High Pass Filter : 차단 주파수 위의 신호를 통과하고 해당 주파수 아래 부분을 롤오프합니다.

Band 6dB Creamy : 공진 주파수 주변의 좁은 밴드를 차단합니다. 신호의 나머지 부분은 최소한의 영향을 받습니다.

Peak Creamy : 레조넌스 주파수 주변의 좁은 밴드를 부스트합니다. 신호의 나머지 부분은 최소한의 영향을 받습니다.

● Cutoff : 필터의 컷오프 주파수를 설정합니다. 더 높은 주파수는 감쇠되고 더 낮은 주파수는 로우패스(LP) 필터를 통과할 수 있습니다. 하이패스(HP) 필터에서는 그 반대입니다. 밴드패스(BP) 모드에서 컷오프는 통과할 수 있는 밴드의 중심 주파수를 결정합니다. 대역차단(BR)도 같은 방식으로 작동하지만 중심 주파수는 통과할 수 없습니다.

● Resonance : 컷오프 주파수를 둘러싸는 주파수 밴드에서 신호를 증폭하거나 차단합니다.

● Drive : 필터 효과를 증폭시킵니다. 필터 유형에 따라 심한 디스토션을 유발할 수 있습니다.

● Env Depth : 필터 엔벨로프 모듈레이션의 양을 설정합니다.

● Keyscale : 키보드 위치별로 필터 컷오프 주파수 강도를 설정합니다. 0으로 설정하면 모든 노트를 동일하게 필터링합니다. 100%로 설정하면 더 높은 연주 노트에 대한 필터가 열립니다.

08 출력 레벨을 컨트롤하는 Amp 파라미터는 Pan, Voice, Volume로 구성되어 있습니다.

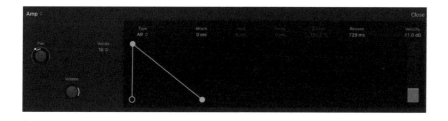

● Pan : 스테레오 필드에서 전체 파노라마 위치를 설정합니다.

● Voices : 동시에 재생할 수 있는 최대 보이스 수를 설정합니다.

● Volume : 전체적인 출력 레벨을 설정합니다.

Lesson 04

스텝 시퀀서

스텝 시퀀서는 반복적인 음악 패턴을 생성하는데 사용되는 고전적인 하드웨어를 구현하고 있는 에디터로 리듬 기반 드럼 패턴과 노트 기반 악기 패턴을 손쉽게 생성할 수 있습니다. 스텝 그리드의 다기능 스텝을 편집하여 패턴을 생성할 수 있고, 각 행은 사운드 또는 오토메이션 파라미터를 조절합니다. 기본적으로 스텝의 길이는 동일하지만 개별 행 또는 스텝의 길이를 변경할 수 있으며, 벨로시티, 피치, 게이트 시간 등을 포함하여 광범위한 파라미터를 조정할 수 있습니다.

특히, Drum Machine Designer(DMD) 패치를 사용하여 드럼 패턴을 생성하는데 적합합니다. DMD 패치를 사용하여 트랙에 새로운 패턴 리전을 생성하면 노트 행에 MIDI 노트 이름 대신 패치의 키트 피스와 일치하는 이름과 아이콘이 표시되고 행 할당 팝업 메뉴에는 MIDI 노트 이름이 아닌 키트 피스 이름이 표시됩니다.

Drum Machine Designer 패치를 사용하는 패턴 리전을 여러 개의 패턴 리전으로 분리하여 각 행을 패턴 리전으로 분리할 수 있으며, 분리된 리전은 원본 키트 피스 행과 일치하는 DMD Track Stack의 서브 트랙에 배치되어 결과 행을 별도의 리전으로 작업할 때 유용합니다.

| 패턴 생성

01 스텝 시퀀서는 패턴 트랙 또는 패턴 리전에서 열리는 에디터입니다. 패턴 트랙은 새로운 트랙 생성 창에서 패턴을 탭하여 만들 수 있습니다.

02 미디 트랙에서 패턴 리전을 만들 수도 있습니다. 트랙 작업 공간을 탭하면 열리는 메뉴에서 패턴 리전 생성을 선택하면 됩니다.

209

03 패턴 트랙을 만들면 스텝 시퀀스 창이 자동으로 열리며, 패턴 리전을 메뉴로 만든 경우에는 보기 컨트롤 막대의 편집기 버튼을 탭하여 열 수 있습니다. 화면은 메뉴 막대, 스텝 그리드 헤더, 스텝 그리드, 패턴 컨트롤, 행 헤더로 구성되어 있습니다.

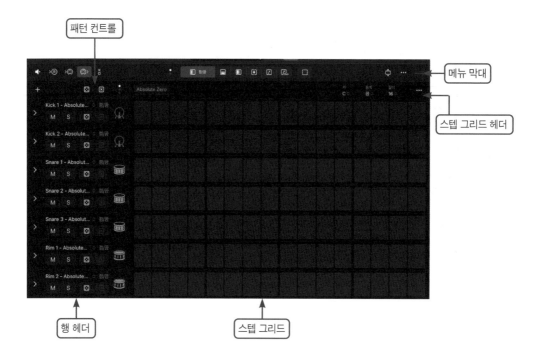

- **메뉴 막대** : 미리 듣기, 실시간 녹음, MIDI 입력 및 MIDI 출력 , 모노 모드, 편집 모드, 스텝 선택, 수직 자동 확대/축소 및 더 보기 버튼으로 구성되어 있습니다.
- **스텝 그리드 헤더** : 패턴 키, 음계, 길이 및 스텝 그리드의 패턴을 변경하기 위한 더 보기 버튼으로 구성되어 있습니다.
- **스텝 그리드** : 사각형 모양으로 표시되는 노트를 스텝이라고 하며, 실제 작업이 이루어지는 공영역입니다. 각 스텝은 탭하여 켜거나 끌 수 있습니다.
- **패턴 컨트롤** : 행 헤더 위에 위치한 패턴 컨트롤은 3개의 페이지로 구성되어 있으며, 각 페이지는 오른쪽에 점 3개로 표시되는 전환 버튼을 탭하여 이동할 수 있습니다.
- **행 헤더** : 각 헤더에는 서브 행을 표시하는 서브 행 펼침 화살표와 패턴 컨트롤에서 선택한 페이지의 컨트롤 세트로 구성됩니다.

04 행은 하나의 노트이며, 각 행의 스텝은 On/Off 스위치처럼 탭하여 켜거나 끌 수 있습니다. 기본적으로 하나의 스텝은 16비트 길이이며, 모든 행은 16개의 스텝으로 이루어진 한 마디 길이의 스텝 그리드로 생성됩니다. 메뉴 막대의 미리 듣기 버튼을 탭하여 On으로 하고, 각 스텝을 켜거나 꺼보면 스텝 시퀀서의 동작 방식을 쉽게 이해할 수 있습니다.

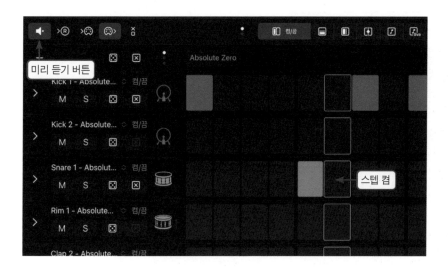

05 스텝의 길이는 스텝 그리드 헤더의 길이 항목을 탭하여 최대 64스텝까지 변경할 수 있으며, 16 스텝 이상은 페이지 섹션을 탭하여 이동합니다.

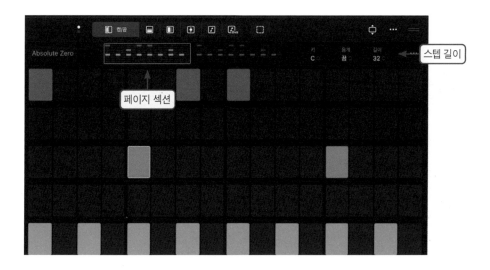

06 스텝의 길이를 행 마다 다르게 설정할 수도 있습니다. 편집 모드의 전환 버튼을 탭하여 이동하고, 루프 버튼을 탭합니다. 그러면 각 행에 테두리가 표시되고, 시작 및 끝 위치의 스텝을 드래그하여 길이를 조정할 수 있습니다.

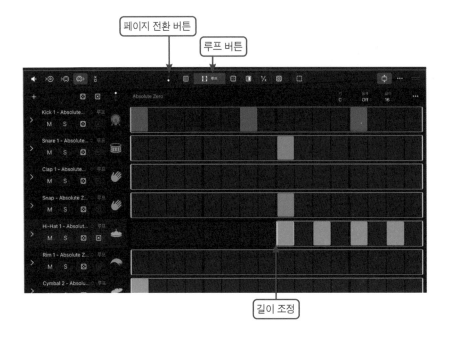

페이지 전환 버튼

루프 버튼

길이 조정

07 16비트 길이의 스텝 역시 필요하다면 변경할 수 있습니다. 패턴 컨트롤에서 페이지 전환 버튼을 탭하여 이동하고, 패턴 속도 항목을 탭하면 속도를 선택할 수 있는 메뉴가 열립니다.

페이지 전환 버튼

스텝 속도

08 행을 추가하고자 한다면 컨트롤 패널의 행 추가 버튼을 탭 합니다. 드럼 트랙은 키트 피스로 표시되고, 멜로디 악기 트랙은 노트로 표시되며, 선택한 드럼 및 노트 이름을 추가합니다.

09 학습 및 할당 메뉴는 마스터 건반 또는 플레잉 서피스에서 누르는 노트를 행으로 추가합니다. 학습(추가) 메뉴를 선택하면 버튼이 빨간색으로 표시되며, 다시 탭하여 끌 때까지 연주 노트를 행으로 추가하고, 학습(할당)은 버튼이 노란색으로 표시되며, 다시 탭하여 끌 때까지 선택한 행을 연주 노트로 변경합니다. 행을 삭제할 때는 아이콘을 탭하면 열리는 메뉴에서 삭제를 탭합니다.

| 편집 모드

01 벨로시티, 반복, 노트, 옥타브 등의 스텝 속성을 제어할 수 있는 편집 모드는 2개의 행으로 구성되어 있으며, 점 2개로 표시되어 있는 전환 버튼을 탭하여 이동할 수 있습니다. 서브 행 열기 버튼을 탭하면 해당 행의 여러 편집 모드를 동시에 보고 편집할 수 있습니다.

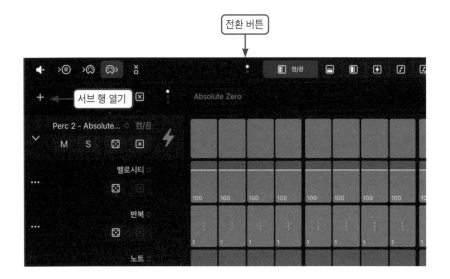

02 서브 행은 더 보기 버튼을 탭하여 추가하거나 제거할 수 있고, 각 모드는 이름 항목을 탭하여 변경할 수 있습니다.

03 벨로시티/값 : 연주의 세기를 의미하는 벨로시티 값을 설정합니다. 스텝을 누르고 있으면
세로로 확대되어 보다 세밀한 조정이 가능합니다.

04 게이트 : 노트의 길이를 퍼센트 단위로 줄입니다.

05 붙임줄 : 스텝의 오른쪽 가장자리를 탭하여 다음 스텝에 연결하거나 왼쪽 가장자리를 탭하
여 이전 스텝에 연결합니다. 스텝의 실행 시간은 연결된 스텝의 값만큼 길어집니다.

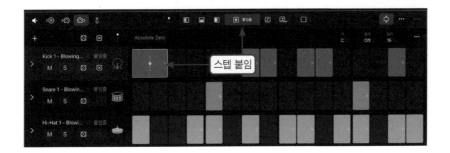

06 노트 : 노트를 2옥타브 범위로 설정합니다.

노트 값 조정

07 옥타브 : 노트의 피치를 옥타브 단위로 조정합니다.

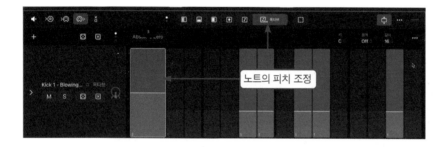

노트의 피치 조정

08 반복 : 스텝을 1에서 16 비트로 쪼갭니다. 쪼개진 값은 노트가 반복되는 것을 의미하며, 반복은 스텝 실행 시간 동안 노트가 반복되는 빈도를 제어합니다.

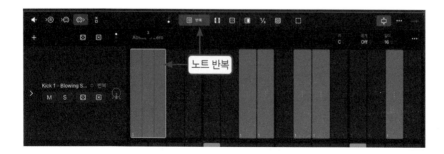

노트 반복

09 루프 : 행의 길이를 조정합니다. 버튼을 선택하면 행 주위에 프레임이 표시되며, 프레임의 왼쪽 또는 오른쪽 가장자리를 드래그하여 설정합니다. 또한 스텝을 탭하여 해당 스텝의 시작점 또는 끝점을 설정하고 다른 행에 세로로 드래그하여 시작 및 끝 위치를 설정할 수도 있습니다.

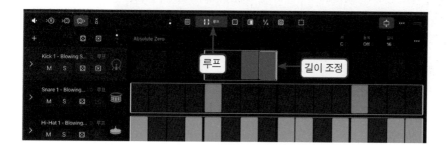

10 찬스 : 패턴이 반복될 때마다 스텝이 재생되는 확률을 퍼센트 단위로 설정합니다. 스텝의 활성 상태는 찬스 값을 편집할 때 결정되며 다시 편집할 때까지 변경되지 않습니다.

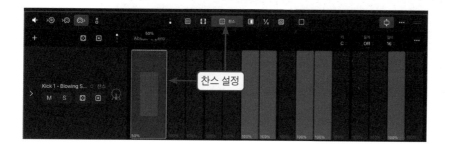

11 오프셋 : 스텝의 시작 타임을 퍼센트 단위로 설정합니다.

12 스텝 속도 : 스텝의 길이를 비트 단위로 설정합니다. 활성 여부에 관계없이 적용됩니다.

13 건너뛰기 : 스텝을 건너뛰게 합니다. 재생이 즉시 다음 스텝으로 이동하여 실제로 건너뛴 스텝의 실행 시간만큼 행의 길이가 줄어듭니다.

14 편집 버튼 : 모든 버튼 오른쪽의 편집 버튼은 스텝을 선택하고 편집할 수 있게 합니다. 스텝을 탭하면 이동 또는 복사할 수 있는 오려두기 및 복사 메뉴가 열립니다.

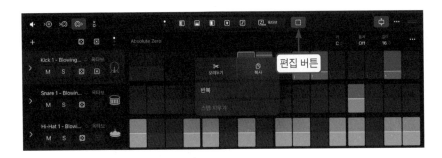

| 스텝 레코딩

01 스텝은 녹음하여 입력하는 것도 가능합니다. 메뉴 막대의 녹음 버튼을 탭하여 켜고, 미리 듣기 버튼을 탭하거나 프로젝트를 재생합니다.

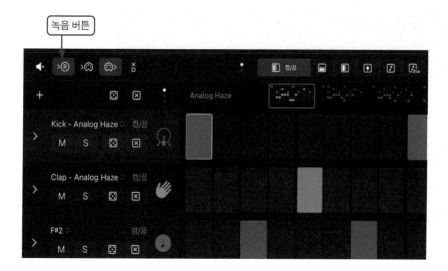

02 마스터 건반 또는 플레잉 서피스를 연주하여 스텝을 실시간으로 입력할 수 있습니다. 미리 듣기 버튼은 패턴이 반복되며 녹음되고, 프로젝트를 재생했을 경우에는 패턴 리전의 시작 위치에서 녹음이 시작되고, 리전 끝 위치에서 녹음이 정지됩니다.

03 녹음 버튼을 누르고 있으면 벨로시티, 노트 길이, 퀀타이즈의 적용 여부를 선택할 수 있는 옵션 메뉴가 열립니다.

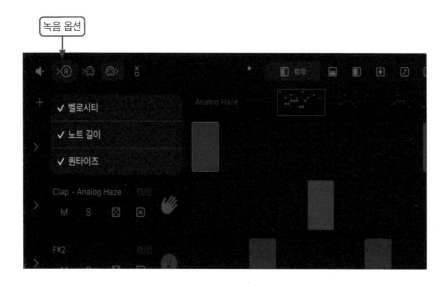

● **벨로시티** : 수신되는 노트 이벤트의 벨로시티가 새로 활성화된 스텝에 적용됩니다. 선택을 해제하면 새로운 스텝은 기존 값을 유지합니다.

● **노트 길이** : 녹음 중에 재생되는 노트의 재생 시간이 캡처되어 재생됩니다. 게이트 및 붙임줄 값은 녹음된 미디 이벤트와 동일한 길이로 스텝을 만들도록 수정됩니다. 재생된 노트가 스텝 길이보다 짧으면 스텝 시퀀서는 게이트 값을 감소시켜 재생된 노트와 일치하도록 스텝을 줄이고, 재생된 노트가 단계 길이보다 길게 홀드되면 스텝에 붙임줄이 활성화되어 재생 시간이 늘어납니다. 게이트 값도 붙임줄 처리된 스텝이 재생 노트의 길이에 최대한 가깝게 일치하도록 조정됩니다. 옵션을 해제하면 붙임줄 및 게이트 값이 홀드된 노트의 재생 시간을 반영하도록 변경되지 않습니다. 수신되는 이벤트 시작에 가장 가까운 스텝만 표준 스텝 길이로 활성화됩니다. 일반적으로 드럼을 녹음할 때는 노트 길이를 끄고 피치된 악기 이벤트를 녹음할 때는 켜는 것이 좋습니다.

● **퀀타이즈** : 노트가 활성 스텝의 시작으로 스냅되어 오프셋 없이 완벽한 메트로놈 시간에 재생됩니다. 옵션을 해제하면 이벤트가 재생된 노트의 정확한 시간 위치에서 트리거되도록 스텝 오프셋 값이 각 활성 스텝에 추가됩니다.

04 메뉴 막대의 미디 인 버튼을 탭하여 켜면, 글자를 입력하듯 건반을 하나씩 눌러 스텝을 입력할 수 있습니다. 입력이 끝나면 반드시 미디 인 버튼을 꺼서 실수로 입력되는 스텝이 없게 합니다. 미디 아웃 버튼은 스텝을 입력할 때 사운드를 들려줍니다. 입력하는 소리를 듣고 싶지 않다면 미디 아웃 버튼을 끕니다.

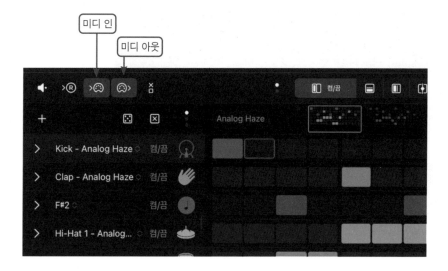

05 미디 아웃 오른쪽의 모노 버튼은 세로 라인에 하나의 스텝만 입력할 수 있게 합니다. 베이스와 같은 모노 라인을 입력할 때 유용한 버튼입니다.

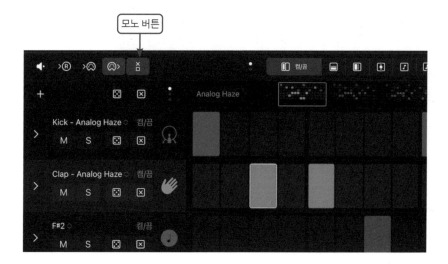

┃ 패턴 컨트롤

01 로직은 전문가들이 만들어 놓은 패턴을 제공합니다. 메뉴 막대의 더 보기 버튼을 탭하여 메뉴를 열고, 패턴의 패턴 보기를 선택하여 브라우저 창을 엽니다.

02 베이스, 코드, 드럼, 멜로디 패턴이 제공되고 있습니다. 음악의 틀을 형성하거나 창작의 아이디어를 얻을 수 있는 좋은 자료입니다.

03 패턴은 그리드 헤더의 키와 음계 또는 더 보기 버튼을 탭하면 열리는 메뉴에서 프로젝트 키로 트랜스포즈를 선택하여 작업 중인 음악에 맞출 수 있습니다.

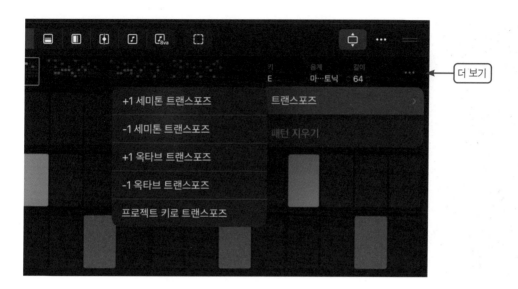

04 행의 M은 뮤트, S는 솔로 버튼이며, 랜덤 버튼은 스텝을 무작위로 생성되게 합니다. 오른쪽 버튼은 랜덤 취소 버튼입니다.

05 패턴 컨트롤의 전환 버튼을 탭하여 이동합니다. 재생 모드 버튼을 탭하면 행이 재생되는 방향을 설정할 수 있고, 재생 속도 버튼을 탭하면 스텝의 길이를 변경할 수 있습니다.

06 패턴 시퀀서는 오토메이션을 스텝으로 기록하여 사용할 수 있습니다. 이때 미디 채널과 오토메이션 모드를 설정할 수 있습니다.

07 패널 컨트롤의 세 번째 페이지는 행을 좌/우로 회전시키는 버튼과 스텝 값을 증/감시키는 역할을 합니다. 스텝의 위치와 값을 이율적으로 조정하고자 할 때 유용합니다.

08 사용자가 만든 것 또는 로직에서 제공하는 패턴을 수정한 것은 메뉴 막대의 더 보기 버튼을 탭하여 메뉴를 열고, 패턴 저장을 선택하여 User 패턴으로 저장할 수 있습니다.

Lesson 05

Drum Machine Designer

Drum Machine Designer는 Track Stack을 사용하는 트랙 기반 메타 악기로, 드럼 키트 및 키트 피스를 생성하고 구성하며 스텝 시퀀서와 결합할 경우, 비트 제작을 위한 놀랍도록 유연하고 고무적인 플랫폼을 제공합니다.

메인 트랙과 다수의 서브 트랙을 결합하고, 각 서브 트랙에는 대응하는 채널 스트립이 있으며 Drum Machine Designer 플레잉 서피스에 있는 드럼 그리드의 재생 가능한 패드가 할당됩니다. 플레잉 서피스는 플레잉 서피스와 상호 작용하는 데 사용할 수 있는 다양한 모드 세 가지를 포함하고 있으며, 패드 설정 및 서피스 설정을 편집할 수도 있습니다.

메인 트랙에서 수신한 미디 노트는 패드에 할당된 입/출력 노트에 따라 변환되고 서브 트랙으로 분배됩니다. 이는 메인 트랙의 리전에서 재생되는 노트와 메인 트랙이 포커스된 트랙일 때 실시간으로 재생되는 노트에도 해당합니다. 예를 들어, 첫 번째 서브 트랙에 할당된 패드가 입력 노트 C1 및 출력 노트 G2로 설정된 경우, 메인 트랙에서 재생되는 C1은 입력 노트가 C1으로 설정된 첫 번째 서브 트랙으로 전달되어 서브 트랙 채널 스트립에 삽입된 악기에서 G2를 재생합니다.

| DMD 로드하기

01 DMD는 브라우저 악기 패치에서 필터 모두 보기를 탭하여 열고, 악기 플러그인 항목에서 Drum Machine Designer을 선택하여 로드할 수 있습니다.

02 미디 트랙에서 보기 컨트롤 막대의 플러그인 버튼을 탭하여 열고, 기본적으로 장착되어 있는 악기의 타이틀 바를 누르고 있으면 열리는 메뉴에서 대치를 선택하여 Drums의 Drum Machine Designer(DMD)를 로드할 수도 있습니다.

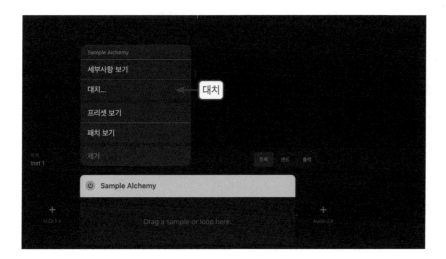

03 브라우저의 샘플 및 루프 또는 사용자가 가지고 있는 오디오 파일이나 녹음한 리전을 트랙 리스트로 드래그하여 가져다 놓으면 열리는 메뉴에서 Drum Machine Designer를 선택하여 로드 하는 방법도 있습니다.

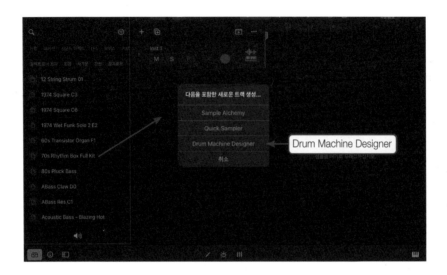

04 Drum Machine Designer은 다수의 서브 트랙이 결합된 메타 악기이며, 각각의 서브 트랙은 플레잉 서피스의 드럼 패드에 할당됩니다. 즉, 샘플을 드럼 패드로 직접 가져다 놓는 방식으로 사용자만의 드럼 키트를 구성할 수 있습니다.

| DMD 플레잉 서피스

01 Drum Machine Designer는 플러그인이 아니라 다수의 서브 트랙으로 구성된 메타 악기이기 때문에 Drum Synth 및 Drum Kit Designer의 드럼 패드와 다르게 개별적인 편집이 가능한 편집 버튼을 제공합니다. 편집 모드에서 연주할 때는 두 손가락으로 탭합니다.

02 패드를 선택하고, 보기 컨트롤 막대의 페이더 버튼을 탭하면 해당 패드의 볼륨이나 팬 또는 뮤트 및 솔로 설정이 가능한 서브 페이더가 제공되고 있습니다.

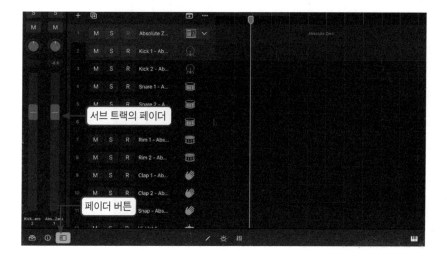

03 편집 모드에서 패드를 드래그하여 위치를 변경할 수 있습니다. 스케일 순서로 배치되어 있는 패드는 실제로 리얼 연주가 불편한 배열입니다. 이것을 사용자 손에 익숙한 배열로 바꿀 수 있기 때문에 하드웨어 드럼 패드를 사용하는 것과 같은 연주를 할 수 있습니다.

04 편집 모드에서 선택한 패드를 탭하면 속성을 편집할 수 있는 창이 열립니다.

● **키트 피스 이름** : 키트 피스(서브 트랙)의 이름을 표시하며 변경 가능합니다.

● **키트 이름** : 키트(메인 트랙)의 이름을 표시하며 변경 가능합니다.

● **아이콘** : 키트 피스 아이콘을 선택할 수 있는 창을 엽니다.

● **색상** : 패드 아이콘의 색상을 선택합니다.

● **키트 피스에 대한 키트 이름 업데이트** : 선택한 키트 피스에 현재 키트 이름을 적용합니다. 키트 피스의 키트 이름이 전체 키트의 이름과 다르면 탭하여 변경 사항을 취소할 수 있습니다.

● **입력 노트** : 패드의 입력 노트 번호를 선택합니다. 여러 패드를 동일한 입력 노트에 할당하면 다양한 악기를 사용하는 여러 채널 스트립으로 구성된 사운드를 만들 수 있습니다.

● **출력 노트** : 패드의 출력 노트 번호를 선택합니다. 출력 노트는 메인 트랙의 리전을 노트 피치로 분리할 때 해당 노트 번호에 해당하는 서브 트랙으로 할당되게 합니다.

● **전용 그룹** : 패드용 초크 그룹을 선택합니다. 여러 패드를 동일한 그룹에 할당할 수 있습니다. 예를 들어 크로스 하이햇, 하프 하이햇, 오픈 하이햇을 그룹으로 만들면 리얼 드럼과 같이 한 번에 하나만 재생되도록 할 수 있습니다.

● **입력 노트 학습** : 마스터 건반을 눌러 패드의 입력 노트를 할당할 수 있습니다.

● **패드 리샘플** : 선택한 패드의 채널 스트립 및 메인 트랙 플러그인을 포함하여 할당된 악기를 재생하는 새로운 패드를 만듭니다. 새로운 트랙은 비어있는 가장 낮은 패드에 자동으로 할당됩니다.

● **패드 지우기** : 패드에 할당된 키트 피스를 제거합니다. 패드 서브 트랙의 채널 스트립이 지워지지만 서브 트랙은 삭제되지 않습니다.

Lesson 06

Live Loops

Live Loops는 셀로 이루어진 그리드에 음악 프레이즈 또는 루프 사운드를 가져다 놓고, 실시간으로 재생할 수 있는 런치패드 입니다. 비트 및 프로젝트 템포와 동기화를 유지하면서 자유롭게 셀을 연주할 수 있고, 각 그리드 행은 트랙 보기에 있는 인접한 트랙과 동일한 신호 라우팅 및 채널 스트립 설정을 사용합니다. 씬이라고 불리는 그리드 열의 셀은 함께 실행되어 음악 섹션의 역할을 할 수 있어 음악을 새롭고 창의적인 방향으로 이끌 수 있도록 광범위하고 편집 가능한 파라미터 모음을 이용하여 재생, 녹음 및 루핑 과정을 완벽하게 제어할 수 있습니다.

오른쪽 끝에 있는 분리자 버튼은 각 트랙의 재생 및 대기 중인 셀의 상태를 표시하며, 셀을 개별적으로 또는 한번에 시작, 일시 정지 또는 정지시키는 역할을 합니다. 또한 Live Loops의 셀 및 트랙 보기의 리전 간에 재생을 전환할 수도 있습니다.

셀은 루프 및 샘플을 추가하거나 사용자 연주를 녹음하여 만들 수 있고, 트랙 영역의 리전으로 Live Loops 퍼포먼스를 녹음할 수 있습니다. 특히, 무료로 사용할 수 있는 Live Loops 그리드를 제공하고 있어 작업 시간을 단축시킬 수 있습니다.

| 셀 만들기

01 라이브 루프 프로젝트는 로직을 실행하면 열리는 비어 있는 새로운 프로젝트를 만들기 창에서 Live Loops를 탭하여 생성할 수 있습니다.

02 트랙 프로젝트를 이미 만든 경우라도 메뉴 막대의 그리드 보기 버튼을 탭하여 라이브 프로젝트로 전환할 수 있습니다.

03 브라우저의 샘플 또는 사용자가 가지고 있는 샘플을 비어있는 셀로 드래그하여 가져다 놓을 수 있습니다. 빈 공간으로 드래그하면 새로운 트랙이 생성됩니다.

04 편집 버튼을 탭하여 선택하고, 비어 있는 셀을 더블 탭하면 MIDI, 패턴, Drummer 또는 오디오 셀을 생성할 수 있습니다.

05 녹음 버튼을 탭하여 켜고, 비어 있는 셀을 탭하여 사용자 연주를 녹음할 수 있습니다. 길이는 마디 단위로 자동 설정되지만, 필요하면 사전에 변경 가능합니다.

06 보기 컨트롤 막대의 인스펙터 버튼을 탭하여 열면 셀의 녹음 모드 및 길이 등을 설정할 수 있는 인스펙터 창이 열립니다. 녹음은 기존 셀이 있을 때 병합할 것인지, 테이크를 만들 것인지, 대치할 것인지를 결정하며, 길이는 재생 파라미터의 셀 길이 또는 마디 및 비트로 설정됩니다.

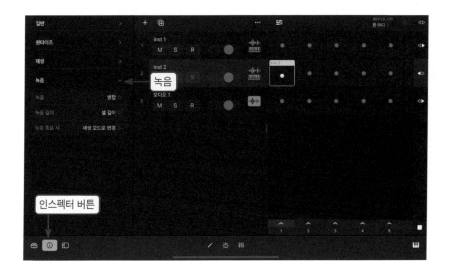

07 생성된 셀은 편집 모드를 탭하여 켜고, 드래그하여 이동하거나 복사할 수 있습니다. 2개 이상의 셀을 선택할 때는 다중 선택 버튼을 켜고, 복사할 때는 복사 버튼을 켭니다.

08 트랙의 리전을 셀로 복사하는 것도 가능합니다. 트랙 보기 버튼을 탭하여 전환하고, 선택한 리전을 탭하면 열리는 메뉴에서 복사를 선택합니다.

09 그리드 보기 버튼을 탭하여 화면을 전환하고, 앞에서 복사한 리전을 붙일 셀을 탭하면 열리는 메뉴에서 붙여넣기를 선택합니다.

10 트랙에서 사이클 기능을 활성화하고, 더 보기 버튼을 탭하면 열리는 메뉴에서 섹션을 Live Loops로 복사를 선택하면, 사이클 구간 내의 모든 리전을 라이브 루프 셀로 만들 수 있습니다.

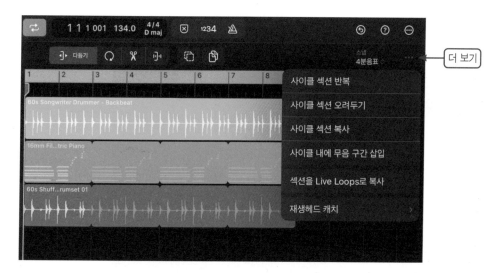

▎ 셀의 재생

01 다양한 방법으로 생성된 셀은 탭하여 재생 또는 정지시킬 수 있습니다. 세로 라인을 씬이라고 부르는데, 아래쪽의 씬 트리거 버튼을 탭하면 해당 라인의 모든 셀을 재생시킬 수 있으며, 오른쪽 하단의 모두 정지 버튼 또는 비어있는 씬을 탭하여 정지시킬 수 있습니다.

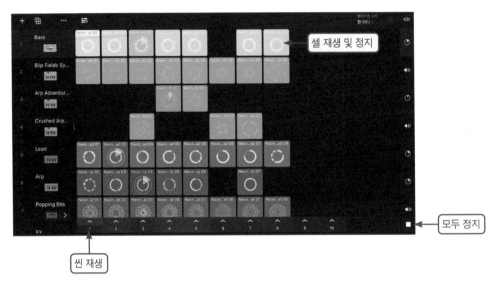

02 셀과 씬이 재생되고 있을 때 다른 셀과 씬을 탭하면 이전 셀과 씬은 마디 끝까지 재생되고 새로 탭한 셀과 씬으로 넘어옵니다. 이것은 글로벌 퀀타이즈 시작 값이 한마디로 설정되어 있기 때문이며, 필요하다면 변경하거나 끌 수 있습니다.

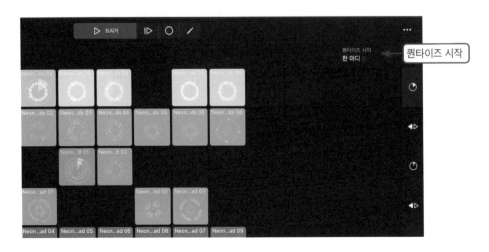

03 생성된 셀은 편집 모드를 탭하여 켜고, 드래그하여 이동하거나 복사할 수 있습니다. 2개 이상의 셀을 선택할 때는 다중 선택 버튼을 켜고, 복사할 때는 복사 버튼을 켭니다.

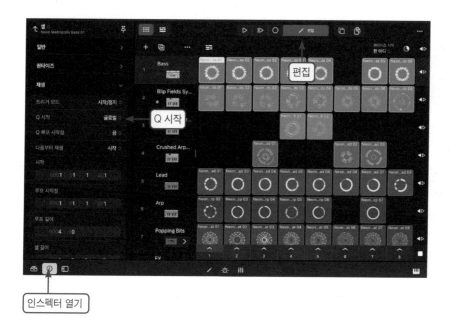

04 셀은 기본적으로 탭하여 재생과 정지 기능을 수행할 수 있는데, 필요하다면 인스펙터의 트리거 모드에서 일시적 또는 리트리거로 변경 가능합니다. 일시적으로 셀은 누르고 있는 동안에만 재생되는 것이며, 리트리거는 셀은 탭할 때마다 처음부터 재생됩니다. 리트리거로 설정한 경우에는 같은 트랙에 비어 있는 셀 또는 모두 정지 버튼으로만 정지시킬 수 있습니다.

05 인스펙터의 다음부터 재생 파라미터는 셀의 시작 동작을 결정합니다. 기본적으로 셀의 시작 위치에서 재생되게 되어 있는데, 필요하면 정지 위치, 연주 중인 셀 위치, 재생헤드 위치로 변경 가능합니다.

06 인스펙터의 시작, 루프 시작점, 루프 길이, 셀 길이는 셀 및 루프 시작 위치를 사용자가 원하는 지점을 설정할 수 있는 파라미터입니다. 퀀타이즈 시작점과 루프 시작점이 달라도 언제나 시작은 퀀타이즈 시작점인데, 필요하면 Q 루프 시작점에서 켬을 선택하여 루프 시작점으로 설정할수 있습니다. 켬, 시작점 유지는 다른 셀에서 넘어올 때는 퀀타이즈 시작점에서 재생되게 합니다.

07 심벌 및 효과음 등 셀이 반복되면 안 되는 경우도 있습니다. 이때는 인스펙터의 일반 항목에서 루프 기능을 비 활성화로 전환합니다.

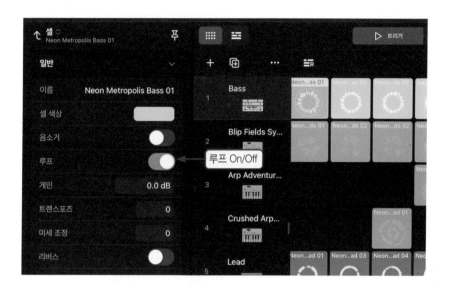

08 미리 셀을 지정해 놓고, 한꺼번에 재생되게 할 수 있습니다. 이것을 대기열이라고 하며, 곡의 시작 또는 레코딩을 시작할 때 사용합니다. 재생 대기열 추가 버튼을 탭하고, 재생할 셀들을 선택합니다. 그리고 재시작 버튼을 탭하면 됩니다.

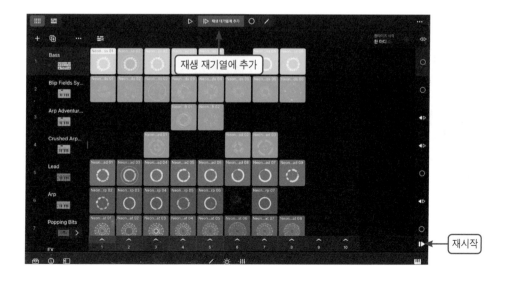

| 셀의 편집

01 편집 모드에서 셀을 선택하여 이동 또는 복사 등의 작업을 진행할 수 있습니다. 2개 이상의 셀을 선택할 때는 다중 선택 버튼을 탭하여 활성화합니다.

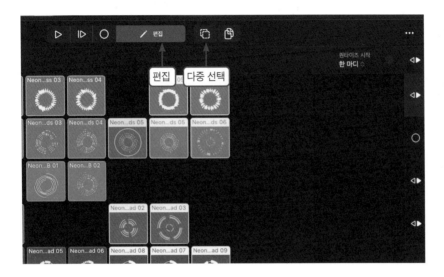

02 셀을 더블 탭하면 모든 셀, 모든 다음 셀, 동일한 트랙 및 동일한 씬의 모드 셀 등 다양한 방법으로 셀을 선택할 수 있는 메뉴를 이용할 수 있습니다.

03 선택한 셀은 드래그하여 위치를 이동하거나 복사 버튼을 활성화하여 복사할 수 있습니다. 단, 미디와 오디오로 동일한 유형의 트랙만 가능합니다.

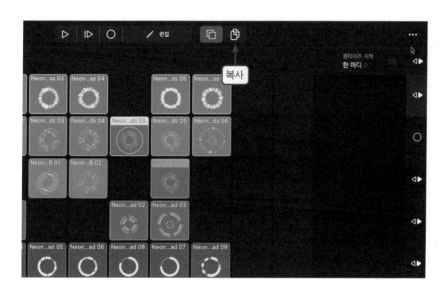

04 인스펙터 창을 열면 셀의 이름이나 색상을 변경하거나 음소거하거나 거꾸로 재생되게 하는 리버스 등의 속성을 결정할 수 있는 파라미터를 볼 수 있습니다. 특히, 루프 속성을 끈 셀은 템포 따르기 버튼을 Off하여 원래 템포로 재생되게 하는 기능은 자주 사용됩니다.

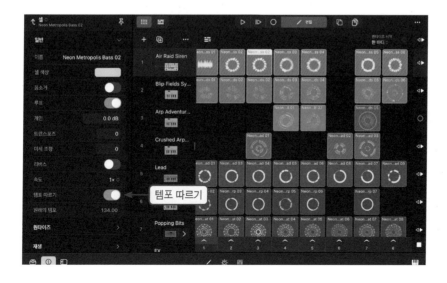

05 셀과 마찬가지로 씬도 선택하여 이동하거나 복사하는 등의 작업이 가능합니다. 이동할 때는 길게 터치한 후에 드래그하면 되고, 복사할 때는 복사 버튼을 On으로 한 상태에서 드래그합니다.

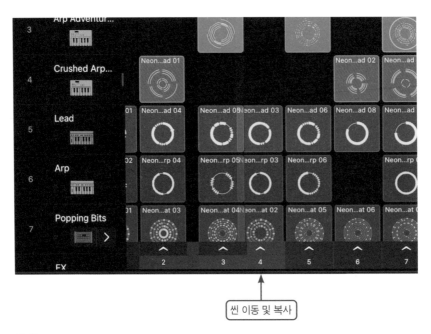

씬 이동 및 복사

06 선택한 씬을 탭하면 복제, 비어 있는 씬 삽입, 삭제 등의 편집 작업을 진행할 수 있는 메뉴를 열 수 있습니다.

씬 편집

07 인스펙터 창을 열면 씬의 이름을 변경할 수 있습니다. 전주, 벌스, 코러스 등, 씬을 세션 단위로 구분하여 작업하는 경우가 많기 때문에 이름을 명확하게 입력하는 작업은 매우 중요합니다. 애플 펜슬을 가지고 있다면 직접 필기해도 됩니다.

08 인스펙터 창의 트리거 모드는 씬을 탭할 때의 동작을 결정합니다. 기본 설정은 탭할 때마다 처음부터 재생되는 리트리거로 되어 있는데, 시작/정지로 동작되게 할 수 있습니다. 일시적은 누르고 있는 동안에만 재생되게 하는 모드입니다.

| 퍼포먼스 레코딩

01 보기 막대의 편집기 버튼을 탭하면 라이브 루프에서도 트랙과 마찬가지로 오디오 및 미디를 세부적으로 편집할 수 있는 창을 열 수 있습니다. 특히, 루프 구간을 별도로 제공하기 때문에 퀀 타이즈 시작과 루프 시작 및 길이를 편집할 때 유용합니다.

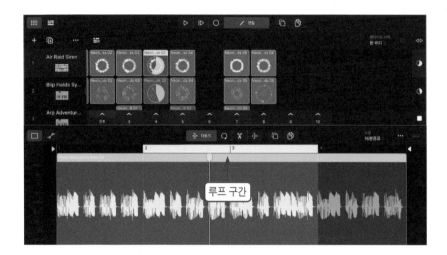

02 셀을 트랙의 리전과 유사한 방법으로 새로운 오디오 셀로 바운스할 수 있습니다. 편집 모드 에서 셀을 탭하면 열리는 메뉴에서 바운스 후 대치를 선택합니다.

03 라이브 루프의 연주를 트랙으로 녹음할 수 있습니다. 메뉴 막대 아래쪽에 위치한 녹음 활성화 버튼을 On으로 하고, 트랜스포트의 녹음 버튼을 탭하면 됩니다. 이때 사이클 버튼은 Off 되어 있어야 합니다.

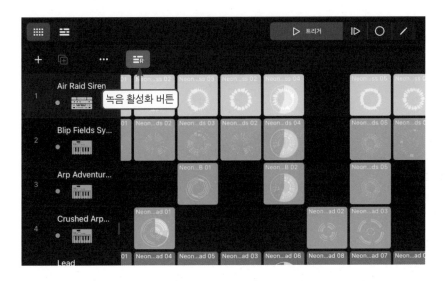

04 녹음을 정지하고, 트랙 보기 버튼을 탭하면 사용자 연주가 녹음된 트랙을 확인할 수 있고, 전환 버튼을 탭하여 트랙 작업을 계속해서 진행할 수 있습니다.

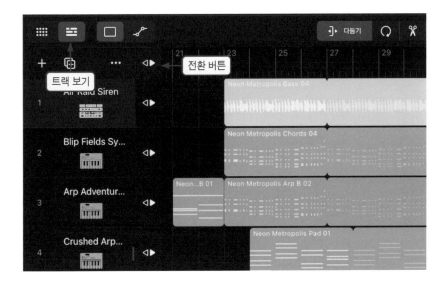

iPad용 Logic Pro 당신의 손끝에
음악 스튜디오

Part 4

차원이 다른 믹싱

터치만으로 페이더를 비롯한 다양한 컨트롤러를 실제 믹싱 콘솔에서와 같이 직관적으로 조정할 수 있으며, 아무리 복잡한 믹싱 작업도 빠르게 처리할 수 있습니다.

Lesson 01

프로 믹서

믹싱은 채널의 균형을 맞추고 조화로운 하나의 결과물이 만들어지는 것을 목표로 합니다. 이펙트를 추가하여 사운드를 만들고, 라우팅과 그룹화를 사용하여 신호 흐름을 제어하고, 오토메이션을 추가하여 시간에 따라 변화를 주는 등의 다양한 작업이 진행됩니다.

믹싱은 하나의 창작 작업이기 때문에 엄격한 규칙은 없지만, 일반적으로 다음과 같이 진행합니다.
① 채널 스트립의 볼륨 레벨을 설정하여 각 채널의 악기 균형을 맞춥니다.
② 채널 스트립의 패닝 또는 밸런스 위치를 설정하여 스테레오 필드에 악기를 배치합니다.
③ 이펙트와 악기 플러그인을 추가하고 각 트랙 또는 전체 프로젝트의 사운드를 변경합니다.
④ 신호 흐름을 제어하여 신호를 여러 대상으로 라우팅하거나, 하위 그룹을 생성하거나, 사운드를 개별적으로 프로세싱합니다.

아이패드용 로직의 믹서는 채널 스트립 컨트롤을 조절하고, 플러그인을 추가하고, 대치하고, 제거하고, 세부사항 보기에서 개별 플러그인을 열어 파라미터에 접근할 수 있고, 센드를 추가해 신호를 Aux 채널 스트립으로 라우팅하는 등의 모든 작업을 터치 하나로 진행할 수 있습니다.

| 화면 구성

01 믹서는 컨트롤 보기 막대의 믹서 버튼을 탭하여 열 수 있으며, 믹서 창의 크기는 믹서 도구 막대의 빈 공간 또는 리사이즈 버튼을 드래그하여 조절할 수 있습니다. 리사이즈 버튼을 탭하면 믹서 크기 조정 전/후로 전환됩니다.

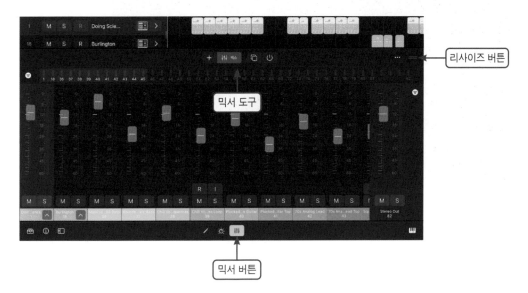

02 도구 막대에는 설정과 믹서 버튼을 제공하며, 플러그인 추가, 대치, 정렬, 제거 등의 작업은 설정 모드에서 진행하고, 채널 및 플러그인 컨트롤 작업은 믹스 모드에서 진행합니다.

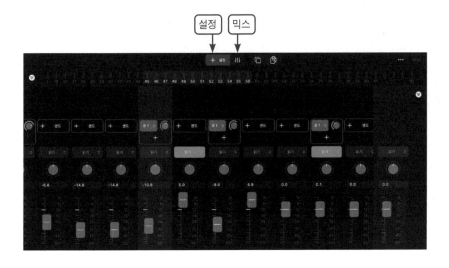

03 믹서 창 상단에 표시되는 측정기 브리지는 각 채널의 레벨을 표시하며, 좌/우로 쓸어넘겨 화면을 이동시킬 수 있습니다. 필요 없다면 더 보기 버튼을 탭하여 메뉴를 열고 측정기 브리지 보기 옵션을 해제합니다.

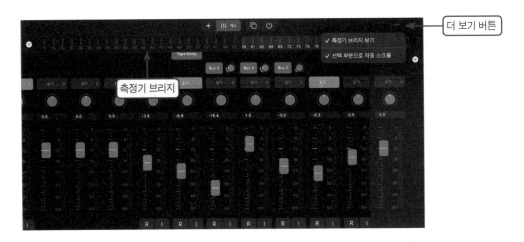

04 채널은 믹서 아래쪽에 채널 번호와 이름을 표시하는 색상 막대를 탭하여 선택합니다. 여러 채널을 선택할 때는 다중 선택 버튼을 탭하여 On으로 합니다. 다중 선택된 트랙의 파라미터는 동시 컨트롤이 가능합니다.

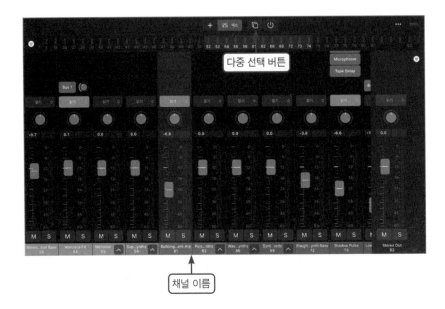

05 선택한 채널의 이름 항목을 탭하면 해당 채널의 이름을 변경한다거나 채널 스트립 설정을 복사하거나 플러그인을 끄거나 제거하는 등의 명령을 실행할 수 있는 메뉴가 열립니다.

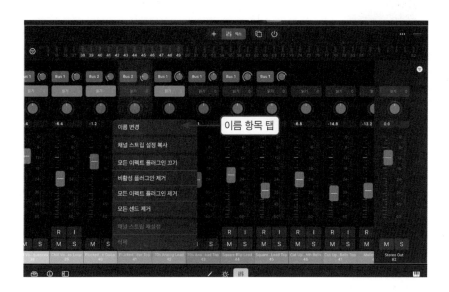

06 필터 버튼은 믹서에 표시할 채널 유형을 선택합니다. 소프트웨어 악기, 오디오, AUX, 출력, VCA/마스터 채널을 필요에 따라 표시하거나 감출 수 있는 것입니다.

07 믹서의 채널 스트립에는 다음 컨트롤이 포함되어 있습니다.

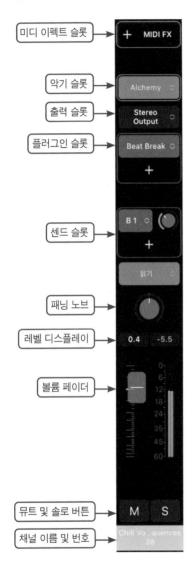

미디 이펙트 슬롯
악기 슬롯
출력 슬롯
플러그인 슬롯
센드 슬롯
패닝 노브
레벨 디스플레이
볼륨 페이더
뮤트 및 솔로 버튼
채널 이름 및 번호

● **미디 이펙트 슬롯** : 건반 하나로 코드 및 아르페지오 연주 등의 효과를 만들 수 있는 장치를 추가하거나 제거하고, 편집합니다.

● **악기 및 입력 슬롯** : 미디 트랙에서는 악기가 장착되며, 대치 및 편집할 수 있고, 오디오 및 Aux 채널에서는 마이크가 연결되어 있는 입력 소스를 선택합니다.

● **출력 슬롯** : 출력 채널 및 포맷을 설정합니다.

● **플러그인 슬롯** : 이펙트 플러그인을 추가하거나 대치하고 편집할 수 있습니다.

● **센드 슬롯** : 센드를 추가하고 레벨을 조절합니다.

● **패닝 노브** : 소리의 재생 방향을 조정합니다. 노브를 위/아래로 드래그하여 조절할 수 있고, 탭하면 키패드 및 스크롤 휠을 열 수 있습니다.

● **레벨 디스플레이** : 볼륨 레벨 값을 표시합니다. 0dB을 초과하는 경우에 주황색 클리핑이 표시됩니다.

● **볼륨 페이더** : 채널의 볼륨 레벨을 조절합니다.

● **뮤트 버튼** : 채널의 소리가 들리지 않게 합니다.

● **솔로 버튼** : 채널의 소리만 들리게 합니다.

● **채널 이름 및 번호** : 트랙의 이름 및 번호를 표시하며, 탭하여 선택할 수 있습니다.

| 볼륨 조정하기

믹싱의 시작은 볼륨 밸런스이며, 가장 기본적인 요소입니다. 물론, 믹싱 이전에 편곡과 레코딩이 잘 되어 있어야 하지만, 이는 당연한 얘기이므로 이론적인 내용은 생략합니다. 하지만, 자신이 만든 곡이 아니라면 믹싱을 하기전에 최소한 악기 편성이 어떻게 되어 있는지, 같은 주파수 대역에서 연주되는 악기는 어떤 것들이 있는지 정도는 파악을 해야 합니다.

여기서 문제는 믹서의 레벨 미터에 표시되는 볼륨과 사람이 인지하는 볼륨에 차이가 있으며, 주파수 대역마다 다르다는 것입니다. 특히, 개인의 취향에 따라 완전히 다른 견해를 가지고 있기 때문에 믹싱을 이론적으로 접근하는 것은 불가능하며, 오랜 훈련과 경험으로 익혀야 하는 창작 분야로 간주됩니다. 믹싱 레벨을 결정할 때 기준이 되는 악기는 음악 장르나 개인마다 차이가 있지만, 대부분은 가장 전면에 배치되는 킥 드럼이나 베이스 또는 보컬이나 리드 악기입니다. 그 중에서 가장 많이 선택하는 것이 킥 드럼이므로 이것부터 시작하겠습니다.

01 Kick 트랙의 솔로 버튼을 탭하여 On으로 하고, 볼륨을 -15dB에서 -12dB 정도로 조정합니다. 트랙이 적으면 -12dB 정도, 많으면 -15dB 정도로 하는 것이 일반적입니다. 이 기준의 최종 목적은 마스터 레벨이 -6dB에서 -3dB 정도의 헤드룸을 갖게 하는 것입니다. 마스터 레벨에서 이 정도의 헤드룸을 갖게 하는 것은 마스터링 작업을 할 수 있는 여유를 확보하기 위한 것입니다.

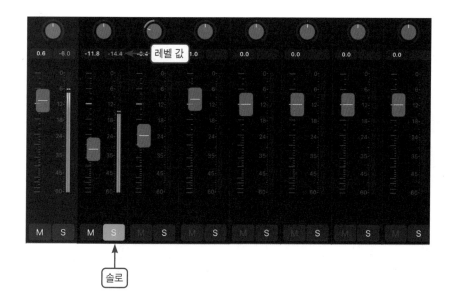

02 킥 드럼을 기준으로 나머지 트랙을 추가하면서 볼륨을 조정합니다. 이때 볼륨을 완전히 내렸다가 천천히 올리면서 킥 드럼과의 밸런스를 맞추는 것이 요령입니다. 작업은 드럼 트랙, 베이스, 보컬 순으로 가장 전면에 배치되는 악기를 먼저 결정하는 것이 일반적입니다.

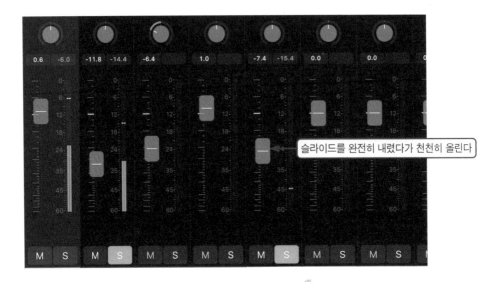

슬라이드를 완전히 내렸다가 천천히 올린다

03 모든 트랙의 볼륨 조정이 끝나면 Stereo Out 트랙이 -6dB에서 -3dB 정도의 헤드룸을 가질 수 있게 전체 트랙을 다시 선택하여 한번 더 조정합니다.

Stereo Out 레벨

┃ 팬 조정하기

믹싱의 3대 요소는 〈높이, 넓이, 깊이〉입니다. 레벨로 깊이가 결정되었다면 두 번째 작업은 팬으로 넓이를 결정하는 것입니다.

팬 컨트롤의 기본 목적은 중앙에 배치되는 보컬과 같은 주파수 대역에서 연주되는 악기를 좌/우로 이동시켜 음의 명료도를 향상시키는 것입니다. 가수마다 음역은 다르지만, 일반적으로 남성은 110Hz-350Hz이고, 여성은 180Hz-520Hz 범위인데, 대부분의 악기가 이 주파수 대역에서 연주됩니다. 결국, 킥과 베이스, 그리고 전주와 간주에서 연주되는 리드 악기 등을 제외한 모든 트랙은 팬을 조정하여 좌/우로 배치해야 한다는 것입니다.

01 팬은 볼륨 페이더 위쪽에 동그란 노브를 드래그하여 조정합니다. 위로 드래그하면 오른쪽으로 돌아가며 사운드가 오른쪽에서 들리고, 밑으로 내리면 왼쪽으로 돌아가며 왼쪽에서 들리게 됩니다. 팬 노트블 탭하면 조정이 편한 큰 노브가 열립니다.

02 팬을 조정할 때 한 가지 주의할 사항은 팬은 사운드 자체를 좌/우로 이동시키는 것이 아니라 반대편 채널의 볼륨을 줄여 밸런스를 조정하는 것입니다. 모노 소스의 경우에는 좌/우 소리가 똑같기 때문에 기본 설정의 밸런스 모드 그대로 사용해도 상관없지만, 드럼의 오버헤드나 피아노와 같이 좌/우가 다른 스테레오 소스는 어느 한쪽 사운드가 소멸되는 결과를 만드는 것입니다. 그러므로 스테레오 소스 채널은 아웃 슬롯을 탭하여 스테레오 패닝으로 모드를 변경합니다.

03 스테레오 패닝으로 설정하면 좌/우 밸런스와 폭을 동시에 조정할 수 있습니다. 노브 테두리에 녹색 핸들을 드래그하여 스프레드를 조정합니다.

| 그룹 사용하기

01 트랙의 볼륨과 팬을 개별적으로 조정한 다음에는 드럼, 기타, 보컬 등을 그룹으로 묶어서 한 꺼번에 조정되게 하는 것이 편리합니다. 구성 요소 필터 버튼을 탭하여 목록을 열고, 그룹 옵션을 체크하여 채널 스트립에 그룹 슬롯이 표시되게 합니다.

02 그룹 슬롯을 탭하여 새로운 그룹 생성을 선택합니다. 그리고 생성된 그룹을 선택하면 같은 그룹의 파라미터와 오토메이션은 상대적 값을 유지하면서 함께 조정됩니다.

| 플러그인 사용하기

01 레벨로 깊이를 조정하고, 팬으로 넓이를 조정했다면 마지막으로 EQ로 높이를 조정합니다. 그 외 컴프레서를 이용해서 다이내믹을 다듬고, 리버브 및 딜레이를 이용해서 공간감을 만드는 등 의 작업이 필요합니다. 이 모든 것을 처리할 때 사용되는 것이 플러그인입니다. 채널에 플러그인을 추가하거나 대치 및 삭제하는 등의 작업은 설정 모드에서 진행합니다.

02 MIDI 및 오디오 FX 슬롯을 탭하면 플러그인이 Amps and Pedals, Delay 등의 카테고리로 구분되어 있으며, 각 카테고리별로 제공되는 이펙트를 선택하여 추가할 수 있습니다.

03 장착한 이펙트는 드래그로 위치를 이동시킬 수 있으며, 탭하면 복사하거나 제거 또는 다른 장치로 대치하거나 프리셋을 선택할 수 있는 메뉴가 열립니다. 프리셋은 장르 및 악기 특정에 적합한 전문가들의 세팅을 그대로 사용하는 것으로 입문자들에게 적극 권장됩니다.

04 믹스 모드에서는 이펙트를 탭하여 각 장치의 세부 사항을 컨트롤 할 수 있는 패널을 열 수 있으며, On/Off 버튼을 이용하여 선택한 이펙트를 일시적으로 끄거나 켤 수 있습니다.

Lesson 02

· · ·

이퀄라이저

ㅣ EQ의 이해

음악을 하는 사람들은 소리의 높낮이를 도, 레, 미...의 12음계로 구분합니다. 하지만, 실제 소리는 도와 도# 사이에도 존재할 것이며, 수 십단계로 구분될 수 있습니다. 그래서 음향 엔지니어들은 소리의 높낮이를 좀 더 세분화해서 표시할 수 있는 헤르츠(Hz)라는 단위를 사용하며, 소리의 높낮이를 숫자로 구분하는데, 이것을 주파수라고 부릅니다. 악기 조율기를 보면 440Hz라는 표기가 있습니다. 이것은 국제 표준의 A3 음을 의미하는 것인데, 이를 주파수로 표시하고 있는 것만 보아도 음향 장비에서 얼마나 흔하게 사용하고 있는 단위인지를 알 수 있습니다.

EQ는 소리의 높낮이를 의미하는 주파수의 레벨을 증가시키거나 감소시키는 장치입니다. 즉, 그림에서와 같이 440Hz를 올리면 해당 트랙에서 연주되고 있는 악기의 A3음 레벨이 증가되는 것이며, 반대로 440Hz를 내리면 A3음의 레벨이 감소됩니다.

일반적으로 저음이 많으면 음이 풍성해지지만 심하면 둔하게 느껴지고, 반대로 저음이 적으면 음이 선명하게 들리지만 심하면 얇게 들릴 수 있습니다. 또한 고음이 많으면 음이 밝지만, 너무 많으면 거칠고, 반대로 고음이 적으면 음이 부드럽게 들리지만 심하면 어둡게 들릴 수 있습니다. 즉, EQ를 이용하면 사운드를 풍성하게, 둔하게, 선명하게, 얇게, 밝게, 거칠게, 부드럽게, 어둡게 만들수 있다는 의미입니다. 하지만, EQ를 이렇게 음향적으로 접근하는 것은 입문자에게 버겁습니다. 입문자는 녹음 과정에서 손실된 사운드를 보충하거나 녹음 중에 유입된 잡음을 제거하는 등의 기술적인 접근으로 시작하는 것이 좋습니다.

사실 입문자는 절대 음감을 가지고 있지 않는 한 녹음된 사운드가 원음과 비교했을 때 어느 주파수 대역이 많고, 어느 주파수 대역이 적은지를 파악하는 것조차 어렵고, 주파수가 파악되었다 하더라도 어느 정도의 폭으로 얼마나 조정해야 할지를 익히려면 정말 오랜 연습과 경험이 필요합니다. 그리고 기술적인 접근이 어느 정도 가능해지면 사운드의 높낮이 밸런스를 컨트롤하는 음향적인 접근을 시도합니다. 볼륨으로 사운드의 깊이를 조정하고, 팬으로 넓이를 조정하고, EQ로 높이를 조정하는 것입니다. 실제로 볼륨, 팬, EQ만 컨트롤이 가능하다면 믹싱은 거의 완성되었다고 보아도 좋을 만큼 중요한 사항입니다.

| EQ 타입

EQ는 설계 방식에 따라 특정 주파수 대역을 증/감하는 피킹 타입, 특정 주파수 대역 이상 또는 이하를 증/감하는 쉘빙 타입, 그리고 특정 주파수 대역 이상 또는 이하를 차단하는 필터 타입으로 구분합니다. 로직은 다양한 타입의 EQ를 제공하고 있지만, 3가지 타입을 모두 갖추고 있는 Channel EQ만 이해하면 나머지는 모두 사용할 수 있습니다.

Channel EQ는 동시에 8군데의 주파수 대역을 조정할 수 있는 8밴드 EQ이며, 1번과 8번이 필터 타입이고, 2번과 7번이 쉘빙 타입, 그리고 나머지 3, 4, 5, 6번이 피킹 타입입니다.

● **쉘빙(Shelving) 타입**은 사용자가 지정한 주파수 이하 또는 이상을 증/감시키는 역할을 하며, 조정된 모양이 선반같다고 해서 부르게 된 명칭입니다. 그림은 쉘빙 타입의 2번과 7번 밴드를 올려본 것입니다. 결과적으로 2번 밴드 이하의 모든 저음과 7번 밴드 이상의 모든 고음이 증가됩니다. 반대로 내리면 2번 밴드 이하의 저음과 7번 밴드 이상의 고음이 감소됩니다.

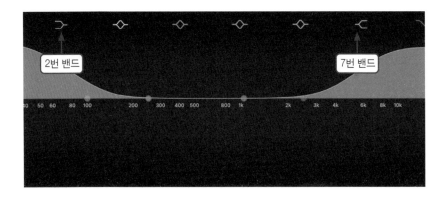

● **피킹(Peaking) 타입**은 사용자가 지정한 주파수 대역을 증/감하는 역할을 합니다. 조정된 모양이 봉우리 같다고 해서 부르게 된 명칭이며, 종을 닮았다고 해서 벨(Bell) 타입이라고도 합니다. 그림은 피킹 타입의 4번 밴드를 올려 본 것입니다. 조정하고 있는 주파수는 260Hz이며, 결과적으로 260Hz 대역의 음들이 증가된 것입니다. 반대로 내리면 감소됩니다.

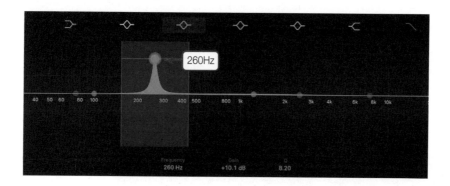

● **필터(Filter) 타입**은 사용자가 지정한 주파수 이하 또는 이상을 차단하는 역할을 합니다. 공기 청정기의 필터, 정수기의 필터와 같은 의미이며, 차단한다는 의미의 컷 필터(Cut Filter)라고도 하고, 나머지를 통과시킨다는 의미의 패스 필터(Pass Filter)라고도 합니다. 그리고 저음역을 차단하는 1번 밴드를 하이패스 필터(High Pass Filter) 또는 로우 컷 필터(Low Cut Filter), 고음역을 차단하는 8번 밴드를 로우패스 필터 또는 하이 컷 필터로 구분하기도 합니다.

로직의 Channel EQ는 기본적으로 1번과 8번 밴드가 Off되어 있는 상태로 로딩되며, 필터를 사용하고자 한다면 상단에 EQ 타입을 그림으로 표시하고 있는 전원 버튼을 탭하여 On으로 해야 합니다. 그림은 1번 밴드를 On으로 하여 저음역을 차단하고 있는 모습입니다.

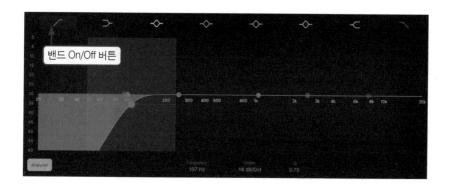

I EQ 파라미터

EQ를 컨트롤하기 위한 주요 파라미터는 중심 주파수를 결정하는 프리퀀시(Freq), 레벨을 조정하는 게인(Gain), 기울기(폭)을 조정하는 Q의 3가지입니다.

디스플레이에 마우스를 가져가면 각 밴드를 컨트롤할 수 있는 포인트가 보입니다. 이것을 좌/우로 드래그하여 조정할 주파수를 결정하고, 위/아래로 드래그하여 레벨을 증/감합니다. 그리고 좌/우 실선을 드래그하여 폭(Q)을 조정합니다. 좀 더 정확한 값이 필요한 경우에는 아래쪽에 밴드의 조정 값을 표시하는 부분을 탭하여 입력합니다. FREQ 조정할 주파수를 결정하는 것이고, Gain은 레벨을 조정하며, Q는 폭을 조정합니다.

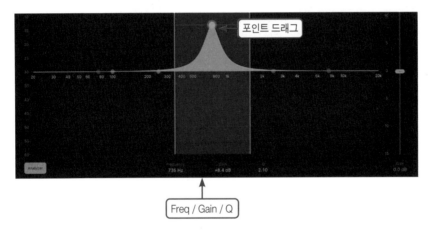

필터 타입의 1번과 8번 밴드의 두 번째 행은 기울기(Slope)를 결정합니다. Orther 항목 또는 좌/우 실선을 드래그하여 옥타브 당 6dB, 12dB, 18dB, 24dB, 36dB, 48dB을 선택할 수 있으며, 값이 높을수록 차단률이 높아집니다. 단, 차단 주파수 주변 사운드의 왜곡률도 그 만큼 커집니다.

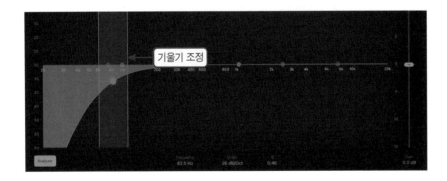

Analyzer 버튼을 탭하면 입/출력 주파수 레벨을 확인할 수 있는 스펙트럼을 표시할 수 있으며, 더 보기 버튼을 탭하면 포지션 및 모드를 변경할 수 있는 메뉴가 열립니다.

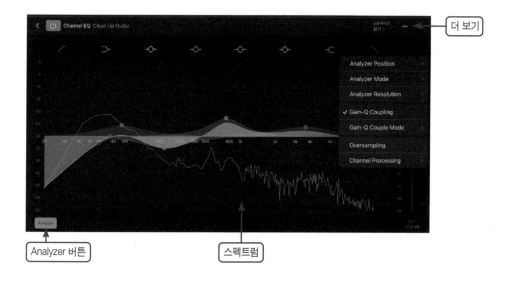

- **Analyzer Position** : 입력 레벨을 표시하는 Pre 또는 출력 레벨을 표시하는 Post를 선택합니다.

- **Analyzer Mode** : 최고 레벨을 표시하는 Peak 또는 평균 레벨을 표시하는 RMS를 선택합니다.

- **Analyzer Resolution** : 해상도(low, medium, high)를 선택합니다.

- **Gain-Q-Coupling** : 게인을 변경할 때 Q 값이 자동으로 조정되게 합니다.

- **Gain-Q-Coup Mode** : 게인을 조정할 때 대역폭이 비례적으로 조정되게 하는 Propertional 옵션, 허용 폭을 선택하는 Light, Medium, Strong 옵션, 그리고 게인을 내릴 때 대역폭을 더 가깝게 유지하는 Asymmetric 옵션 선택합니다.

- **Oversampling** : EQ로 인한 사운드 왜곡을 방지합니다. 5KHz 이상의 고음역에서 효과적입니다.

- **Channel Processing** : 스테레오 채널에서 왼쪽(Left Only)이나 오른쪽(Right Only) 또는 미드 (Mid Only)나 사이드(Side Only) 채널만 처리할 수 있도록 합니다.

| EQ 조정

EQ는 불필요한 음을 제거하기 위한 목적과 음향적으로 주파수 밸런스를 보정하는 목적으로 사용될 수 있습니다. 입문자는 잡음, 공진음, 간섭음 등의 불필요한 음을 제거하는 목적으로 시작하는 것이 좋습니다.

01 잡음 제거 목적으로 사용하는 EQ를 서지컬(surgical) 이큐잉으로 구분하기도 하기도 하는데, 작업 요령은 포인트를 10dB 이상으로 올리고, 대역폭을 좁게 설정합니다. 그리고 포인트를 좌/우로 이동하면서 불필요한 음을 찾는 것입니다. 이때 클리핑이 발생한다면 Gain을 조금 줄입니다.

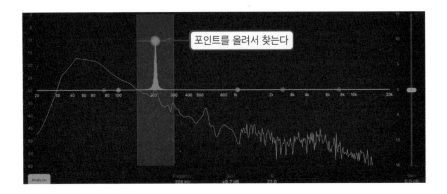

02 불필요한 음을 찾았다면 사운드가 변하지 않는 지점까지 포인트를 내리거나 게인을 낮춥니다. 잡음 제거 목적으로 EQ를 사용할 때는 대역폭(Q)을 좁게 하는 것이 일반적이지만 필요하다면 좌/우 실선을 드래그하여 조금씩 넓힙니다.

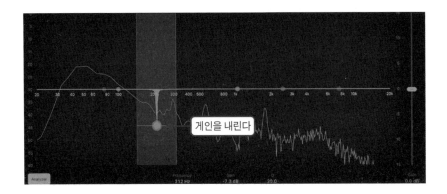

03 주파수 밸런스를 보정할 목적으로 사용할 때는 대역폭을 1oct 이상으로 넓게 설정하는 것이 좋습니다. 단, 이큐잉을 하기 전에 저음이 많은 것인지, 고음이 적은 것인지 등 음을 정확하게 파악할 수 있을 때까지 충분한 모니터 시간을 갖는 것이 좋습니다.

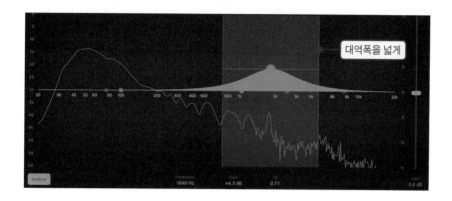

충분한 모니터로 사운드가 파악되면 500Hz 이하의 저음, 1KHz-4KHz 범위의 중음, 6KHz 이상의 고음역 정도로 나누어 접근합니다.

① 500Hz 이하
파워와 무게감을 결정합니다. 다만, 너무 크면 사운드가 답답하게 들리고 너무 작다면 얇게 들립니다. 즉, 사운드가 답답하다면 선명해질 때까지 줄여보고, 얇다면 따뜻하고 두꺼워질 때까지 올려보는 것입니다.

② 1-4KHz 대역
두께와 명료함을 결정합니다. 다만 너무 크면 사운드가 왜곡되고 너무 작다면 빈 소리가 납니다. 즉, 빈 소리가 난다면 사운드가 왜곡되지 않는 레벨까지 올려보고, 시끄럽게 들린다면 자연스럽고 부드러워질 때까지 내려보는 것입니다.

③ 6KHz 이상
밝기와 선명도를 결정합니다. 다만 너무 크면 보컬의 치찰음이나 악기 잡음이 증가하여 시끄럽게 들리고 작다면 둔하게 들립니다. 즉, 사운드가 귀를 자극하고 있다면 내려보고, 둔하고 답답하다면 선명해질 때까지 올려보는 것입니다.

Lesson 03

·
·
·

컴프레서

| 컴프레서의 이해

컴프레서는 큰 소리를 줄여주는 장치입니다. 큰 소리를 줄이는 이유는 전체 볼륨을 높이기 위해서 입니다. 컴프레서는 방송국의 전송 신호를 제한하는 목적으로 개발되었고, 녹음 과정에서 발생할 수 있는 피크를 방지하기 위해 사용되었지만, 온라인 음악 시장으로 바뀌면서 볼륨을 올리기 위한 수단으로 사용되고 있습니다.

디지털 사운드의 최대 볼륨은 0dB입니다. 사용자가 만든 음악에서 레벨이 가장 작은 부분이 -15dB이고, 가장 큰 부분이 -3dB이라면, 전체 다이내믹 레인지는 -12dB이고, 볼륨은 최대 3dB 정도 올릴 수 있습니다. 이때 작은 소리도 함께 커지기 때문에 다이내믹 변화는 없습니다.

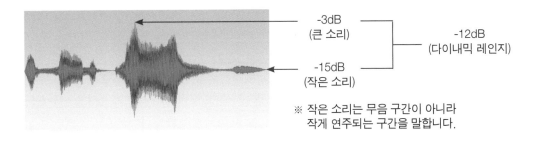

-3dB
(큰 소리)

-12dB
(다이내믹 레인지)

-15dB
(작은 소리)

※ 작은 소리는 무음 구간이 아니라
작게 연주되는 구간을 말합니다.

3dB 정도의 여유밖에 없는 음악을 6dB 정도 올려야 한다면 어떻게 해야 할까? 바로 컴프레서를 이용하는 것입니다. 컴프레서는 큰 소리를 줄여주는 장치이며, 사용자가 어느 정도 큰 소리를 얼마큼 줄일 것인지 지정할 수 있습니다.

예를 들어 -9dB 보다 큰 소리를 절반(2:1)으로 줄이도록 설정했다면 가장 큰 소리 -3dB은 -9dB에서 절반에 해당하는 -6dB로 줄어들게 되므로, 음악 볼륨을 6dB 올릴 수 있게 되는 것입니다. 이때 가장 작은 소리는 -15dB이고, 가장 큰 소리가 -6dB로 줄었으니까 전체 다이내믹 레인지는 -9dB로 줄어듭니다.

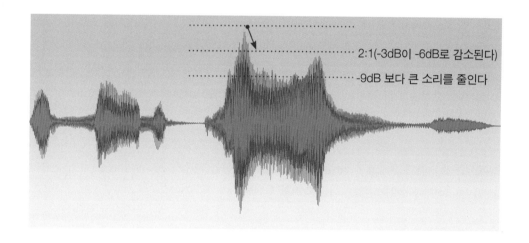

2:1(-3dB이 -6dB로 감소된다)

-9dB 보다 큰 소리를 줄인다

같은 볼륨이라면 다이내믹 레인지가 좁은 음악이 더 크고 좋게 들리기 때문에 발표되자 마다 타 음악과 비교되는 온라인 음악 시장에서 다이내믹 레인지를 최대한 줄이려고 애를 쓰는 것입니다. "레벨 전쟁"이니 "다이내믹 전쟁"이니 하는 말들이 그래서 생겨난 것이며, 일부 음악 평론가들은 감동이 없는 음악이라고 비난하기도 합니다.

다이내믹 범위가 좁으면 곡의 긴장감이나 포텐을 만들어내는 것이 어려운 것은 사실입니다. 그래서 클래식이나 재즈 음악은 온라인에서도 8~15dB 범위를 유지하고 있는 곡들이 많지만, 팝 음악은 6~10dB 범위가 보통이며, 댄스 곡이나 힙합 같은 경우에는 과하다 싶을 정도로 좁은 곡들도 많습니다. 시대가 시대인 만큼 어쩔 수 없는 선택이며, 상업 음악에서 이러한 레벨 전쟁은 당분간 지속될 것으로 짐작되기 때문에 컴프레서를 잘 다루기 위한 학습은 필수입니다.

┃ 엔벨로프

컴프레서를 잘 다룬다는 것이 무슨 말일까?
그냥 원하는 만큼 레벨을 올리면 되는 것 아닌가?

입문자는 위와 같은 의문이 생길 수 있습니다. 단순히 큰 소리를 줄여 전체 볼륨을 올릴 수 있는 여유 공간을 확보하는 장치는 맞습니다. 하지만, 소리를 강제로 줄이기 때문에 오디오 파형이 변한다는 문제가 있습니다. 오디오 파형은 곧 소리이기 때문에 파형이 변한다는 것은 소리가 변한다는 의미입니다. 심하면 사운드가 찌그러지는 왜곡이 발생하기도 합니다.

피아노 건반을 눌러 "땅~" 소리를 내면 레벨이 일정하게 유지되다가 사라지는 것이 아니라 소리가 점점 작아지면서 사라집니다. 즉, 시간의 흐름에 따라 레벨이 변한다는 것이며, 이러한 레벨 변화가 악기 고유의 특징을 나타냅니다. 반대로 시간의 흐름에 따라 변하는 레벨을 바꾸면 악기 고유의 특징이 사라지기 때문에 컴프레서를 사용할 때는 이를 주의해야 합니다.

음향쪽에서는 소리가 발생하고 사라질 때까지 레벨이 변하는 과정을 ADSR의 4단계로 구분해서 부르고 있으며, 이것을 엔벨로프(Envelope) 라고 합니다.

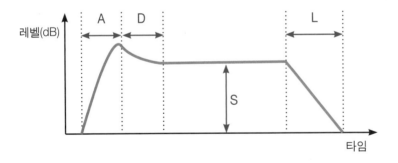

A : **어택(Attack)** - 소리의 시작부터 가장 큰 레벨에 도달할 때까지의 타임을 말하며, 컴프레서를 다루는데 있어서 가장 중요한 개념입니다.

D : **디케이(Decay)** - 아날로그 사운드는 처음에 크게 발생을 했다가 어느정도 레벨을 유지하면서 사라지는데, 가장 큰 레벨에서 어느 정도 레벨을 유지하기 전에 감소되는 구간을 말합니다.

S : 서스테인(Sustain) - 레벨이 일정하게 유지되는 구간을 말합니다. 대부분의 아날로그 신디사이 저에서 음색을 디자인할 때 서스테인은 레벨로 조정을 하기 때문에 ADSL 중에서 유일하게 타임 이 아닌 레벨로 구분되는 구간입니다. 신디사이저에 따라 서스테인 타임을 컨트롤할 수 있는 기능 을 갖춘 것도 있는데, 이때는 Sustain Time으로 구분을 하기도 하지만, 일반적으로 서스테인 하면 Sustain Level을 의미합니다.

D : 디케이(Decay) - 일정한 레벨이 유지되다가 사라질 때까지의 타임을 말하며, 컴프레서를 다루 는데 있어서 어택과 함께 중요한 개념입니다.

| 주요 파라미터

로직은 여러 종류의 Dynamics 장치를 제공합니다. 그 중에서 하나의 장치로 7가지 모델을 시뮬레 이션 하고 있는 Compressor만 이해하면 모든 장치를 사용할 수 있습니다.

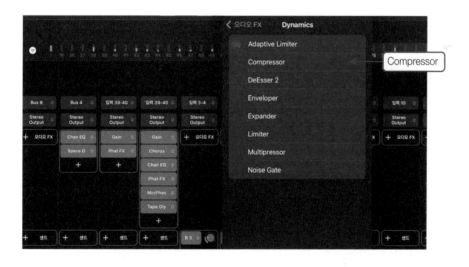

간혹, EQ와 컴프레서의 사용 순서에 관해서 옳고 그름을 따지는 경우가 있습니다. 하지만, 프로세 싱 순서에 규칙은 없습니다. 어떤 장치를 어디에 사용할 것인지는 소스에 따라 달라지는 것이며, 이를 결정하는 능력은 오랜 경험과 훈련이 필요합니다. 입문자들의 조급함은 이해하지만, 절대 하 루 아침에 익힐 수 있는 스킬이 아니므로, 꾸준히 연습할 수 있기를 바랍니다.

● 트레숄드(Threshold)

컴프레서는 큰 소리를 줄이는 장치라고 했습니다. 그럼 어느 정도 큰 소리를 줄일 것인가를 지정할 수 있는 파라미터가 필요한데, 이것이 Threshold입니다. 장치를 로딩하면 기본적으로 -20dB로 설정되어 있습니다. 즉, 20dB이 넘는 소리가 발생했을 때 줄이는 것이며, 노브를 드래그하여 사용자가 원하는 레벨을 설정할 수 있습니다.

● 레시오(Ratio)

트레숄드를 이용해서 어느 정도 레벨 이상을 줄일 것인지 결정했다면, 얼만큼 줄일 것인지도 결정해야 합니다. 이것을 결정하는 파라미터가 Ratio입니다. 값은 2:1, 3:1...의 비율로 표시되며, 로직의 컴프레서는 최대 30:1까지 지원합니다. 2:1은 절반, 3:1은 3분의 1로 줄이는 것이며, 리덕션(Reduction)을 통해 실제로 얼만큼의 레벨이 줄고 있는지 실시간으로 확인할 수 있습니다.

● 어택(Attack)

트레숄드에서 설정한 레벨 이상이 감지되었을 때 레시오에서 설정한 비율로 레벨을 줄이는 것이 컴프레서인데, 이때 바로 동작하는 것이 아니라 어택 파라미터에서 설정한 타임이 지난 후에 동작합니다. 음색 특징을 결정하는 엔벨로프 중에서 가장 중요한 구간이 어택이라고 했는데, 컴프레서가 바로 동작하면 이 어택 파형이 변합니다. 즉, 음색이 변할 수 있다는 의미입니다.

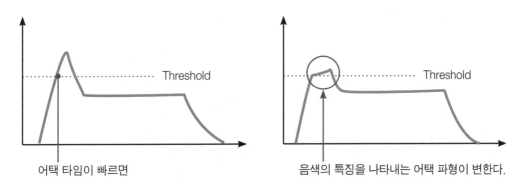

어택 타임이 빠르면   음색의 특징을 나타내는 어택 파형이 변한다.

일반적으로는 어택 구간이 지난 후에 컴프레서가 동작하도록 설정을 하는데, 이 타임을 조정하는 것이 컴프레서의 어택 노브입니다. 물론, 엔벨로프 중에서 레벨이 가장 큰 부분이 어택 구간이기 때문에 컴프레서의 어택 타임을 너무 길게 설정하면 아예 컴프레서가 동작하지 않거나 피크 문제가 발생하는 등 컴프레서를 사용하는 목적을 이룰 수 없거나 오히려 사운드를 망치는 결과를 초래할 수 있습니다. 실제로 컴프레서를 다루는데 있어서 가장 어려운 부분이며, 오랜 경험이 필요한 파라미터이므로, 입문자는 사운드의 변화를 충분히 느낀 후에 접근하는 것이 좋습니다.

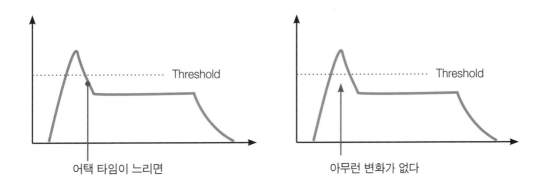

어택 타임이 느리면   아무런 변화가 없다

● 릴리즈(Release)

컴프레서는 Threshold에서 설정한 레벨 이상이 감지되었을 때 Attack 타임이 지난 후에 Ratio에서 설정한 비율만큼 줄이게 됩니다. 이 상태가 지속되면 컴프레서가 걸린 뒤의 사운드는 모두 볼륨이 내려갑니다. 그래서 컴프레서는 Threshold에서 설정한 레벨 이하로 떨어졌을 때 동작을 멈추게 되는데, 이때 어느 정도 타임이 지난 후에 멈추게 할 것인지를 결정할 수 있으며, 이것을 컨트롤하는 파라미터가 릴리즈(Relese) 노브입니다.

앞에서 어택 타임을 설명할 때 입문자의 이해를 돕기 위해 타임을 너무 늦게 설정하면 아무런 변화가 없는 것처럼 설명을 했지만, 실제로는 Threshold에서 설정한 레벨이 감지되면 바로 동작을 하게 되며, Attack 타임은 Ratio에서 설정한 비율로 완전히 감소될 때 까지의 속도를 결정하는 것입니다. 결국, 어택 타임 동안에도 어느 정도의 파형 변화는 발생합니다.

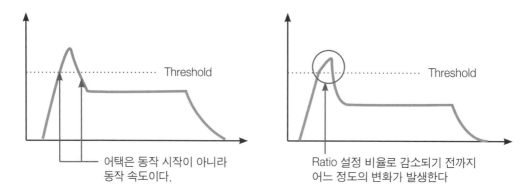

어택은 동작 시작이 아니라 동작 속도이다.

Ratio 설정 비율로 감소되기 전까지 어느 정도의 변화가 발생한다

컴프레서의 작동을 멈추는 릴리즈 타임도 동일합니다. 그래서 릴리즈 타임이 너무 빠르면 서스테인이나 릴리즈 구간이 갑자기 커지는 브리딩(Breathing) 현상이 발생합니다. 물론, 그림은 입문자를 위한 예를 든 것이며, 실제로 이렇게 동작하는 경우는 없기 때문에 악기가 연주되는 프레이즈 중간의 잡음이나 가수의 호흡 소리가 커지는 현상으로 나타납니다. 그래서 소리가 갑자기 커지는 펌핑 현상과 비슷하지만, 호흡을 의미하는 브리딩 현상으로 구분합니다.

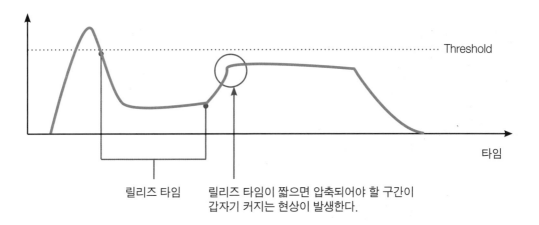

릴리즈 타임

릴리즈 타임이 짧으면 압축되어야 할 구간이 갑자기 커지는 현상이 발생한다.

반대로 릴리즈 타임이 너무 느리면 압축되지 말아야 할 다음 비트의 어택 구간까지 압축되면서 트랜지언트 균형이 무너지는 펌핑(Pumping) 현상이 발생합니다. 물론, 릴리즈 타임이 짧은 경우에도 발생합니다. 결국, 릴리즈 타임이 너무 빨라도 문제고, 너무 느려도 문제가 된다는 것입니다. 입문자는 노브 오른쪽에 릴리즈 타임을 자동으로 설정해주는 Auto 기능을 활용하는 것이 좋습니다. 사실 전문가들도 컴프레서의 Auto 기능을 많이 사용합니다.

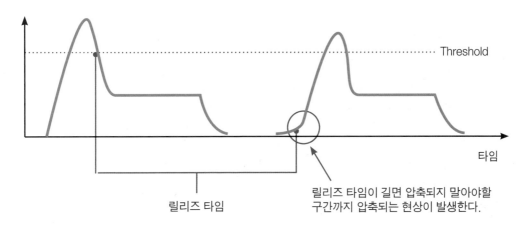

릴리즈 타임

릴리즈 타임이 길면 압축되지 말아야할 구간까지 압축되는 현상이 발생한다.

● 메이크 업(Make Up)

컴프레서는 큰 소리를 줄이는 장치입니다. 결국 전체 레벨이 감소되는데, 이를 보충하기 위해 출력 레벨을 올리는 파라미터가 Make Up 노브이며, 감소된 만큼 자동으로 레벨을 올려주는 기능이 Auto Gain입니다. Auto Gain은 최대 0dB 또는 -12dB의 제한을 둘 수 있으며, Off를 선택하면 Make Up 노브를 이용해서 수동으로 올릴 수 있습니다.

● 니(Knee)

Threshold 이상의 레벨이 줄어들 때의 반응 속도를 조정합니다. 흔히 꺾인다고 표현을 하는데, Knee 타임이 길면 Threshold 이전부터 곡선 타입으로 꺾이기 때문에 조금 부드럽게 압축이 되고, 타임이 짧으면 빠른 압축이 가능합니다.

● 리미터(Limiter)

다이내믹 장치 중에 컴프레서와 비슷하게 큰 소리를 줄여주는 또 하나의 장치가 있습니다. 바로 리미터라고 하는 장치인데, 컴프레서보다 더 높은 압축률을 제공하기 때문에 마스터링 단계에서 클리핑이 발생하는 것을 차단하는 목적으로 많이 사용합니다. 로직의 컴프레서는 이러한 리미터 기능을 함께 제공하고 있습니다. 버튼을 On으로 하면 리미터 기능이 동작하며, 아래쪽 Threshold 에서 설정한 레벨 이상은 아예 발생되지 않게 합니다.

● 디스토션(Distortion)

리미터의 제한을 초과하는 파형을 어떻게 처리할 것인지를 결정하는 파라미터가 디스토션 (Distortion)입니다. 부드럽게 압축하는 Soft, 강하게 압축하는 Hard, 절대 초과하지 않게 하는 Clip 중에서 선택할 수 있으며, 약간의 찌그러짐 현상이 발생할 수 있습니다. 물론, 이러한 찌그러 짐을 아날로그의 따뜻함을 표현한다고 해서 의도적으로 만들어 내는 경우도 있습니다.

● 믹스(Mix)

화면 왼쪽에는 입력 레벨을 컨트롤할 수 있는 Input Gain이 있고, 오른쪽에는 출력 레벨을 컨트롤할 수 있는 Output Gain이 있습니다. Mix 노브는 입력과 출력 레벨의 비율을 조정합니다. 컴프레서를 마스터링 단계에서 사용할 때는 클리핑 방지 및 다이내믹 확보가 목적이기 때문에 입/출력 레벨이 차이가 날 수 있습니다. 그러나 믹싱 단계에서는 볼륨 밸런스를 유지하면서 입체감을 만드는 것이 목적이므로, 입/출력 레벨 차가 크지 않아야 합니다. 다만, 이렇게 이론적으로 접근하는 것이 가장 큰 문제이므로 레벨 미터보다는 자신의 느낌대로 조정할 것을 권장합니다.

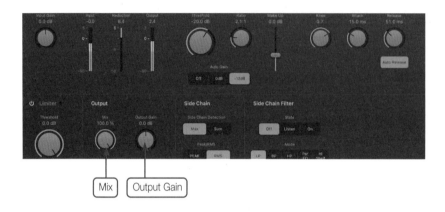

● 사이드 체인(Side Chain)

로직의 컴프레서는 특정 주파수 대역 또는 다른 트랙의 연주 신호에 의해 동작되게 하는 사이드 체인 기능을 갖추고 있습니다. 사이드 체인은 드럼의 간섭음을 제거하거나 더킹 및 EDM Bass 효과를 만드는 등 다양한 목적으로 사용되기도 합니다. Side Chain 버튼을 탭하여 동작 방식을 설정할 수 있으며, 소스 트랙은 오른쪽 상단의 사이드 체인 목록에서 선택합니다.

● 디텍션(Detection)

사이드 체인 신호의 처리 방식을 선택합니다. Max는 스테레오 채널 중 하나가 트레숄드를 초과할 때 동작하도록 하며, Sum은 두 채널의 합이 초과할 때 동작합니다. 이때 피크(Peak) 레벨에 반응하게 할 것인지, RMS 레벨에 반응하게 할 것인지를 선택할 수 있습니다.

● 필터(Filter)

On 버튼을 탭하여 사이드 체인 신호에 필터를 걸 수 있으며, Listen 버튼을 탭하여 사이드 체인 신호를 모니터할 수 있습니다. 필터 모드(Modea)는 로우패스(LP), 밴드패스(BP), 하이패스(HP), 외에 파라미터(ParEQ) 및 하이쉘빙(HS) 중에서 선택할 수 있고, 중심 주파수와 폭을 설정할 수 있는 Frequency와 Q 노브를 제공합니다. Gain은 ParEQ와 HS 모드에서만 사용할 수 있습니다.

| 모델 선택

로직의 컴프레서는 하나의 장치로 7가지 모델을 시뮬레이션하고 있습니다. 각각의 모델은 상단의 타입 버튼을 탭하여 선택할 수 있으며, Digital 방식 1개, FET 방식 2개, VCA 방식 3개, 그리고 Opto 방식 1개가 제공되고 있습니다.

● **Platinum Digital** : 이름 그대로 로직에서 자체 개발한 디지털 엔진으로 트랜지언트 응답이 빠르고 왜곡 없는 사운드가 특징입니다. 기본적으로 로딩되는 모델이며, 소스 구분 없이 모든 트랙에서 사용할 수 있습니다.

● **FET** : 빠른 트랜지언트 응답으로 잘 알려진 Field Effect Transistor 방식의 컴프레서를 시뮬레이션하고 있는 모델입니다. 대표적인 하드웨어 장치는 Universal Audio의 1176 Compressor가 있으며, 깨끗하고 깔끔하다는 특징을 가지고 있습니다. 드럼, 보컬, 기타 등 어택이 빠른 악기 트랙에서 많이 사용합니다.

▲ 1176 Compressor

● **VCA** : 소리를 전압 신호로 처리하는 전압 제어 앰프(Voltage Controlled Amplifier) 방식
의 컴프레서를 시뮬레이션하고 있는 모델입니다. 대표적인 하드웨어 장치는 Focusrite의 Red
Compressor가 있으며, 부드럽고 따뜻하다는 특징을 가지고 있습니다. 베이스 기타와 같은 저음역
악기 트랙에서 많이 사용합니다.

▲ Focusrite Red Compressor

● Opto : 소리를 빛의 신호로 처리하는 옵티컬(Optical) 방식의 컴프레서를 시뮬레이션하고 있는
모델입니다. 대표적인 하드웨어 장치는 Universal Audio의 LA-2A Compressor가 있으며, 빠른 트
랜지언트 응답과 논-리니어 릴리스 처리로 Aux 트랙 및 마스터링 작업에 많이 사용합니다.

▲ LA-2A Compressor

시대적으로 보면 가장 최신형이 Platinum Digital이고 오른쪽으로 Vintage Opto까지 나열되어 있
는 것이지만, 대체적으로 기본 선택 모델인 Platinum Digital으로 모든 소스에 적용할 수 있습니
다. 다만, 각 모델마다 실제 하드웨어를 사용하는 것과 같이 미묘한 차이가 있으므로, Platinum
Digital에서 컴프레싱 작업을 한 뒤에 각각의 모델을 선택하여 비교해보는 시간을 갖는 것이 좋은
습니다. 모델에 따라 보컬에 많이 사용하는 것, 베이스에 많이 사용하는 것이라고 표현한 것은 장
치의 특징을 설명하고 있는 것일 뿐이므로, 선입견을 가질 필요는 없습니다. 직접 사운드를 모니터
하면서 선택할 수 있기를 바랍니다.

ㅣ 컴프레서 조정

컴프레서는 소스마다 다르기 때문에 정해진 법칙은 없지만, 라우드니스를 극대화하여 낮은 모니터에서도 충분한 재생 능력을 얻고자 한다면 무엇보다 어택과 릴리즈 타임 설정이 중요합니다.

01 Ratio를 10:1 이상으로 높게 설정하고, Attack은 매우 느리게, Release는 가장 빠르게 설정합니다. 그리고 게인 리덕션이 -10dB 정도로 움직일 수 있게 Threshold를 낮게 설정합니다.

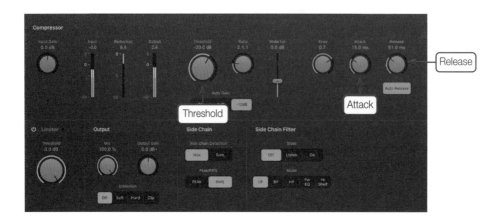

02 Attack 타임을 게인 리덕션의 바늘 움직임이 청감상 레벨 변화와 일치할 때까지 천천히 줄입니다. 일치되는 타임은 비교적 빠르게 설정된 것으로 사운드의 어택이 손실될 우려가 있습니다. 여기서 리덕션이 약간 느리게 반응하도록 설정합니다.

03 Release 타임은 반대로 게인 리덕션의 바늘이 청감상 레벨 변화보다 약간 빠르게 움직이도록 조정합니다. 그리고 Ratio를 원하는 비율(4:1)로 조정합니다.

04 게인 리덕션이 4-6dB 정도가 되게 Threshold를 재조정합니다. 그리고 Auto Gain은 Off로 하고 Input Gain과 Output Gain이 비슷하도록 Make up을 조정하여 마무리합니다. 지금까지의 과정이 컴프레서의 어택과 릴리즈 타임을 조정하는 가장 전형적인 방법입니다. 드럼, 베이스, 기타, 보컬 등 소스마다 동일하므로 꾸준히 연습하길 바랍니다.

Lesson 04

타임베이스

| Aux 트랙

온라인으로 서로 다른 장소에서 합주가 이루어지는 시대이지만 한 공간에서 어우러지는 음향만큼 자연스럽지는 않습니다. 공간의 크기와 구조 또는 벽면의 재질 등으로 만들어지는 반사음이 서로 다르기 때문입니다. 모든 트랙의 반사음은 한 공간에서 연주되는 것처럼 자연스러워야 하기 때문에 리버브와 딜레이 등의 타임 계열 장치는 억스(Aux) 트랙에서 사용하는 것이 일반적입니다.

01 채널 스트립의 센드 항목을 탭하여 Bus#을 선택합니다. 이때 선택하는 버스 번호는 아무거나 선택해도 되며, 새로운 버스 생성을 해도 됩니다.

02 Aux 트랙이 자동으로 생성됩니다. 트랙 이름 항목을 탭하여 메뉴를 열고, 이름 변경을 선택하여 구분하기 쉽게 로딩 할 장치의 이름으로 변경합니다.

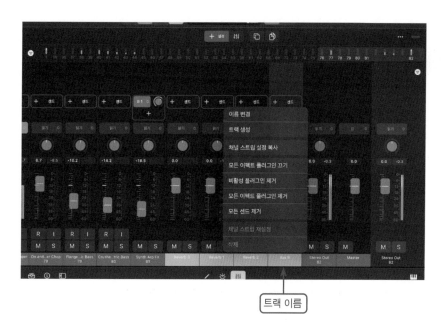

트랙 이름

03 Aux 트랙의 인서트 항목에서 리버브를 로딩합니다.

인서트

04 로직의 리버브는 프리셋이 매우 잘 되어 있기 때문에 입문자도 프로급 사운드를 손쉽게 만들 수 있습니다. 단, Aux로 사용할 때는 Dry를 Mute로 내리고, Wet를 0.0dB로 올립니다. Dry는 원음, Wet는 리버브 음을 의미합니다.

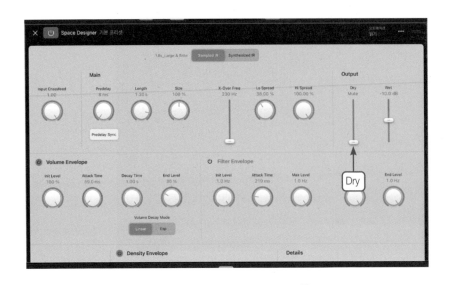

05 Aux 트랙을 만들었던 트랙에서 센드 레벨을 올리면 해당 트랙에서 연주되는 악기에 리버브 효과가 추가되는 것을 확인할 수 있습니다. 리버브의 양은 센드 레벨로 조정합니다.

06 리버브를 사용하고자 하는 또 다른 트랙의 센드 항목에서 앞에서 만든 Aux 트랙을 선택합니다. 그리고 센드 레벨을 조정하여 리버브를 적용합니다. Aux 트랙에 로딩한 하나의 장치를 여러 트랙에서 동시에 사용할 수 있고, 동일한 공간감을 유지할 수 있습니다.

07 딜레이를 적용하는 방법도 동일합니다. 센드 항목의 두 번째 슬롯을 탭하여 Aux 트랙을 추가하고, 딜레이를 로딩합니다. 그리고 두 번째 슬롯의 센드 레벨을 조정하면 됩니다.

08 Aux로 전송되는 오디오 신호는 팬 노브 이후(포스트 패닝)입니다. 센드 항목을 탭하면 볼륨 페이더 이후(포스트 페이더) 또는 볼륨 페이더 전(프리 페이더)로 변경할 수 있습니다.

09 포스트 패닝, 포스트 페이더, 프리 페이더는 다음 그림을 보면 쉽게 이해할 수 있듯이 신호의 경로를 결정하는 것입니다. 기본 설정의 포스트 패닝은 볼륨 페이더와 팬 노브의 영향을 받고, 포스트 페이더는 볼륨만 영향을 받습니다. 그리고 프리 페이더는 볼륨과 팬 노브의 영향을 받지 않습니다. 만일, 기본 설정 포스트 패닝에서 트랙이 재생되는 동안 볼륨과 팬 오토메이션으로 변화가 있다면 Aux 채널로 전송되는 리버브의 양도 변화가 생겨 들쑥날쑥한 잔향이 만들어집니다. 이것을 방지하고자 한다면 프리 또는 포스트 페이더로 신호 경로를 변경할 필요가 있습니다. 그외에도 트랙의 레벨과 팬의 영향을 받지 않고 리버브 양을 유지시켜야 하는 경우는 많으므로 정확한 개념을 이해할 필요가 있습니다.

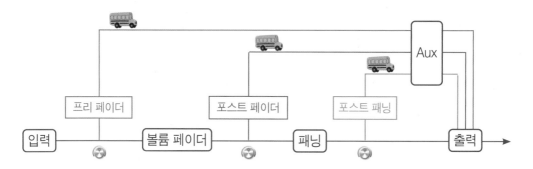

| Space Designer

Space Designer는 실제 공간의 울림을 녹음하여 사용하는 컨볼루션(Convolution) 리버브 (Reverb)로 매우 자연스러운 잔향 효과를 연출할 수 있는 장치입니다. 물론, 임펄스 응답 파일 외에도 내장된 임펄스 응답 합성 도구를 포함하고 있어 우주와 같은 상상 속 공간도 생성할 수 있습니다. 임펄스 응답 모드는 상단의 버튼을 탭하여 선택합니다.

임펄스 응답 모드

선택한 임펄스 응답 파일에 따라 오디오와 중첩하기 위해 사용할 항목이 결정됩니다.

● Sampled IR : 임펄스 응답 샘플이 현재 프리셋 또는 패치와 함께 로드되고 리버브를 생성하는 데 사용됩니다. 로드된 IR 샘플의 이름이 왼쪽에 표시됩니다.

● Synthesized IR : 길이, 엔벨로프, 필터, EQ 및 Spread 파라미터 값을 통해 새로운 합성 임펄스 응답이 생성됩니다.

● Input Crossfeed : 스테레오 인풋 신호를 처리하는 방식을 결정합니다.

값이 1.00일 경우, 두 채널 모두에서 신호가 처리되어 원래 신호의 스테레오 밸런스를 유지합니다.

값이 0.50일 경우, 모노에서 신호가 처리됩니다.

값이 0.00일 경우, 신호가 반전되어 오른쪽 채널이 왼쪽에서 처리되며, 그 반대의 경우도 동일합니다. 중간 위치에서는 스테레오와 모노 크로스페이드 신호가 혼합됩니다.

● 메인 파라미터

Space Designer는 녹음된 임펄스 응답 또는 자체 합성 임펄스 응답을 사용할 수 있으며, 메인 파라미터는 임펄스 응답 전체에 영향을 미칩니다.

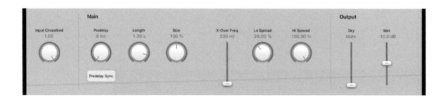

Predelay : 원본 신호와 리버브의 초기 반사음 사이의 타임을 조정합니다. 프리딜레이는 공간의 크기와 거리 및 재질에 따라 결정됩니다. 이상적인 프리딜레이 설정은 원본 신호의 엔벨로프에 따라 달라집니다. 퍼커시브 신호에는 스트링과 같이 어택이 점차적으로 페이드하는 신호보다 더 짧은 프리딜레이가 필요하며, 일반적으로 가청 에코와 같이 바람직하지 않은 부작용이 발생하기 전 가능한 가장 긴 프리딜레이를 사용합니다. 실제로 프리딜레이가 극도로 짧은 경우 신호 소스의 위치를 파악하기 어려울 수 있기 때문에 원본 신호의 사운드에 음색을 입힐 수 있습니다. 반면에 프리딜레이가 지나치게 긴 경우 부자연스러운 에코로 인식될 수 있기 때문에 초기 반사에서 원본 신호가 분리되어 원본 신호가 리버브 신호 사이에 가청 간격을 남길 수 있습니다.

Predelay Sync : 프리딜레이 타임을 비트 값으로 설정하여 템포와 일치시킬 수 있습니다.

Length : 임펄스 응답의 길이를 조정하며, Size와 함께 작동합니다. Length 노브 값과 Size 노브 값이 100%인 경우 디케이는 로드한 임펄스 응답의 전체 길이가 됩니다.

Size : 공간의 크기로 결정합니다. Details 섹션의 Quality 팝업 메뉴에서 샘플률을 변경할 때 Size를 사용하여 임펄스 응답의 원래 길이를 유지할 수 있습니다.

X-Over Freq : 크로스오버 주파수를 설정합니다. 해당 값 이하로 떨어지는 임펄스 응답 주파수는 Lo Spread 노브의 영향을 받으며, 위의 주파수는 Hi Spread 노브의 영향을 받습니다.

Lo 및 Hi Spread :스테레오 필드의 인식된 너비를 설정합니다.

● 볼륨 엔벨로프

볼륨 엔벨로프는 리버브 초기 레벨을 설정하고 시간에 따른 볼륨 변화를 제어합니다.

Init Level : 임펄스 응답 어택 페이즈의 초기 볼륨 레벨을 설정합니다. 임펄스 응답 파일의 전체 볼륨의 백분율로 표시됩니다. 어택 페이즈는 일반적으로 임펄스 응답이 가장 큰 포인트입니다. 초기 반사에 대한 볼륨이 최대가 되도록 초기 레벨을 100%로 설정합니다.

Attack Time : 볼륨 엔벨로프의 디케이 페이즈가 시작되기 전에 시간을 설정합니다.

Decay Time : 디케이 페이즈의 길이를 설정합니다. 글로벌 Length 및 Size 파라미터에 따라 전체 디케이가 결정됩니다. Length 값과 Size 값이 100%인 경우 디케이는 로드한 임펄스 응답의 전체 길이가 됩니다.

End Level : 종료 레벨을 설정합니다. 0%로 설정하면 리버브 잔향을 페이드 아웃할 수 있으며, 100%로 설정하면 리버브가 갑자기 중단되어 페이드 아웃할 수 없습니다. 테일 밖에서 타임이 끝나는 경우에는 종료 레벨이 영향을 미치지 않습니다.

Exp/Lin : 볼륨 엔벨로프의 디케이 생성 방법을 선택합니다. Exp는 지수 알고리즘에 따라 자연스럽게 생성되고, Lin은 리니어 알고리즘에 따라 조금 부자연스럽습니다.

● 필터 엔벨로프

시간에 따른 필터 컷오프 주파수를 제어합니
다. 필터 유형은 로우 패스(LP)와 밴드 패스
(BP) 및 하이 패스(HP)를 제공하며, 필터 설정
을 변경하면 임펄스 응답을 다시 계산합니다.

Init Level : 필터 엔벨로프의 초기 컷오프 주파수를 설정합니다.

Attack Time : Max Level에 도달하는 데 걸리는 시간을 결정합니다.

Max Level : 최대 필터 컷오프 주파수를 설정합니다. 이 값은 전반적인 필터 엔벨로프의 어택 및
디케이 페이즈를 결정하는 것으로 어택 페이즈 이후 설정한 레벨에 도달하면 디케이 페이즈가 시
작되며, Max 레벨 값을 초기 레벨 파라미터 값보다 낮게 설정하면 흥미로운 필터 스윕을 생성할
수 있습니다.

Decay Time : Max 레벨 지점 이후 종료 주파수 값에 도달하는 데 걸리는 시간을 결정합니다.

End Level : 필터 엔벨로프 디케이 페이즈 끝 지점에서 컷오프 주파수를 설정합니다.

Filter Resonance : 컷오프 주파수 주변을 강조합니다. 레조넌스 값이 사운드에 미치는 영향은 선
택한 필터 모드에 따라 달라지며, 필터 슬로프가 가파를수록 음색 변화가 두드러집니다.

Filter Mode : 필터 유형을 선택합니다.

LP(6dB) : 일반적으로 사용되는 밝은 로우패스 필터 모드로 대부분의 상단부 자료를 유지합니다.

LP(12dB) : 부드러운 로우패스 필터 모드로 밝은 리버브를 부드럽게 하는 데 유용합니다.

BP : 6dB로 신호의 낮은 쪽과 높은 쪽 끝을 감소시켜 컷오프 주파수 주변을 그대로 유지합니다.

HP : 12dB로 컷오프 주파수 이하로 떨어지는 주파수 레벨을 감소시킵니다.

● 밀도 엔벨로프

Density Envelope는 시간에 따른 합성 임펄스 응답의 밀도(평균 반사 횟수)를 제어합니다.

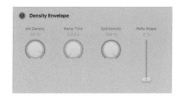

Init Density : 리버브의 초기 밀도를 설정합니다. 밀도가 낮으면 가청 반사 패턴과 개별 에코가 생성됩니다.

Ramp Time : 수평으로 드래그하여 초기 밀도 레벨과 종료 밀도 레벨 사이의 시간을 조절합니다. 수직으로 드래그하면 End Density 레벨이 설정됩니다.

End Density : 리버브 테일의 밀도를 설정합니다. 값이 너무 낮으면 거친 사운드의 리버브 테일이 생성됩니다. 스테레오 범위는 낮은 값의 영향을 받을 수 있습니다.

Reflection Shape : 초기 반사음이 가상 공간의 벽, 천장, 가구에서 반사될 때의 기울기를 결정합니다. 값이 낮으면 예리한 윤곽의 반사음이 생성되며, 값이 높으면 지수 슬로프와 부드러운 사운드가 생성됩니다. 적절한 엔벨로프, 밀도 및 초기 반사 설정과 함께 사용하면 거의 모든 모양과 자료로 공간을 생성할 수 있습니다.

● 글로벌 파라미터

Details 파라미터는 이펙트의 전체 입력, 출력 또는 동작에 영향
을 미칩니다.

Quality : 임펄스 응답 파일의 샘플률을 선택합니다.

Lo-Fi : 샘플률을 프로젝트의 1/4로 낮추고 임펄스 응답이 4배로 길어집니다.

Low : 샘플률을 프로젝트의 1/2로 낮추고 임펄스 응답이 2배로 길어집니다. 리버브할 수 있는 가
장 높은 주파수가 절반으로 줄어 모든 면적을 4배(Lo-Fi) 또는 2배(Low)로 늘립니다. 결국, 공간의
크기는 16배 또는 8배로 커집니다. Low 및 Lo-Fi 설정은 흥미로운 템포, 피치, 레트로 디지털 이펙
트 효과를 연출할 수 있습니다.

Medium : 현재 프로젝트 샘플률을 사용합니다. 필요한 경우 현재 프로젝트 샘플률과 일치하도록
불러온 임펄스 응답 파일의 샘플률을 자동으로 전환합니다.

High : 가능한 최고의 샘플률을 사용합니다.

Definition : Synthesized IR 모드에서 교차 지점을 백분율로 설정하여 합성 임펄스 응답 레졸루션
을 줄입니다. 리버브를 확산하고 CPU 리소스를 절약할 수 있습니다.

Latency Compensation : 내부 레이턴시 보정 기능을 사용하거나 해제합니다. 선택하면 이펙트 프
로세싱 신호와 일치하도록 출력 신호가 지연됩니다. 임펄스 응답 샘플을 처리할 때 약간의 시간이
소요되기 때문에 입/출력 신호 사이에 레이턴시가 발생하며, Quality에서 Low 또는 Lo-Fi를 선택
한 경우에는 레이턴시가 증가합니다. 서라운드 모드나 44.1kHz 이상의 샘플률에서는 레이턴시가
증가하지 않습니다.

Rev. Vol. Comp : 내부 임펄스 응답 볼륨 매칭 기능을 사용하거나 해제합니다. 리버브 볼륨 보정
기능은 임펄스 응답 파일과 실제 볼륨 차이가 아닌 인식된 볼륨 차이를 일치시키려고 시도합니다.
이는 모든 유형의 임펄스 응답에서 작동하지 않더라도 켜진 상태를 유지해야 합니다. 다른 레벨의
임펄스 응답이 있는 경우에는 이를 끄고 입/출력 레벨을 조절합니다.

Reverse : 임펄스 응답과 엔벨로프를 리버스합니다. 임펄스 응답이 리버스되면 샘플의 앞이 아닌 끝부분을 사용하게 됩니다. 리버스할 때 프리딜레이 및 다른 파라미터 값을 조절해야 할 수 있습니다.

Reset EQ : EQ, Volume, Filter, Density를 기본값으로 재설정합니다.

● Output EQ

리버브에 EQ를 적용할 수 있습니다. 2개의 필터, 2개의 쉘빙, 2개의 피크 타입으로 총 6밴드로 구성되어 있습니다.

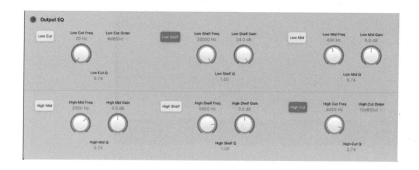

Low 및 High Cut : 각각 설정 주파수 이하 또는 이상을 차단합니다. 슬로프 곡선을 선택할 수 있는 항목은 Order로 표시되며, 6dB/Oct와 12dB/Oct를 제공합니다. 12dB/Oct에서 포인트를 드래그하여 Q 값을 조정할 수 있습니다.

Low 및 High Shelf : 각각 Frequency 설정 주파수 이하 또는 이상을 증/감합니다. Gain 값을 조정하여 설정 주파수를 증/감하고, Q 값으로 범위를 조정합니다.

Low 및 High Mid : 각각 설정 주파수 대역을 증/감합니다. 조정 방법은 쉘빙과 동일합니다.

ㅣ ChromaVerb

ChromaVerb는 14개의 개별 공간 유형 알고리즘을 특징으로 하며, 마치 실제 공간에서처럼 사운드가 점차 흡수되는 원형 구조의 원리를 바탕으로 합니다. 흡수 특성은 선택한 공간 유형 및 리버브 파라미터 설정에 따라 달라집니다.

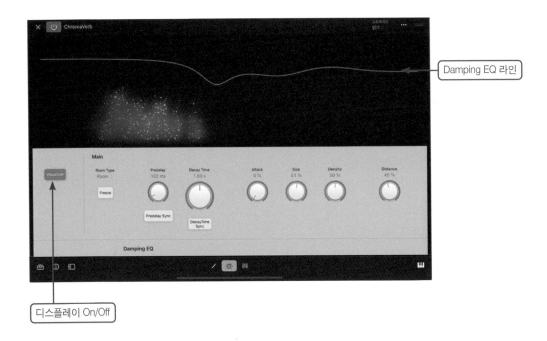

Visualizer : 그래픽 디스플레이에서 실시간 시각화를 활성화 또는 비활성화합니다.

그래픽 디스플레이 : Damping EQ 커브 값 및 들어오는 신호에 대한 변경 사항을 실시간으로 시각화하여 보여줍니다.

● 메인 파라미터

Room Type : 재생성하려는 리버브 공간의 유형을 선택합니다.

Room Type	설명
Room	밀도 반사가 빠르게 증가하는 자연 음향 공간입니다.
Chamber	작은 크기에서 중간 크기의 공간을 에뮬레이션한 펀치한 리버브입니다. 색상이 적고 어택이 빠르고 에코 밀도가 높습니다.
Concert Hall	초기 사운드가 길게 지연되고, 빌드 속도가 느리며, 하이엔드 응답 속도가 최소화되고, 확산이 중간인 넓은 공간입니다.
Theater	중간 정도의 반사 밀도를 가진 중간 크기에서 큰 크기의 드라이 공간입니다.
Synth Hall	모든 Room Type 중에서 가장 희박하게 반사되며 Room 모델보다 넓습니다.
Digital	미드레인지 반사 밀도를 가진 중간 크기의 공간입니다. Room 모델보다 어택이 느립니다. 디케이가 더 밝으며 사운드가 풍부한 코러스 같은 리버브를 생성합니다. 높은 확장 응답 및 낮은 확장 응답, 밀도 높은 리버브 잔향 꼬리가 특징입니다.
Dark Room	소리가 어둡고 밀도가 비교적 낮은 작은 크기에서 중간 크기의 공간 리버브입니다.
Dense Room	밀도가 높은 반사 패턴을 가진 작은 방으로 매우 빠르게 빌드됩니다.
Smooth Space	중간 크기의 공간을 에뮬레이션하는 부드러운 사운드의 리버브입니다.
Vocal Hall	중간 크기에서 큰 크기의 규모로, 미드레인지 반사를 지닌 부드러운 보컬 홀입니다.
Reflective Hall	반사 밀도가 낮고 반사율이 매우 높은 중간 크기에서 큰 크기의 홀 리버브입니다.
Airy	반사가 희박한 큰 공간입니다.
FX - Strange Room	미드레인지 반사 밀도와 뚜렷한 색상을 지닌 중간 크기의 공간입니다.
FX - Bloomy	블루밍 디케이를 생성하는 적당한 반사 밀도를 지닌 큰 공간 리버브입니다.

Freeze : 선택한 공간 유형 내에서 신호를 무한대로 재순환하려면 켭니다.

Predelay : 초기 반사음 타임을 설정합니다. 짧은 프리딜레이 설정은 사운드를 밀어내는 경향이 있고, 긴 프리딜레이 설정은 사운드를 전면으로 내보내는 경향이 있습니다. 동기화 버튼을 On으로 하면 비트 단위로 설정할 수 있습니다.

프리딜레이 설정이 매우 짧은 경우 사운드에 색상을 입힐 수 있으며 신호 소스의 위치를 정확히 파악하기가 어렵습니다. 프리딜레이 설정이 매우 긴 경우 부자연스러운 에코로 인식될 수 있고 원본 신호를 초기 반사로부터 분리하여 둘 사이에 가청 간격을 둘 수 있습니다.

최적의 프리딜레이 설정은 입력 신호의 유형, 더 정확히는 입력 신호의 엔벨로프에 따라 달라집니다. 퍼커시브 신호는 일반적으로 어택이 서서히 사라지는 신호에 비해 더 짧은 프리딜레이가 필요하며, 가청 에코와 같은 부작용이 들리기 전까지 최대한 긴 Predelay 값을 사용하는 것이 좋습니다. 이 지점에 도달하면 Predelay 설정을 약간 줄입니다.

Decay Time : 디케이 시간을 설정합니다. 특정 주파수의 디케이는 댐핑 값에 따라 달라집니다. 동기화 버튼을 On으로 하면 비트 단위로 설정할 수 있습니다.

Attack : 리버브의 어택 페이즈를 설정합니다. 선택한 공간 유형에 따라 볼륨 또는 밀도 증가 시간에 영향을 미칩니다. Theatre, Dense Room, Smooth Space, Reflective Hall, Strange Room, Airy 유형에서는 시간이 지남에 따라 볼륨을 증가시키고, Room, Chamber, Concert Hall, Synth Hall, Digital, Dark Room, Vocal Hall, Bloomy 유형에서는 리버브가 Density로 결정되는 최대 밀도 값에 도달하는 데 걸리는 시간을 설정합니다.

Size : 공간의 치수를 정의합니다. 값이 높을수록 공간이 더 커집니다.

Density : 공간 유형에 따라 초기 및 후기 반사의 밀도를 동시에 조정합니다.

Distance : 초기 및 후기 에너지를 변경하여 소스로부터 인식된 거리를 설정합니다.

Dry/Wet : 소스(Dry) 및 이펙트 신호(Wet)의 레벨을 설정합니다.

● Damping EQ 파라미터
디스플레이에 표시되며 디케이 신호의 주파수를 조정합니다. 2개의 쉘빙과 2개의 피크 밴드로 구성되어 있습니다. 각 포인트를 수평으로 드래그하여 Frequency를 조정하고, 수직으로 드래그하여 Ratio(디케이 타이밍 비율)를 조정하며, 휠을 돌려 Q 값을 조정할 수 있습니다.

● 디테일 파라미터

Detail 버튼을 탭하면 출력 EQ(6밴드) 및 세부 설정을 할 수 있는 창이 열립니다.

Quality : 음질을 선택합니다.

Low : 노이즈가 많은 모듈레이션과 함께 거친 리버브를 발생시킵니다.

High : 깨끗하고 정확한 사운드를 생성합니다.

Ultra : 부드럽고 고급스러운 리버브를 생성합니다.

Mod Source : LFO 파형을 선택합니다. 사인파, 무작위파, 노이즈파를 제공합니다.

Mod Smooth : LFO 파형의 모양을 변경합니다. 무작위 파형이 부드러워지고 사인 파형 및 노이즈 파형은 포화 상태가 됩니다.

Modulation Speed : 내장 LFO의 속도를 설정합니다.

Modulation Depth : LFO 모듈레이션의 폭을 설정합니다. 범위는 선택한 공간 유형에 따라 결정됩니다.

Early/Late Mix : 초기 및 후기 반사음 비율을 설정합니다. Distance 값에 따라 달라집니다.

Width : 리버브의 스테레오 폭을 설정합니다.

Mono Maker : On/Off로 설정된 주파수 아래의 스테레오 정보를 제거합니다. 이는 전체 저음역대 주파수 범위에서 인식되는 레벨 손실을 보정합니다.

| Delay Designer

딜레이는 사운드를 반복시켜 풍성하게 만드는 장치입니다. 흔히, 에코(Echo)라고도 하는데, 에코는 반복되는 사운드를 의미하고, 딜레이는 반복 타임을 의미한다는 차이가 있습니다. 물론, 혼용해서 불러도 상관없지만, 잔향이 불규칙적으로 발생하는 리버브와는 다른 장치입니다.

Delay 카테고리의 Delay Designer는 각 에코 탭 마다 레벨, 패닝, 피치, 필터 등을 편집할 수 있는 고급 딜레이 장치이며, 최대 26개의 개별 탭(A-Z)을 제공합니다. 각각의 탭은 위치를 싱크하여 움직임이 있는 리듬을 만들 수 있으며, 트랜스포지션 및 필터링과 결합될 때 더 많은 음악적 가능성으로 이어집니다. 또는 간단한 딜레이 이펙트의 피드백 컨트롤을 사용하는 것처럼 여러 탭을 다른 탭의 반복으로 설정할 수 있어 단순 에코에서 오디오 패턴 시퀀서에 이르기까지 다양한 곳에 사용할 수 있습니다.

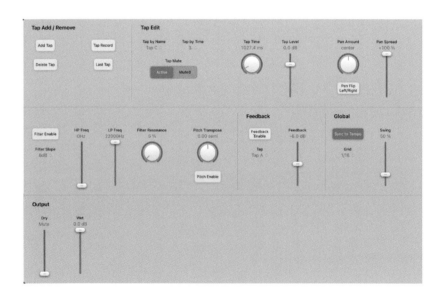

Delay Designer는 4개의 섹션으로 구성되어 있습니다.

Tap Add / Remove : 탭을 녹음하거나 수동으로 탭을 만들 수 있습니다.

Tap Edit : 선택된 탭의 파라미터를 확인하고 편집할 수 있습니다.

Feedback : 피드백 파라미터를 설정할 수 있습니다. 피드백 파라미터의 내용을 참조하십시오.

Global 및 Output : 퀀타이즈 및 믹스 파라미터를 설정할 수 있습니다.

● 탭 생성 파라미터

탭은 실시간 녹음 및 수동으로 추가하는 두 가지 방법이 있습니다.

실시간 녹음 : Tap Record 버튼을 탭하여 실시간으로 녹음할 수 있으며, Last Tap 버튼을 탭하여
종료할 수 있습니다. 탭의 이름은 Tap A, Tap B 순서로 생성됩니다.

수동 탭 : Add Tap 버튼을 탭하여 생성하고, Delete Tap 버튼으로 삭제합니다. 수동으로 만들 때
의 위치는 Grid 단위에 따라 달라지며, 변경 가능합니다.

● 탭 편집 파라미터

탭의 위치를 이동하거나 레벨을 조정하는 등의 편집 작업을 진행할 수 있습니다.

Tap by Name 및 Time : 편집할 탭의 이름 또는 숫자를 선택합니다.

Tap Mute : Active 버튼을 탭하여 활성화하거나 Muted 버튼을 탭하여 비활성화합니다.

Tap Time : 탭의 위치를 조정합니다.

Tap Level : 탭의 레벨을 조정합니다.

Pan Amount : 탭의 좌/우 위치를 조정합니다.

Pan Flip Left/Right : 스테레오 이미지의 왼쪽과 오른쪽을 바꿉니다.

Pan Spread : 스테레오 이미지의 폭을 조정합니다.

Filter Enable : 선택한 탭에 대해 필터 하이패스 및 로우패스 필터를 켜거나 끕니다.

Filter Slope : 하이패스 및 로우패스 필터 슬로프의 기울기를 결정합니다. 필터 슬로프를 완만하게 하려면 6dB을, 가파르고 더욱 뚜렷한 필터링 이펙트를 얻으려면 12dB을 선택합니다.

HP/LP Freq : 하이패스 및 로우패스 필터에 대한 컷오프 주파수(Hz)를 설정합니다.

Filter Resonance : 두 필터의 필터 레조넌스 정도를 설정합니다.

Pitch Transpose : 선택한 탭의 피치를 반음 단위로 트랜스포즈합니다.

Pitch Enable : 선택한 탭에 대해 피치 트랜스포지션을 켜거나 끕니다.

● 피드백 파라미터

피드백은 사용자 정의된 탭의 출력을 다시 전송하여 반복시키는 기능입니다.

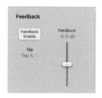

Feedback Enable : 피드백 탭을 켜거나 끕니다.

Tap : 피드백할 탭을 선택합니다.

Feedback : 피드백 양을 조정합니다.

● 글로벌 및 아웃 파라미터

탭을 템포에 맞추는 동기화 기능 및 출력 레벨을 설정합니다.

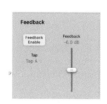

Sync to Tempo : 동기화 모드를 켜거나 끕니다.

Grid : 동기화 정렬 기준을 선택합니다.

Swing : 업 비트를 퍼센트 단위로 밀어 스윙 리듬을 만듭니다.

┃ Stereo Delay

Stereo Delay는 왼쪽과 오른쪽 채널의 딜레이 값을 서로 다르게 설정할 수 있습니다.

Input : 입력 신호를 선택합니다.

Note : Beat Sync 버튼이 On일 경우에 딜레이 타임을 비트 단위로 설정합니다.

Deviation : Note에서 선택한 비트를 벗어나게 합니다.

Double 및 Halve Time : 딜레이 타임을 두 배로 늘리거나 절반으로 줄입니다.

Sync 및 Delay Time : 딜레이 타임을 설정합니다. Beat Sync 버튼이 On일 경우에 비트 단위로 설정할 수 있습니다.

Low/High Cut : 이펙트 신호에서 Low Cut 이하 및 High Cut 이상의 주파수를 차단합니다.

Feedback : 왼쪽 및 오른쪽 딜레이 신호에 대한 피드백 정도를 설정합니다.

Feedback Phase : 해당 채널 피드백 신호의 위상을 뒤집습니다.

Crossfeed : 왼쪽 채널의 피드백 신호를 오른쪽 채널로 또는 그 반대로 전송합니다.

Crossfeed Phase : 크로스피드 피드백 신호의 위상을 뒤집습니다.

Routing Preset : 내부 신호 라우팅을 선택합니다.

Beat Sync : 딜레이 타임을 비트 단위로 설정할 수 있게 합니다.

Stereo Link : 두 채널이 함께 조정되게 합니다.

Output Mix : 왼쪽 및 오른쪽 채널 신호의 레벨을 설정합니다.

Lesson 05

오토메이션

오토메이션은 채널 스트립의 컨트롤이나 플러그인 파라미터의 움직임을 기록하여 자동으로 재생되게 하는 역할을 합니다. 트랙이 재생되는 동안에 볼륨이 변경되게 할 때 또는 페이드 아웃 시킬 때, 보컬의 다이내믹을 정리할 때, 이펙트의 양이나 필터 값을 실시간으로 변경할 때 등 믹싱과 마스터링 작업에 꼭 필요한 기능입니다.

오토메이션은 트랙과 리전 오토메이션이라는 두 가지 유형을 제공합니다. 트랙 오토메이션은 프로젝트의 시작부터 끝까지 전체 트랙에 적용되며, 리전 오토메이션은 개별 리전에 내장됩니다. 트랙 오토메이션은 리전을 다시 녹음하거나 이동하거나 복사하면 해당 데이터가 생성된 트랙의 초기 지점에 연결되어 남게 되지만, 리전 오토메이션은 리전을 다시 녹음하면 오토메이션이 상실되고 리전을 이동하거나 복사하면 오토메이션이 리전에 덮어쓰게 됩니다.
리전 오토메이션은 악기 파라미터를 오토메이션하는 경우 특히 유용합니다. 트랙에서 동일한 파라미터의 리전 오토메이션과 트랙 오토메이션을 생성하는 경우에는 리전 오토메이션이 우선하며, 스텝 시퀀서에서 생성한 오토메이션은 리전 오토메이션보다 우선합니다.

쓰기 및 드로잉

01 트랙 메뉴 바의 오토메이션 버튼을 탭하면 모든 트랙에 오토메이션을 기록하거나 편집할 수 있는 라인이 보이며, 기본 모드는 기록되어 있는 오토메이션대로 컨트롤러를 움직이게 하는 읽기 모드입니다.

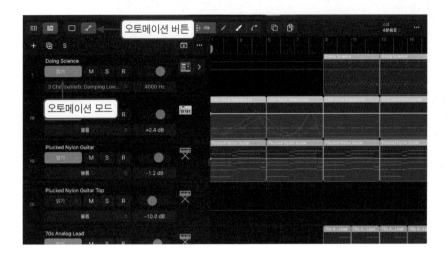

02 자동으로 움직이게 할 파라미터는 오토메이션 메뉴를 탭하여 선택할 수 있으며, 채널 스트립에 로드된 플러그인의 모든 파라미터를 선택할 수 있습니다.

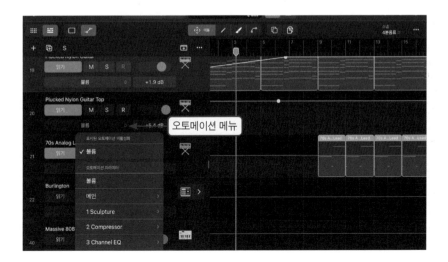

03 오토메이션을 입력하고 편집할 수 있는 도구는 연필, 브러시, 커브 등으로 구성되어 있으며, 연필을 선택하면 트랙에 표시되어 있는 오토메이션 라인을 탭하여 포인트를 만들고 드래그하여 값을 조정할 수 있습니다.

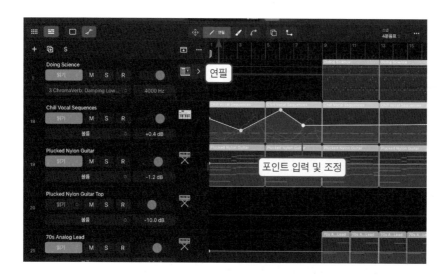

04 브러시 버튼은 오토메이션을 그림 그리듯 입력하거나 편집할 수 있습니다. 애플 펜슬을 이용하면 보다 정밀한 드로잉이 가능합니다.

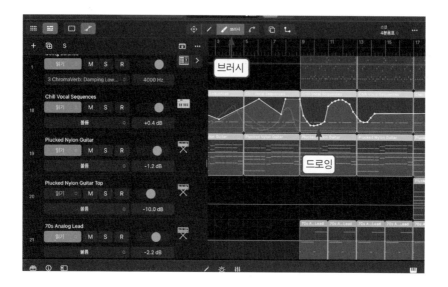

05 커브 버튼은 오토메이션 라인을 곡선으로 편집할 수 있습니다.

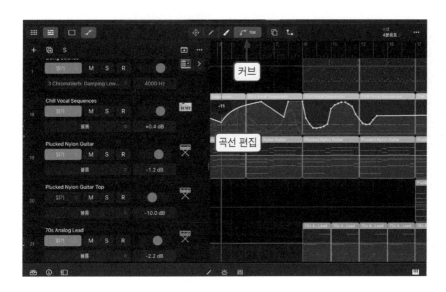

06 다중 선택 버튼은 여러 개의 오토메이션 포인트를 선택하는 역할입니다. 포인트를 하나씩 선택할 수 있지만, 밖에서 누르고 있다가 드래그하여 선택할 수도 있습니다.

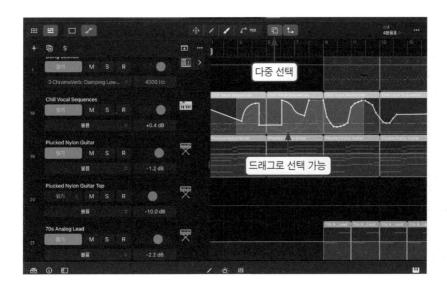

07 선택한 오토메이션은 이동 버튼으로 위치를 변경하거나 복사 버튼으로 복사할 수 있습니다.

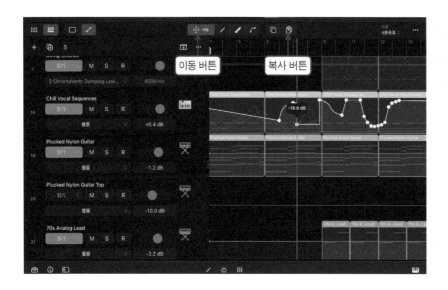

08 스넵핑 버튼은 포인트를 직각으로 연결하여 생성합니다. 뮤트, 솔로, 플러그인 On/Off 등의 스위치 파라미터를 컨트롤할 때 주로 사용합니다.

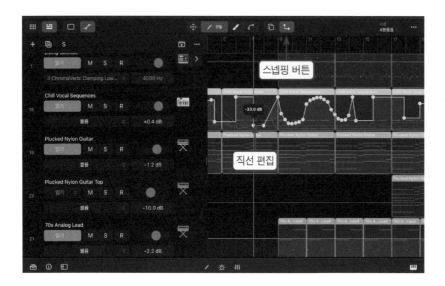

┃ 실시간 기록

01 오토메이션은 실시간으로 기록하는 경우가 더 많습니다. 오토메이션 기록 모드는 터치 또는
래치를 제공합니다. 오토메이션 모드 항목을 탭하여 터치 모드를 선택합니다.

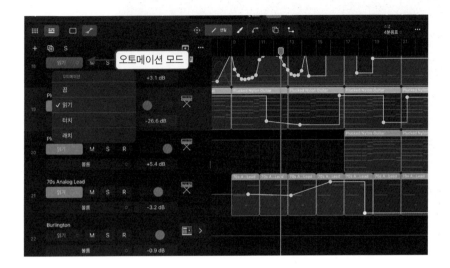

02 곡을 재생하고 트랙 헤더 또는 믹서의 볼륨 슬라이더를 움직여 봅니다. 오토메이션이 기록
되며, 마우스에서 손을 떼면 오토메이션 값은 움직임이 기록되기 전으로 복구됩니다.

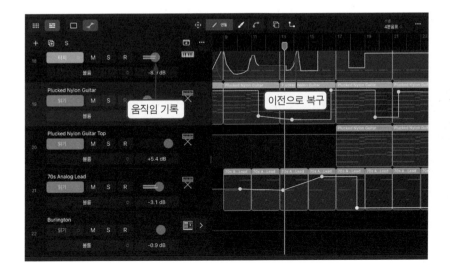

03 래치로 변경하고 같은 과정을 반복해봅니다. 손을 떼면 마지막 값이 유지된다는 차이점을 알 수 있습니다. 오토메이션을 기록한 후에는 모드를 읽기 모드로 변경하여 사용자 실수로 수정되는 일을 방지합니다.

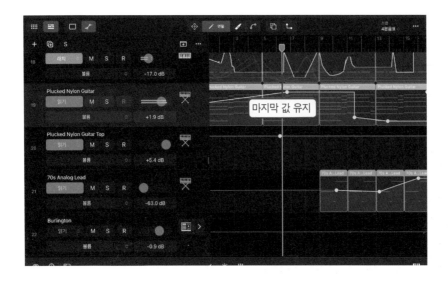

04 오토메이션은 트랙 외에 편집 창, 믹서, 플러그인 패널에서도 컨트롤이 가능합니다. 실제로 가장 많이 사용하는 패널은 믹서이며, 모드는 오토메이션 슬롯에서 선택합니다.

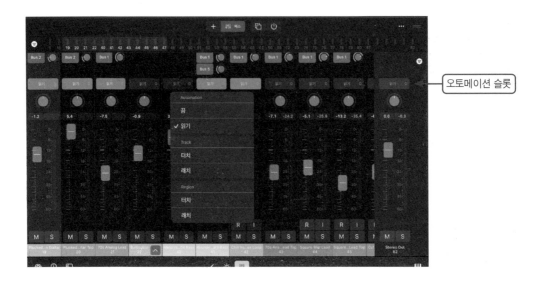

05 플러그인의 움직임을 트랙 또는 리전 오토메이션으로 기록할 수 있습니다. 플러그인 메뉴의 오토메이션에서 모드를 선택합니다.

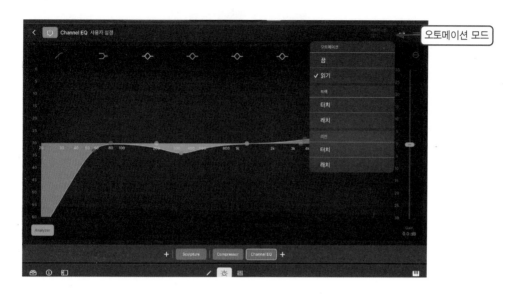

06 편집 창에서 기록되는 오토메이션은 리전으로 생성되며, 미디 리전의 경우에는 파라미터의 MIDI 항목에서 선택한 미디 메시지를 기록하고 편집할 수 있습니다.

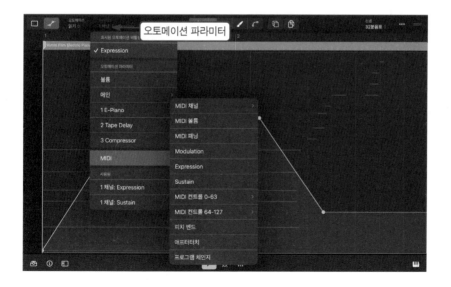

Lesson 06

마스터링

| 주파수 밸런스

사람마다 저음이 풍부한 것을 좋아하는 경우가 있고, 고음이 밝은 것을 좋아하는 경우가 있습니다. 그럼 마스터링 엔지니어는 어떻게 해야 할까요? 정답은 간단합니다. 저음도 풍부하고 고음도 밝은 음악을 만들면 됩니다. 저음이 풍부한 것을 싫어하거나 고음이 밝은 것을 싫어하는 사람은 거의 없지만, 저음만 풍부하거나 고음만 밝은 사운드는 대부분 싫어합니다. 저음만 풍부하다는 것은 답답하다는 의미이며, 고음만 밝다는 것은 시끄럽다는 의미일 수 있기 때문입니다.

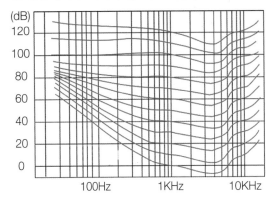

결국, 기본적인 밸런스는 표준으로 맞춰 놓고, 저음과 고음에 대한 개인 취향은 1-2dB 정도면 충분합니다. 주파수의 표준 밸런스는 찬반이 존재하지만, 여전히 많은 엔지니어들이 각 주파수별 레벨 값을 나타내고 있는 플레처 먼슨(Fletcher Munson) 그래프를 참조하고 있습니다.

플레처 먼슨 그래프를 보면 알 수 있듯이 주파수 밸런스는 레벨에 따라 차이가 있습니다. 그래서 마스터링을 할 때는 크게도 모니터해보고 작게도 모니터 해봐야 하며, 어느 정도의 타협점을 찾아야 합니다. 만약 낮은 레벨에서 킥 드럼이 빈약하게 들린다고 해서 저음을 보강하면 베이스를 비롯한 저음역 악기들이 모두 증가되기 때문에 레벨을 크게 해서 들을 때 보컬이 잘 들리지 않거나 전체적으로 답답한 사운드가 될 수 있다는 것입니다. 그래서 마스터링은 개별 트랙을 컨트롤하는 믹싱 테크닉으로 접근해서는 안 되고, 여러 대역을 나누어 조금씩 컨트롤하는 방식으로 접근해야 합니다. 예를 들어 100Hz 대역의 저음역을 6dB 정도 올려야 한다면 100Hz를 3dB 정도만 올리고 그 주변의 80과 120Hz 대역을 1.5dB정도로 보충하는 것입니다. 이것을 페더링 테크닉(Feathering Technique)이라고 하며, 위상 변위를 줄이면서 다양한 레벨에서 밸런스를 유지할 수 있는 마스터링 이큐잉의 기본 테크닉입니다.

그리고 마스터링에서 주파수 밸런스의 중심은 보컬입니다. 물론, 믹싱에서도 보컬을 기준으로 트랙을 하나씩 더하는 경우도 있지만, 대부분 저음역의 킥을 중심으로 악기를 쌓아 놓고, 보컬을 얹는 방식으로 진행하는 경우가 많습니다. 그러므로 마스터링을 할 때는 항상 보컬을 중심으로 시작하는 것이 좋습니다. 예를 들어 밝고 선명한 음색을 만들기 위해서 고음역을 증가시켜야 할 필요가 있다면 고음역을 직접 컨트롤하기 전에 보컬 음역을 낮춰보는 것입니다. 반대로 음색이 날카롭고 시끄럽게 들린다고 고음역을 낮추는 것 보다는 보컬 음역을 올려보는 것입니다. 보컬 음역을 조정한 만큼 상대적으로 저음역과 고음역이 증/감되는 효과를 얻을 수 있습니다.

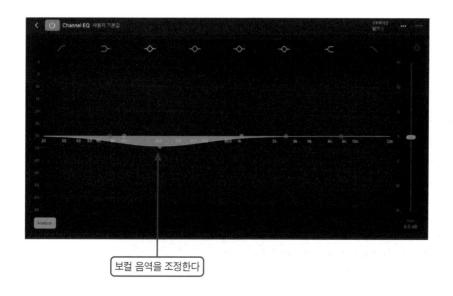

보컬 음역을 조정한다

예를 들어 보컬 음역을 2-3dB 정도 낮추고, 고음역을 1-2dB 정도로 조금 증가시키면, 전체 밸런스를 유지한 상태에서 고음역을 3-5dB 증가시킨 효과를 얻을 수 있습니다. 부족한 보컬 음역은 그 이하의 저음역을 차단하는 것으로 해결하는 접근이 필요합니다.

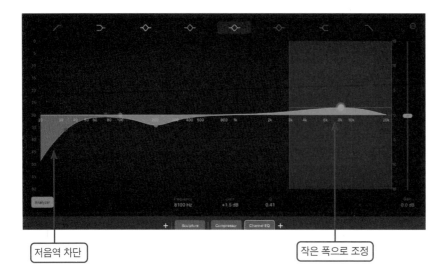

마스터링에서 EQ를 조정할 때는 대역폭(Q)을 0.5에서 0.7 정도로 넓게 사용합니다. 이를 Low-Q라고 하며, 자연스러운 음을 제공하기 때문에 마스터링 작업에서 많이 사용합니다. 반대로 2 이상의 좁은 대역폭을 Hi-Q라고 하며, 불필요한 잡음을 제거하거나 특정음을 강조하는 믹싱 작업에서 많이 사용합니다.

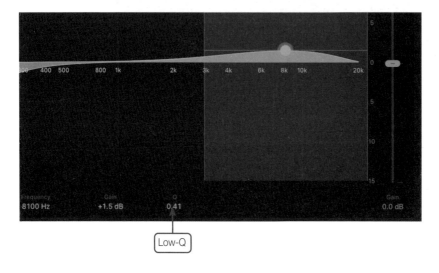

| 마스터링 EQ

로직은 Channel EQ 외에도 Linear Phase EQ, Match EQ, Single Band EQ, Vintage EQ 등을 제
공합니다. Linear Phase EQ는 위상 변위가 발생하지 않는다는 이유로 마스터링을 할 때는 반드시
사용해야 한다는 말도 안 되는 법칙이 존재할 만큼 유명하며, Vintage EQ는 과거에 전설로 불리
던 하드웨어를 시뮬레이션 한 것입니다. 그리고 자신이 좋아하는 곡의 밸런스를 그대로 적용할 수
있는 Match EQ와 댄스 음악에서 자주 사용되는 Single Band EQ가 있습니다.

● Linear Phase EQ

어떤 장치이든 사용을 하면 음색 변화가 발생합니다. 그래서 믹싱과 마스터링 구분없이 꼭 필요한
장치가 아니라면 사용을 자제하는 것이 원칙입니다. 특히, EQ나 컴프레서와 같은 장치는 음색의
특성을 나타내는 위상이 변하기 때문에 신중한 결정이 필요합니다. 여기서 EQ는 주파수가 꺾이는
부분에서 위상이 찌그러지는 현상이 발생하는데, 이러한 찌그러짐이 발생하지 않게 선형으로 처
리하는 EQ를 리니어 타입이라고 합니다. 로직에서 제공하는 Linear Phase EQ가 이름 그대로 리
니어 타입의 EQ이며, 지연 현상이 발생한다는 특징이 있기 때문에 믹싱을 할 때는 잘 사용하지 않
고, 마스터링 작업에 사용하는 것이 일반적입니다. 그러나 Linear Phase EQ를 마스터링 전용으로
취급해서는 안 됩니다.

다행이 로직은 Channel EQ와 Linear Phase EQ의 설정을 공유할 수 있기 때문에 장치를 대치해
보는 것 만으로도 각각의 결과를 쉽게 비교할 수 있습니다. 반드시 모니터를 해보고 장치 사용을
결정하기 바랍니다.

장치 대치

● Vintage Console EQ

로직은 과거 음향계를 평정했던 하드웨어 EQ를 그대로 복각하여 소프트웨어로 구현하고 있는 빈티지 스타일의 3가지 EQ를 제공합니다. 첫 번째 Vintage Console EQ는 70년대 전 세계 녹음 스튜디오 표준으로 여겨지던 Wessex A88 콘솔의 Neve 1073을 복각한 제품입니다.

▲ Neve 1073

Neve 1073은 아직도 전 세계 수많은 스튜디오에서 애용되고 있지만, 워낙 가격이 비싸서 개인이 사용하기에는 무리가 있는 제품입니다. 하지만, 로직 사용자는 이를 공짜로 사용할 수 있습니다. 파라미터는 저음역을 차단하는 Low Cut 필터를 포함하여 4밴드로 구성되어 있습니다.

In : 장치를 On/Off 합니다.

Low Cut : 50Hz에서 300Hz 이하의 저음역을 차단하는 필터입니다. Slope는 18dB/Oct 입니다.

Low Gain/Freq : 35Hz에서 220Hz 이하의 저음역을 증/감하는 쉘빙 타입입니다.

MID Gain/Freq : 360Hz에서 7.2KHz 범위를 증/감하는 피크 타입입니다.

High Gain : 12KHz 이상을 증/감하는 쉘빙 타입입니다.

● Vintage Graphic EQ

두 번째 Vintage Graphic EQ는 60년대 후반 전설적인 녹음 시스템으로 알려진 API 콘솔에서 사용되던 500시리즈 그래픽 타입의 EQ로 복각 모델은 API 560입니다.

▲ API 560

▲ API Console

API 560 역시 Neve 1073과 마찬가지로 아직도 많은 사랑을 받고 있는 제품입니다. 밴드가 고정되어 있는 그래픽 타입이기 때문에 손쉽게 사용할 수 있다는 장점이 있고, Detune을 조정하여 16Hz에서 32KHz 대역까지 각 밴드의 주파수 값을 조정할 수 있습니다.

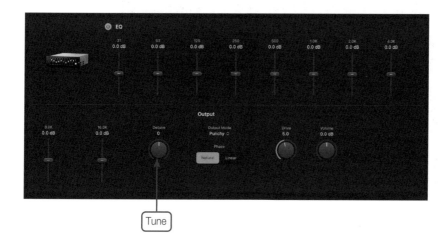

Tune

● Vintage Tube EQ

파란색으로 유명한 Pultec EQP-1A와 MEQ-5를 복각하고 있는 제품입니다. 50년대부터 지금까지 Pultec이 없으면 녹음실 취급도 받지 못할 만큼 필수적인 장치로 인식되고 있으며, 저음과 고음역에 특화된 EQP-1A와 미들 음역에 적합한 MEQ-5가 콤비로 사용됩니다.

▲ Pultec EQP-1A

▲ Pultec MEQ-5

로직의 Vintage Tube EQ는 2단으로 구성되어 있으며, 상단이 EQP-1A, 하단이 MEQ-5를 모방합니다. 상단의 EQP-1A는 쉘빙 타입의 Low와 High Atten, 그리고 피크 타입의 High로 구성되어 있으며, 하단의 MEQ-5는 3밴드 모두 피크 타입입니다.

● EQP-1A

In : 장치를 On/Off 합니다.

Low Boost : Low Freq에서 설정한 저음역 이하를 증가시킵니다.

Low Atten : Low Freq에서 설정한 저음역 이하를 감소시킵니다.

Low Freq : 저음역 쉘빙 주파수 대역을 20Hz에서 100Hz 범위로 설정합니다.

High Boost : High Freq에서 설정한 주파수를 중심으로 증가시키킵니다.

High Bandwidth : 고음역 대역폭을 조정합니다.

High Freq : 조정할 고음역의 중심 주파수를 1KHz에서 16Hz 범위로 설정합니다.

High Atten : High Atten Sel에서 설정한 고음역 이상을 감소시킵니다.

High Atten Sel : 고음역 쉘빙 주파수 대역을 5KHz에서 20KHz 범위로 설정합니다.

● MEQ-5

In : 장치를 On/Off 합니다.

Low Freq : 저음역 중심 주파수를 200Hz에서 1KHz 범위로 설정합니다.

Low Peak : 저음역을 증가시킵니다.

Dip Freq : 중음역 중심 주파수를 200Hz에서 5KHz 범위로설정합니다.

Dip : 중음역을 감소시킵니다.

High Freq : 고음역 중심 주파수를 1.5KHz에서 5KHz 범위로 설정합니다.

High Peak : 고음역을 증가시킵니다.

● OUTPUT

3가지 Vintage EQ OUTPUT에는 출력 게인 및 모델을 선택할 수 있는 파라미터를 제공합니다.

Drive : 입력 게인을 높여 아날로그 특유의 색감을
추가합니다.
Output Model : 출력 모델을 선택합니다.
Silky(Tube EQ), Punchy(Graphic EQ),
Smooth(Console EQ)이며, EQ와 일치하는 모델
을 사용하거나 다른 장치를 선택할 수 있습니다.
Phase : 위상 처리 모드를 선택합니다.
일반(Natural)과 리니어(Linear) 방식을 제공합니다.
Volume : 출력 볼륨을 설정합니다.

● Match EQ

Match EQ는 사용자가 만든 곡의 주파수 밸런스를 사용자가 좋아하는 곡과 동일하게 맞춰주는 기능을 갖추고 있어 초보자도 손쉽게 전문가급 마스터링 작업을 할 수 있게 해줍니다. 사용법은 간단합니다. 사용자가 좋아하는 곡을 Reference로 모니터하고, 사용자가 만든 곡은 Current로 재생합니다. 그리고 Match 버튼을 클릭하면 됩니다.

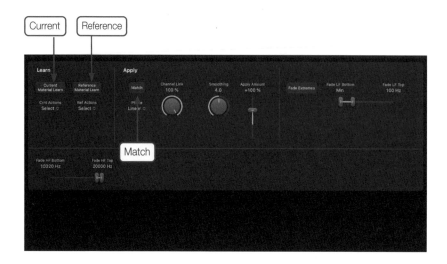

Fade Extremes : 100Hz 이하의 저음역과 10KHz 이상은 고음역을 제외시킵니다. 핸들을 드래그하여 범위를 조정할 수 있으며, 트레숄드보다 높거나 낮은 신호는 서서히 0으로 사라집니다.

Analyzer : 분석 주파수 전(Pre)/후(Post) 신호를 디스플레이에 표시합니다.

Smoothing : EQ 조정 라인을 조정합니다.

Channel : 채널을 선택합니다.

Hide Orders : 개별 채널을 선택한 경우 다른 채널을 가리거나 표시합니다.

Channel Link : 채널 설정을 세분화합니다. 100%는 모든 채널이 공통 커브로 표시되며, 0%는 각 채널이 별도로 표시됩니다. 0~100% 사이는 각 채널의 변경 사항이 혼합되어 표시됩니다.

Phase : 필터 커브의 작동 원리를 선택합니다.

Linear - 위상이 변경되는 것을 방지하지만 지연 시간이 길어집니다.

Minimal - 위상은 변경되지만 지연 시간이 줄어듭니다.

Minimal, Zero Latency - 지연 시간은 추가되지 않지만 CPU 사용량이 높습니다.

Apply : 필터 커브가 신호에 미치는 영향을 결정합니다. 100% 이상이면 확대되고, 100% 미만이면 감소합니다. 음수 값은 커브를 반전시키고, 100%는 필터 커브에 영향을 주지 않습니다.

● Single Band EQ

Low Cut, Low Shelf, Parametric, High Shelf, High Cut 모드 중에서 한 가지를 선택하여 사용할 수 있는 싱글 밴드 EQ입니다. 마스터링은 주로 쉘빙 타입 하나로 해결할 수 있는 경우가 많으며, 클럽 음악의 로우 및 하이 컷 필터 효과를 연출하는 등 실제로 활용도가 높은 장치입니다.

| 볼륨 밸런스

01 Multipressor는 주파수 대역을 4개로 나누어 개별적으로 컴프레싱을 진행할 수 있는 장치로 마스터링 작업에서 아주 많이 사용하는 장치입니다. 주파수는 Xover 항목을 드래그하여 설정할 수 있습니다. Band On/Off 버튼을 이용하여 주파수 대역을 1-3으로 줄일 수도 있습니다.

02 일반적으로 저음역은 킥과 베이스 중음역은 바디감 고음역은 존재감 초고음역은 공간감을 컨트롤 합니다. 즉, 음역을 나눌 때 ⑤ Solo 버튼을 클릭해 가면서 각 음역대에서 명확하게 연주되는 지점을 찾는 것이 요령입니다.

03 멀티 컴프레서를 이용할 때 어떤 대역을 컴프레싱할 것인지를 결정하는 것이 중요합니다. 예를 들어 좋게 말하면 너무 밝고, 나쁘게 말하면 시끄러운 음원이라고 가정합니다. 이때 정말 고음이 많은 것인지, 저음이 적은 것인지를 판단해야 합니다. 일단 고음역의 Ratio를 높게 설정합니다.

04 어택(Attack)과 릴리즈(Release) 타임을 빠르게 설정하고, 트레숄드(Threshold)를 설정합니다. 이때 사운드가 답답하다 싶으면 저음이 많은 것이고, 살짝 어둡다 싶으면 고음이 많은 것으로 판단해도 좋습니다.

05 어떤 영역을 컴프레싱 해야 할 것인지 판단이 서면 나머지는 Bypass 버튼을 탭하여 컴프레서가 적용되지 않게 하고, 조정하고자 하는 대역의 어택과 릴리즈 타임, 그리고 트레숄드를 같은 방법으로 설정합니다.

06 Ratio를 천천히 줄이면서 원하는 비율을 찾습니다. 그리고 찾은 값의 1/2로 설정합니다. 예를 들어 저음역을 3:1로 설정했을 때 만족한다면 1.5:1로 설정하는 것입니다. 최종 리미팅 작업을 했을 때 고음역이 압축된 만큼 증가되기 때문입니다.

07 로직의 멀티 컴프레서는 설정 레벨 이하를 압축하는 익스펜더 기능을 갖추고 있습니다. Exp Thrshold에서 설정한 레벨 이하를 Exp Ratio에서 설정한 만큼 줄여주는 것으로 낮은 레벨의 잡음을 제거하거나 다이내믹을 확장하는 용도입니다. Reduction에서는 얼만큼 줄일 것인지를 조정할 수 있습니다.

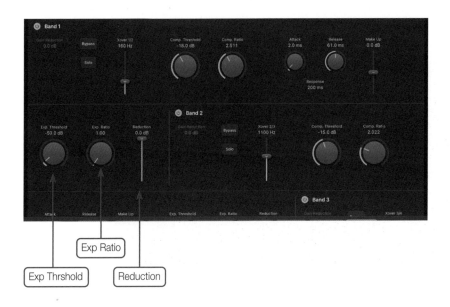

08 레벨을 자동으로 증가시켜 주는 Auto Gain은 Off로 하고, 신호 검출 범위를 결정하는 Lookahead는 Peak/RMS 값보다 높게 설정합니다. 어느 정도 자신이 생기면 나머지 대역도 하나씩 도전해보기 바랍니다.

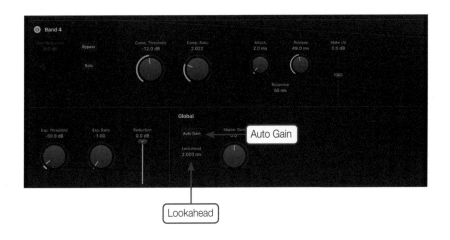

| 리미팅

01 로직 믹서의 레벨 미터는 가장 큰 레벨을 측정하는 피크 모드로 동작합니다. 하지만 인간의 귀는 디지털처럼 반응하지 않고 평균 레벨로 듣습니다. 이것을 묘사한 것이 RMS 레벨 미터입니다. Audio FX 슬롯의 Metering 폴더에서 Level Meter를 선택하여 열고, Mode 항목에서 RMS로 선택하면 인간이 듣는 것과 비슷한 레벨을 볼 수 있으며, 믹싱을 할 때는 이를 참조합니다.

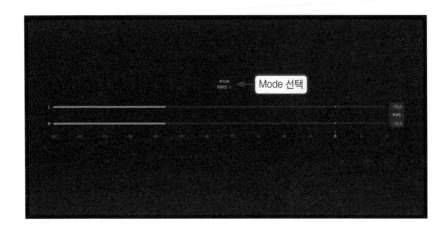

02 디지털은 0과 1을 반복하며, 사운드는 1에서만 기록이 됩니다. 즉, 파형이 점선으로 기록이 되는 것입니다. 이것을 아날로그로 출력할 때 각 점선을 곡선으로 연결하게 되는데, 이때 디지털 기록 지점 이상의 피크가 발생하게 됩니다. 이것을 Treu Peak라고 하며, Level Meter의 Mode 항목에서 True Peak를 선택하여 측정할 수 있습니다.

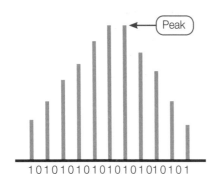

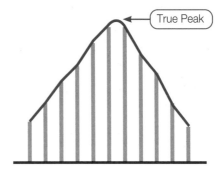

03 요즘의 음악 시장은 레벨 전쟁이라고 할 만큼 너도 나도 레벨을 키우는데 중점을 두고 있습니다. 이런 현상은 과거부터 있었습니다. 레벨이 크면 좀 더 좋게 들리기 때문에 어쩌면 당연한 흐름입니다. 특히, 한 번에 시선을 끌어야 하는 광고 음악에서 더욱 심했습니다. 그래서 과거에는 드라마를 보다가 광고가 나오면 깜짝 놀래며 볼륨을 줄여야 하는 일이 빈번했습니다. 결국 유럽 방송 연합회 EBU, 국제 전기 통신 연합회 ITU-R, 미국 방송 연합회 ATSC 등에서 방송 및 온라인 레벨 규약을 내놓았고, 각국의 방송국이나 플랫폼은 이를 따르게 되었습니다. 이때 사용하는 레벨이 라우드니스(Loudness)이며, 단위는 ATSC의 LUFS(LU) 또는 EBU의 LKFS로 표기합니다.

인간의 귀는 적응력이 있습니다. 그래서 천둥 소리가 한 두 번 울리면 깜짝 놀래지만, 계속 울리면 놀라지 않습니다. 이미 적응을 했기 때문입니다. 즉, 레벨이 일정하더라도 주파수 분포도 및 지속 시간에 따라 인간이 느끼는 레벨이 달라진다는 연구 결과에 의해 만들어진 것이 라우드니스이며, 각국의 방송 및 영화는 이 라우드니스 레벨 제한을 지키고 있습니다. 국내 방송은 미국 방송 연합회 ATSC에서 제안한 규약을 따르고 있으며, 방송은 -24LUFS, 영화는 -26LUFS입니다. 이것은 방송이나 영화뿐만 아니라 온라인에서도 따르고 있는데, 유튜브는 -14LUFS, 애플 뮤직은 -16LUFS, 넷플릭스는 -27LUFS 등, 플랫폼마다 다릅니다. 결국 마스터링의 최종 단계는 자신이 만든 음악이 업로드 될 플랫폼의 라우드니스 제한에 맞추는 것입니다.

플랫폼	라우드니스	허용 범위	트루 피크
Spotify	-11 LUFS	±1,0 LU	-2 dBTP
YouTube	-14 LUFS	±1,0 LU	-1 dBTP
Amazon Music	-14 LUFS	±1,0 LU	-2 dBTP
Tidal	-14 LUFS	±1,0 LU	-1 dBTP
Dezzer	-15 LUFS	±1,0 LU	-1 dBTP
Apple Music	-16 LUFS	±1,0 LU	-1 dBTP
Apple Podcasts	-16 LUFS	±1,0 LU	-1 dBTP
Apple Music Dolby Atmos	-18 LUFS	±1,0 LU	-1 dBTP
TV 및 라디오 방송	-24 LUFS	±2,0LU	-2 dBTP
Netflix	-27 LUFS	±2,0 LU	-2 dBTP
Disney	-27 LUFS	±2,0 LU	-2 dBTP

04 Audio FX 슬롯의 Metering 폴더에서 Loudness Meter를 선택하면 라우드니스를 측정할 수 있는 미터를 열 수 있습니다. 라우드니스는 전체 프로그램이 재생되었을 때 인간이 느끼는 레벨을 의미하는 것이므로, 레벨 미터의 Start 버튼을 클릭하고, 90분 길이의 영화라면 90분 동안 재생을 해야 측정이되며, 3-4분 길이의 음악이라면 3-4분을 재생해야 합니다. 만일 이 시간이 지루하다면 Command+B 키를 눌러 바운스하는 방법도 있습니다.

Loudness Meter는 400ms 단위로 측정되는 S(Shot Time)와 3초 단위로 측정되는 M(Momentary), 전체 측정 값을 나타내는 I(Intergrated), 그리고 다이내믹 범위를 나타내는 LUFS 값을 확인할수 있습니다, 즉, 플랫폼에 맞춰야 할 값은 I 입니다.

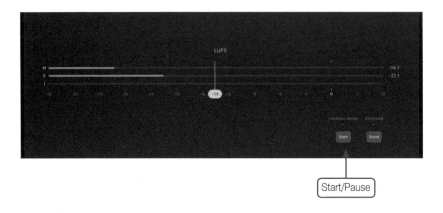

Start/Pause

05 마스터링 단계에서 한 가지 더 측정해야 하는 것이 있습니다. 바로 스테레오 위상입니다. Audio FX 슬롯의 Metering 폴더에서 Correlation Meter를 선택하여 열면 이를 측정할 수 있는 미터가 열립니다. 가운데 0을 기준으로 오른쪽(+1)에서 움직이면 위상 문제가 없는 것이고, 왼쪽(-1)에서 움직이면 위상이 반대로 겹쳐 소리가 감소되는 현상을 나타냅니다.

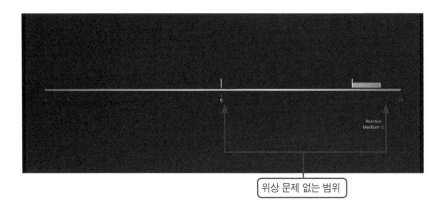

위상 문제 없는 범위

06 라우드니스를 제어하는 장치로 주로 사용하는 것은 리미터이며, 로직은 Adaptive Limiter와 Limiter를 제공합니다. 컴프레서와 비슷하지만, 설정 레벨 이상을 완전히 차단할 만큼 강력한 압축 기능을 제공한다는 차이가 있습니다. 어느 정도의 레벨 이상을 차단할 것인지를 결정하는 Out Ceiling 및 Output Level은 레벨 미터에서 측정된 트루 피크 이하로 설정하는 것이 안전합니다.

07 라우드니스 레벨은 Gain 노브를 이용하여 조정합니다. 라우드니스 레벨 미터의 I 값을 확인하면서 플랫폼 규약에 맞는 레벨을 설정합니다. 다만, 리미터를 사용하면 어쩔 수 없는 음의 왜곡이 발생하므로, 감소량을 나타내는 Reduction 레벨 미터에서 확인하면서 너무 많은 압축은 피하는 것이 좋습니다. 만일, 6dB 이상의 압축 발생한다면 컴프레싱을 점검할 필요가 있습니다.

08 Adaptive Limiter와 Limiter의 공통 파라미터는 Lookahead와 True Peak Detection이 있습니다. Lookahead는 신호 감지 범위를 설정하는 것으로 피크 제어가 목적인 경우에는 타임을 짧게 하고, 평균 레벨 증폭이 목적이라면 조금 길게 설정합니다. True Peak Detection은 트루 피크를 감지할 것인지의 여부를 결정합니다.

09 Limiter에는 반응 속도가 빠른 디지털 타입으로 아웃 레벨 이하에서 작동을 멈추는 타임을 설정하는 Release와 Mode 메뉴를 제공합니다. Mode는 부드럽게 압축하는 Legacy와 강하게 압축하는 Precision 중에서 선택할 수 있으며, Legacy를 선택하면 트레숄드에 도달할 때만 압축을 하는 Soft Knee 버튼을 사용할 수 있습니다.

┃고음역 및 스테레오 확장

01 Specialized 폴더의 Exciter는 고음역을 추가할 수 있는 특별한 장치입니다. EQ를 아무리 잘 다루어도 원래 신호에 고음역이 부족하다면 방법이 없습니다. 이때 원래 신호를 분석하여 한 옥타브 높은 사운드를 인위적으로 만들어주는 Exciter라는 특별한 장치를 이용하면 해결할 수 있습니다. 주파수 대역은 Frequenct 값으로 설정합니다.

02 Dry Signal은 원래 신호를 의미하며 Off하면 추가된 고음역 사운드를 모니터할 수 있습니다. Harmonics는 추가되는 고음역의 양을 설정하며, Color은 추가되는 고음역의 밀도를 선택합니다. Color 1보다 Color 2가 좀 더 밀도가 높은 고음역을 제공하지만, 인위적인 느낌이 날 수 있습니다.

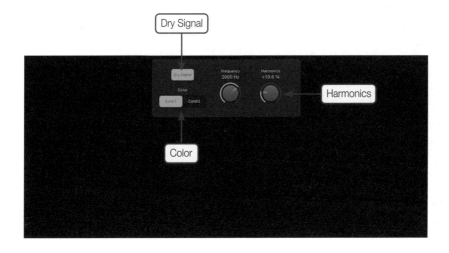

03 Exciter가 세로로 확장하는 거라면 Imaging 폴더의 Stereo Spread를 이용하여 가로로 확장할 수 있습니다. Stereo Spread는 주파수를 좌/우로 벌려 스테레오 폭을 확장하는 장치로 Upper/Lower Frequency에서 설정한 주파수 대역을 Lower/Upper Intensity에서 설정한 만큼 확장합니다. Order는 신호가 분할되는 주파수 밴드 수를 설정하며, 디스플레이는 위쪽이 왼쪽, 아래쪽이 오른쪽 채널은 표시합니다.

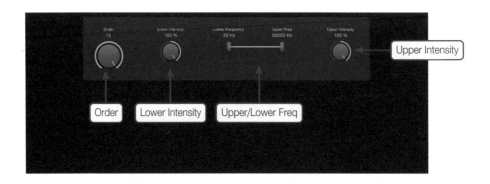

▎바운스

01 마스터링이 끝난 프로젝트는 오디오 CD 제작을 위한 WAV 파일로 만들 수 있습니다. 프로젝트의 빈 공간을 탭하여 메뉴를 열고, 전체 선택을 합니다. 그리고 리전을 탭하여 메뉴를 열고, 사이클의 선택 부분을 탭합니다.

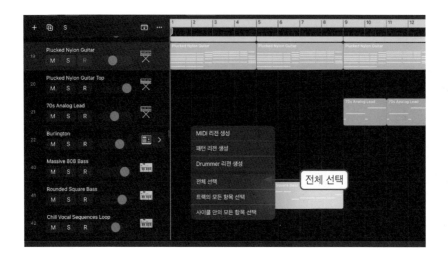

02 프로젝트 이름 오른쪽의 메뉴 버튼을 탭하여 열고, 내보내기를 선택합니다.

03 이름 및 길이, 그리고 파일 유형을 설정할 수 있는 창이 열립니다. 길이는 앞에서 선택한 사이클 범위이며, 수정 가능합니다.

04 전체 프로젝트 길이는 눈금자 끝에 삼각형으로 표시되어 있는 마커를 드래그하여 설정할 수 있습니다.

05 파일 유형은 비압축(Aiff 및 Wave) 또는 압축됨(M4A) 중에서 선택할 수 있으며, 각각 세부 사항 버튼을 탭하면 해상도와 샘플률을 설정할 수 있습니다.

06 프로세싱 세부사항은 오디오 잔향을 포함할 것인지, 노멀라이즈 및 마스터 이펙트 플러그인을 포함할 것인지, 그리고 작곡 및 편곡가 등의 노래 정보를 입력할 것인지의 여부를 설정할 수 있는 창이 열립니다. 여기서 노멀라이즈는 클리핑이 발생하지 않는 한도내에서 레벨을 증폭시키는 기능입니다.

07 필요한 대상과 옵션을 설정하고, 공유를 탭하면 파일을 저장하고 완료할 수 있습니다. 완성한 파일을 온라인에 직접 업로드하거나 유통 업체에 의뢰하여 본격적인 뮤지션 활동을 시작할 수 있습니다. 음원 유통 업체는 인터넷에서 검색할 수 있으며 등록 비용은 무료입니다. 몇 군데 전화 및 온라인 상담을 해보고 친절한 곳과 계약하면 됩니다.

iPad용 Logic Pro 당신의 손끝에
음악 스튜디오

Part 5

로직 리모트

아이패드로 맥용 로직 프로의 모든 기능을 무선으로 제어할 수 있는 로직 리모트는 앱스토어에서 무료로 제공되는 어플입니다. 수 백만원의 하드웨어 미디 컨트롤을 터치 기반의 아이패드로 대체할 수 있는 강력한 기능을 제공하기 때문에 맥용 로직 프로 사용자에게 아이패드는 거의 필수적인 디바이스입니다.

Lesson 01

로직 리모트 시작하기

| 리모트 연결하기

01 맥의 로직 프로를 원격으로 제어할 수 있는 Logic Remote는 App Store에서 무료로 다운로드 받아 설치할 수 있습니다. 로직 프로를 원격으로 제어하기 위한 하드웨어 컨트롤러가 수 백만 원이라는 점을 감안하면 믹싱 작업은 물론, 프로젝트 재생 및 탐색, 패치 및 플러그인 선택, 녹음 및 오토메이션, 소프트웨어 악기 연주, 사용자 레이아웃 생성 등의 모든 기능을 터치로 제어할 수 있는 아이패드 구입 비용이 결코 아깝지 않습니다.

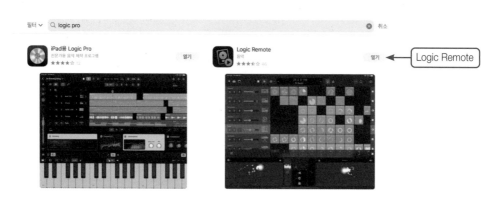

02 로직 리모트를 처음 실행하면 맥에 연결하라는 요청을 받습니다. 로직 프로가 실행되어 있는 사용자 맥을 선택합니다. Mac에서 실행한 응용 프로그램에 연결을 요청하는 경고가 나타나면 연결을 탭합니다.

03 로직 리모트를 실행하면 기본적으로 믹서 창이 열리며, 상단에는 재생, 탐색 및 녹음 기능을 제어할 수 있는 제어 막대와 채널의 레벨을 표시하는 레벨 스트립이 있습니다.

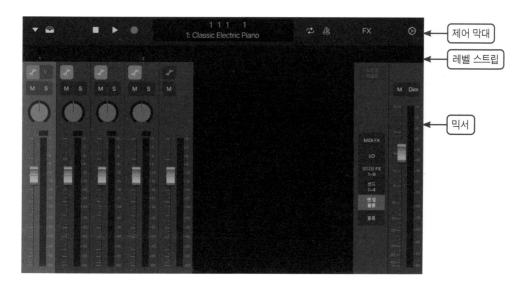

04 제어 막대 왼쪽의 보기 버튼을 탭하면 기본적으로 열리는 믹서 외에 Smart Control 및 키보드, 화음 스트립, Live Loops 등을 선택하여 열 수 있는 메뉴가 열립니다.

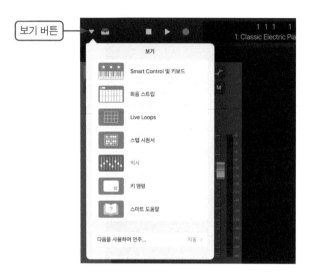

| 도움말 보기

01 제어 막대 오른쪽의 설정 버튼을 탭하여 메뉴를 열고, 코칭 팁을 활성화 하면 현재 보기에 관한 유용한 정보를 표시할 수 있습니다.

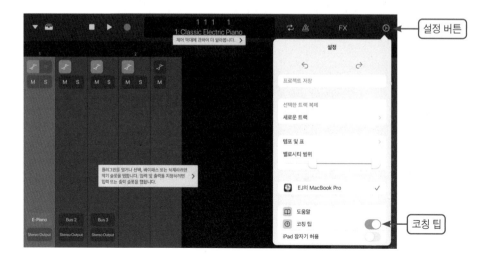

02 설정 메뉴에서 도움말을 선택하면 로직 리모트의 사용 설명서를 볼 수 있습니다.

03 보기 메뉴에서 스마트 도움말을 선택하면 로직 프로 사용 설명서를 볼 수 있습니다. 오른쪽의 잠금 버튼을 해제하면 맥용 로직 프로에서 마우스 포인터가 있는 위치의 기능을 빠르게 검색하여 표시합니다.

Lesson 02

제어 막대

| 제어 막대의 구성

제어 막대에는 왼쪽 끝에 보기 버튼과 오른쪽 끝의 설정 버튼 외에 라이브러리를 열거나 닫을 수 있는 버튼, 재생 및 녹음을 제어하는 트랜스포트, 채널 스트립을 탐색하는 디스플레이, 사이클 및 메트로놈 On/Off 버튼과 Remix FX를 열거나 닫는 기능 버튼으로 구성되어 있습니다.

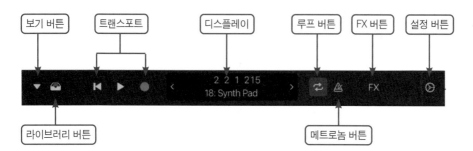

▼ 보기 버튼

기본적으로 열려있는 믹서 외에 Smart Contro 및 키보드, 화음 스트립 (드럼 키트), Live Loops, 스텝 시퀀서, 키 명령 등으로 전환할 수 있는 메뉴를 열 수 있습니다. 보기 버튼을 더블 탭 하면 이전 및 현재 보기를 빠르게 전환할 수 있습니다.

▲ Smart Control

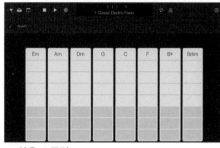

▲ 화음 스트립

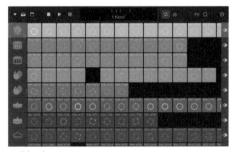

▲ Live Loop

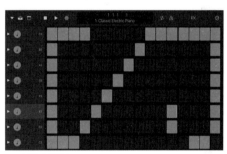

▲ 스텝 시퀀서

🗄 라이브러리 버튼

Patch 및 플러그인 설정을 선택할 수 있는 라이브러리 창을 엽니다. 스마트 도움말을 열면 라이브러리 버튼이 잠금 버튼으로 변경되며, 잠그면 로직 프로 사용 설명서를 볼 수 있고, 잠금을 해제하면 맥용 로직 프로에서 마우스 포인트가 있는 위치의 도움말을 볼 수 있습니다.

■ ▶ ● 트랜스포트

정지, 재생, 녹음 버튼으로 구성되어 있으며, 재생헤드가 프로젝트의 시작 부분에 있지 않을 때는
정지 버튼은 ◄ 처음으로 이동 버튼으로 표시됩니다.

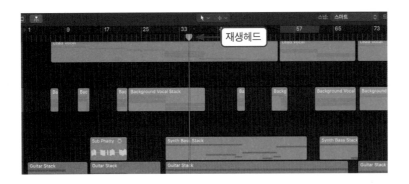

■ 정지 버튼 : 재생 및 녹음을 중단합니다. 재생헤드가 프로젝트 시작 위치가 아닌 곳에 있을
경우에는 ◄ 처음으로 이동 버튼으로 표시되며, 재생헤드를 프로젝트의 시작 위치 또는 사이클
시작 위치로 이동시킬 수 있습니다. 재생헤드가 사이클 범위 왼쪽에 있을 때는 ▶| 사이클 시작
위치로 이동 버튼으로 표시됩니다.

▶ 재생 버튼 : 재생을 시작합니다. 버튼을 누르고 있으면 마지막 지정 위치부터 재생 모드로
변경할 수 있습니다.

● 녹음 버튼 : 녹음을 시작합니다.

디스플레이

상단에는 재생헤드의 위치, 하단에는 트랙 및 마커 정보를 표시합니다. 좌/우 방향 키를 탭하면 이
전 및 다음 트랙을 선택할 수 있으며, 버튼을 누르고 있으면 빠르게 순환됩니다.

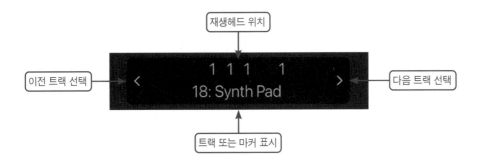

디스플레이를 탭하면 아래쪽에 눈금자와 재생헤드를 표시할 수 있으며, 눈금자를 좌/우로 드래그 하거나 탭하여 위치를 이동시킬 수 있습니다. 마커가 있는 경우에는 눈금자 아래쪽에 마커 정보 가 함께 표시되며, 탭하여 해당 위치로 이동할 수 있습니다.

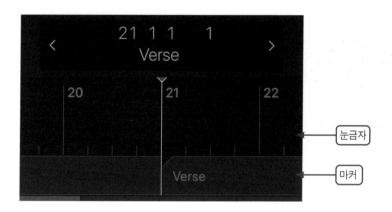

디스플레이를 누르고 있으면 프로젝트에 생성되어 있는 트랙 및 마커 목록이 열리며, 탭하여 바로 이동할 수 있습니다.

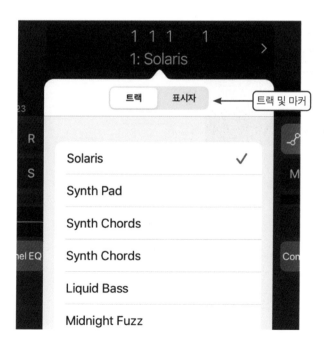

⮂ 사이클 버튼

프로젝트의 특정 구간을 반복시키는 사이클 기능 On/Off 버튼입니다. 사이클 구간은 눈금자에 노란색 스트립으로 표시되며, 탭하여 선택하고 좌/우로 드래그하여 이동시키거나 시작 및 끝 지점을 드래그하여 범위를 조정할 수 있습니다.

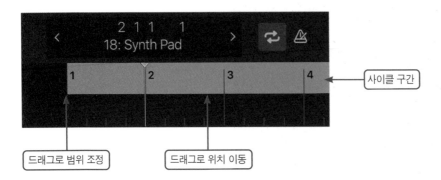

사이클 영역을 탭하여 건너뛰기를 선택하면 사이클 영역의 색상이 변경되며, 재생을 할 때 해당 구간을 건너 뜁니다. 다시 탭하여 사이클 기능으로 복구할 수 있습니다.

⚠ 메트로놈 버튼

메트로놈 소리를 On/Off 합니다.

FX FX 버튼

슬라이더 및 XY 패드를 사용하여 무대 위 DJ처럼 프로젝트를 스크래치 믹스하거나, 오디오를 반
대로 재생하거나, 템포를 늦추며 중단하거나, 다운샘플링하거나, 다양한 이펙트를 실시간으로 적용
할 수 있는 Remix FX를 열거나 닫습니다.

⚙ 설정 버튼

작업을 취소하거나, 다시 실행하거나, 새로운 트랙을 만들거나, 선택된 트랙을 복사하거나, 템포 및
박자를 설정하거나 벨로시티 범위를 조정하는 등의 기능을 실행할 수 있는 메뉴를 엽니다.

Undo : 이전 작업을 취소합니다.

Redo : 취소한 것을 다시 실행합니다.

프로젝트 저장 : 프로젝트를 저장합니다.

선택한 트랙 복제 : 선택된 트랙을 복사합니다.

새로운 트랙 : 새로운 트랙을 만듭니다.

키 명령 편집 : 키 명령 보기에서 사용할 수 있는 메뉴이
며, 설정된 키 명령을 변경하거나 새로운 키 명령을 추가하
는 등의 편집 작업을 진행할 수 있습니다.

템포 및 박자 : 템포와 박자 및 키를 설정합니다.

벨로시티 범위 : 벨로시티 범위를 설정합니다.

이름 : 연결되어 있는 사용자 맥 이름이 표시되며, 탭하여
연결 설정을 변경할 수 있습니다.

도움말 : 도움말을 엽니다.

코칭 탭 : 현재 보기의 유용한 정보를 표시합니다.

iPad 잠자기 허용 : 로직 리모트를 사용할 때 아이패드의
잠자기 기능이 차단되는데, 이를 허용합니다.

| 녹음 하기

01 선택한 트랙 또는 새로운 트랙에 미디 및 오디오 이벤트를 녹음하기 위해서는 트랙을 선택하거나 트랙에 R로 표시되어 있는 레코딩 암 버튼이 On으로 되어 있어야 합니다. 설정 버튼을 탭하여 메뉴를 열고, 새로운 트랙을 선택하여 새로운 오디오 트랙을 선택합니다.

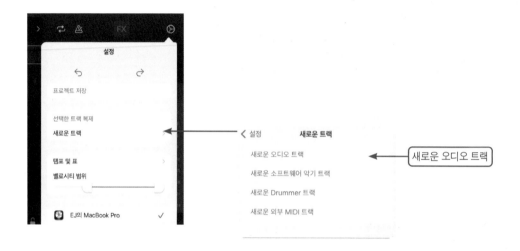

02 트랜스포트의 녹음 버튼을 탭합니다. 선택된 트랙의 레코딩 암 버튼은 녹음을 할 때 자동으로 On 됩니다. 선택한 트랙이 아니라면 수동으로 레코딩 암 버튼을 탭하여 활성화 시켜야 합니다. 녹음 버튼을 누르고 있으면 이전 위치에서 녹음을 다시 시작할 수 있는 녹음 / 녹음 반복 모드를 선택할 수 있습니다.

03 레코딩 암 버튼이 On으로 되어 있는 트랙에 마이크로 입력되는 소리가 녹음되는 것을 확인할 수 있습니다. 녹음이 완료되면 트랜스포트의 정지 버튼을 탭하여 정지하고, 트랙의 레코딩 암 버튼도 탭하여 Off 합니다.

04 믹서의 센드 1-4 버튼을 탭하면 트랙의 센드 레벨을 조정할 수 있는 노브가 보이며, 이를 드래그하여 Aux 트랙의 이펙트 양을 조정할 수 있습니다.

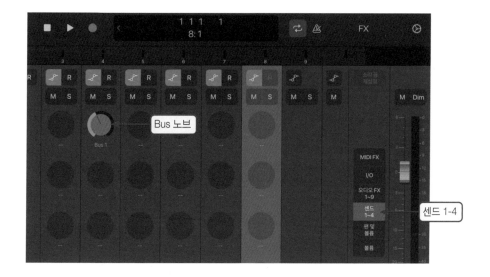

Lesson 03

•
•
•

믹서

| 믹서의 구성

01 로직 리모트를 사용하는 가장 큰 이유가 믹서 컨트롤입니다. 그래서 로직 리모트를 실행하면 가장 먼저 열립니다. 다른 창을 열어 놓은 상태라면 보기 버튼을 탭하여 전환할 수 있습니다.

02 믹서는 MIDI FX, I/O, 오디오 FX, 센드, 팬 및 볼륨, 볼륨 파라미터를 구분해서 표시할 수 있는 버튼을 제공합니다. 기본적으로 팬 및 볼륨 보기가 선택되어 있습니다.

팬 및 볼륨 보기 버튼

03 트랙은 좌/우로 쓸어 넘겨 이동할 수 있지만, 볼륨이 변경되는 실수를 방지하기 위해서는 네임 항목을 이용하는 것이 좋습니다. 트랙을 선택할 때도 네임 항목을 탭합니다.

네임

04 트랙의 선택과 이동은 제어 막대 디스플레이에서 좌/우 화살표 버튼을 탭하거나 레벨 스트립을 좌/우로 드래그하는 방법을 이용할 수도 있습니다.

05 보기 상태와 상관 없이 채널 상단에는 오토메이션, 레코드 암, 뮤트, 솔로 버튼이 제공되고 있으며, 뮤트와 솔로 버튼은 버튼을 누른 상태에서 좌/우로 드래그하여 여러 채널을 동시에 뮤트하거나 솔로로 설정할 수 있습니다.

06 여러 채널을 동시에 뮤트하거나 솔로로 활성화 한 경우에는 오른쪽의 소리 끔 재설정 및 솔로 지우기 버튼을 탭하여 해제할 수 있습니다. 솔로 지우기 버튼은 솔로 재호출 버튼으로 변경되어, 이전에 선택했던 솔로 트랙을 다시 활성화 할 수 있습니다.

07 마스터 채널에는 뮤트 외에 소리를 -20dB 감소시키는 Dim 버튼도 있습니다. 녹음 중 보컬 및 연주자와 대화를 할 때를 비롯해서 소리를 일시적으로 낮추는 일은 빈번합니다.

08 Dim 버튼을 눌렀을 때 낮아지는 레벨을 수정하고 싶은 경우에는 로직에서 Command+콤마 키를 눌러 프로젝트 설정 창을 열고, 오디오 항목의 일반 페이지에서 딤 레벨을 이용합니다.

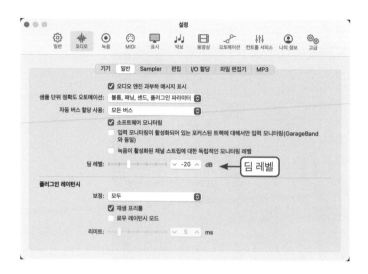

09 볼륨 슬라이더와 팬 노브는 해당 채널의 볼륨과 팬을 조정하며, 더블 탭하면 초기값으로 복구 가능합니다. 볼륨 보기는 팬을 가린 만큼 세로 폭이 넓기 때문에 보다 정밀한 볼륨 컨트롤이 가능하다는 장점은 있지만, 사용 빈도는 높지 않습니다.

10 샌드 1-4 보기를 선택하면 4개의 샌드 레벨을 컨트롤할 수 있는 노브를 볼 수 있으며, 노브를 탭하면 버스 채널을 선택할 수 있는 메뉴가 열립니다.

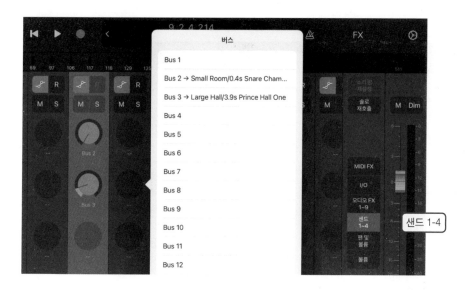

11 MIDI FX 보기는 소프트웨어 악기에 미디 이펙트를 장착할 수 있는 슬롯이 보이며, 슬롯을 탭하면 플러그인을 선택할 수 있는 메뉴가 열립니다.

12 샌드 1-4 보기를 선택하면 4개의 샌드 레벨을 컨트롤할 수 있는 노브를 볼 수 있으며, 노브를 탭하면 버스 채널을 선택할 수 있는 메뉴가 열립니다. 트랙에 4개 이상의 센드가 있는 경우에는 샌드 5-8 파라미터 보기 버튼도 표시됩니다.

13 I/O 보기는 오디오 입/출력 및 소프트웨어 악기를 컨트롤할 수 있는 창을 엽니다. 입/출력은 맥에 연결되어 있는 오디오 인터페이스의 입/출력 포트 수에 따라 달라집니다.

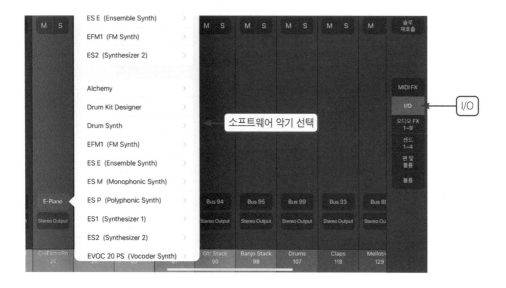

| 오디오 FX

01 오디오 FX 1-9 및 FX 10-15 보기에서 채널에 로드되어 있는 오디오 이펙트를 컨트롤할 수 있습니다. 비어 있는 슬롯을 탭하면 오디오 이펙트를 로드할 수 있는 플러그인 선택 창이 열립니다. Compressor와 Channel EQ는 해당 슬롯을 더블 탭하여 로드할 수 있습니다.

02 로드된 플러그인 이름을 더블 탭하면 세부 컨트롤이 가능한 패널 창이 열립니다. Channel EQ를 제외한 플러그인들이 그래픽적인 요소를 갖추고 있지 않다는 아쉬움이 있지만, 크게 불편한 사항은 아닙니다. 믹서 보기로 돌아갈때는 뒤로 버튼을 탭합니다.

03 인스펙터 버튼을 탭하거나 화면 왼쪽 끝 부분을 오른쪽으로 쓸어 넘기면 해당 채널에 로드된 이펙트를 한 번에 컨트롤할 수 있는 인스펙터 창이 열립니다.

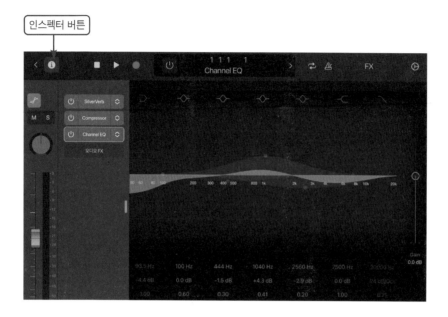

04 슬롯의 플러그인은 드래그로 이동할 수 있고, 탭하면 복사할 수 있는 메뉴를 제공합니다. 메뉴에서 복사하기를 선택하고, 빈 슬롯에서 붙이기를 선택하면 됩니다.

| 오토메이션

01 로직 리모트를 이용하면 오토메이션을 터치로 컨트롤할 수 있기 때문에 작업의 효율성을 높일 수 있습니다. 오토메이션 버튼을 탭하면 모드를 선택할 수 있는 메뉴가 열립니다.

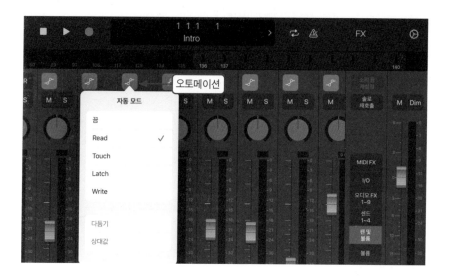

02 Touch, Latch, Write 등 필요한 모드를 선택하고, 볼륨 및 팬을 비롯한 오디오 FX 등의 파라미터를 움직이면 실시간으로 기록되는 오토메이션을 확인할 수 있습니다.

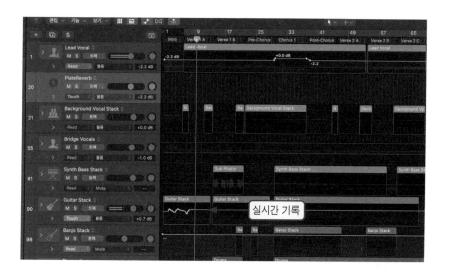

Lesson 04

· · ·

터치 악기

| 키보드 및 화음 스트립

01 Logic Remote에서 Logic Pro 프로젝트에 있는 소프트웨어 악기를 터치로 연주할 수 있습니다. 터치 악기의 종류는 키보드, 드럼, 기타, 베이스 및 스트링이 있으며, 채널의 패치 유형에 따라 자동 선택됩니다. 이는 보기 메뉴의 다음을 사용하여 연주가 자동으로 선택되어 있기 때문이며, 필요하다면 사용자가 원하는 것으로 변경할 수 있습니다.

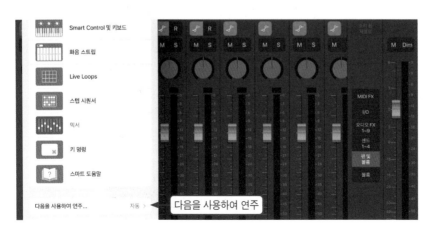

02 타악기 및 현악기를 제외한 패치가 로드되어 있는 트랙에서 열리는 키보드는 상단에 스마트 컨트롤과 하단에 건반으로 구성됩니다. 패치는 라이브러리 버튼을 탭하여 선택할 수 있습니다.

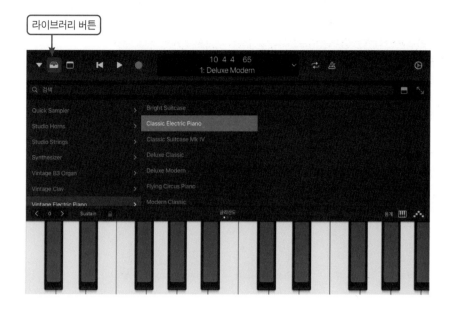

03 기본적으로 표시되는 건반의 크기는 3옥타브입니다. 이것이 연주하기에 불편한 사이즈라면 키보드 버튼을 탭하여 열고, 크기를 변경합니다.

04 건반을 크게 선택한 경우에는 2옥타브도 채 되지 않기 때문에 범위를 이동해야 하는 경우가 많습니다. 옥타브 버튼을 탭하면 화면에 표시되는 범위를 옥타브 단위로 이동할 수 있습니다. 가운데를 탭하면 0으로 재설정 됩니다.

05 Sustain은 버튼을 누르고 있는 것이 피아노 서스테인 페달을 밟고 있는 동작입니다. Sustain 버튼을 오른쪽으로 밀면, 버튼을 누르고 있지 않아도 서스테인이 계속 걸리게 할 수 있습니다.

06 모드는 글리산도, 스크롤, 피치의 3가지를 제공합니다.

글리산도는 건반을 누른 상태로 이동할 때 중간에 터치 되는 건반들이 모두 연주되게 합니다.

스크롤은 건반을 누른 상태로 이동할 때 화면에 표시되는 건반의 위치가 이동되게 합니다.

피치는 건반을 누른 상태로 이동할 때 피치가 변하게 합니다.

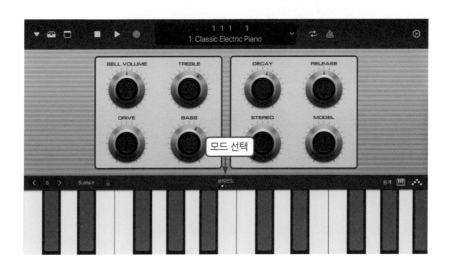

07 음계 버튼은 건반을 선택한 스케일에 맞추어 배열합니다. 실제로 스케일을 자유롭게 구사하기 위해서는 오랜 시간의 연습이 필요한데, 이를 단숨에 해결할 수 있는 기능입니다.

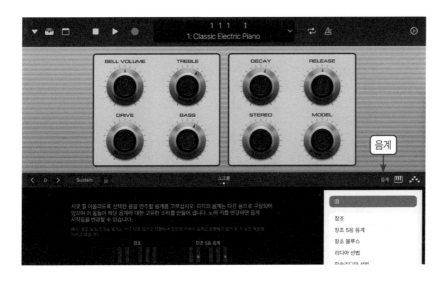

08 아르페지오 버튼은 연주하는 코드를 아르페지오로 만들어줍니다. 이는 실제로 MIDI FX 슬롯에 Arpeggiator가 로드되는 것이므로, 사용자가 원하는 아르페지오 패턴을 자유롭게 설정할 수 있습니다.

09 키보드에서 코드 연주가 불편하다면 보기 버튼을 탭하여 목록을 열고, 화음 스트립을 선택하여 전환합니다.

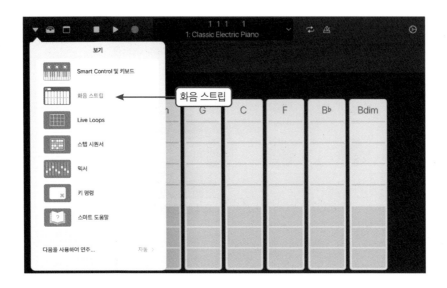

10 기본적으로 선택한 스케일의 다이아토닉 코드가 배열되며, 손가락 하나의 터치로 화려한 아르페지오 연주를 할 수 있습니다. 필요하다면 사용자가 원하는 코드 배열로 변경이 가능합니다. 설정 버튼을 탭하여 화음 편집을 선택합니다.

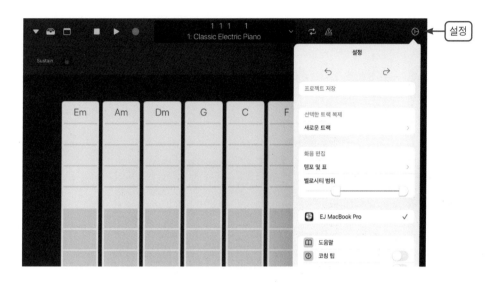

11 상단에 선택한 키의 코드가 표시되며, 사용자가 원하는 코드로 손쉽게 변경할 수 있습니다.

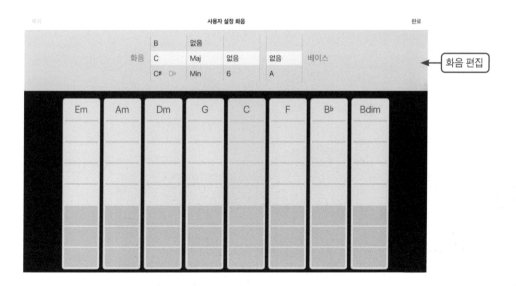

| 프렛보드

01 기타, 베이스, 바이올린 등의 현악기 계열의 패치가 로드되어 있는 트랙에서는 프렛보드로 열리며, 실제 악기에서 구현할 수 있는 슬라이드, 초킹 등의 연주를 할 수 있습니다.

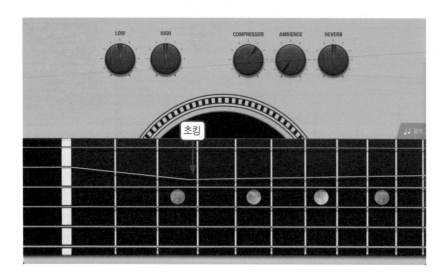

02 현악기 연주를 이해하지 못하는 사용자라면 음계 버튼을 탭하여 스케일을 변경하면 프렛 단위로 스케일을 연주할 수 있어 편리합니다.

03 프렛보드에서도 화음 스트립을 사용할 수 있습니다. 기타의 코드 스트로크 및 아르페지오 연주를 연출할 수 있어 실제 악기를 다루는 듯한 효과를 얻을 수 있습니다.

04 프렛보드에서 화음 스트립을 사용하는 경우에는 왼쪽의 빈 공간을 누른 상태로 뮤트 연주가 가능합니다.

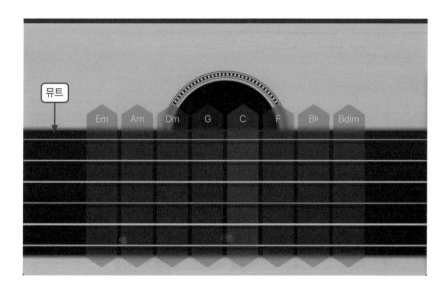

05 베이스와 바이올린은 실제 악기와 같이 4현으로 표시되며, 바이올린과 같은 경우에는 아티큘레이션을 더블 탭하면 현을 위/아래로 드래그하여 보잉 주법을 연출할 수 있습니다.

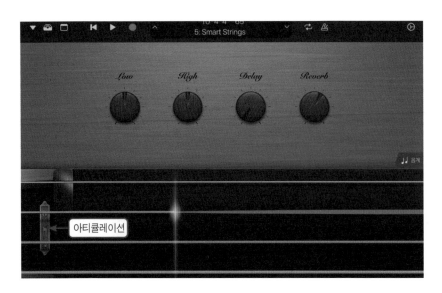

06 화음 스트립에서는 바이올린, 비올라, 첼로, 콘트라 베이스 각각을 탭하여 솔로로 연주하거나 합주 구성이 가능합니다.

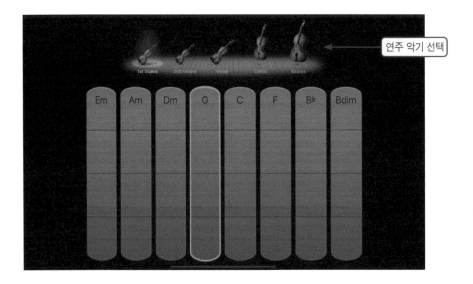

| 드럼 패드

01 드럼이나 퍼커션과 같은 타악기 계열의 패치를 선택한 트랙에서 드럼 패드로 표시되며, 패드를 두들기며 신나는 드럼 연주를 즐길 수 있습니다.

02 패드를 두 손가락으로 누르고 있으면 반복 연주되며, 위쪽으로 드래그하면 벨로시티가 커지고, 아래쪽으로 내리면 벨로시티가 작아집니다. 이를 한 손가락으로 처리하려면 보기 버튼을 탭하여 드럼 패드를 선택합니다.

03 드럼 패드에서는 두 가지 기능 버튼을 제공합니다. 첫 번째가 반복 버튼입니다. 이를 탭하여 켜면 패드를 누르고 있을 때 반복되는 비트 수를 선택할 수 있습니다.

04 로직 프로젝트에도 반복 비트 수와 벨로시티 및 게이트를 설정할 수 있는 창이 열립니다.

- **비율** : 패드를 누르고 있을 때 반복되는 비트 수를 선택합니다.
- **벨로시티** : 반복되는 비트의 벨로시티 값을 설정할 수 있습니다.
- **게이트** : 반복되는 노트의 길이를 설정합니다.

05 재생 또는 녹음 모드에서 특정 노트를 지울 수 있습니다. 부분 지우기 버튼을 탭하여 켜고 지우고자 하는 노트의 패드를 누르고 있으면 됩니다.

부분 지우기

06 어쿠스틱 드럼 세트의 경우에는 드럼 키트를 선택하여 열 수 있습니다. 드럼 키트에서는 연주 위치에 따라 크로스 및 오픈 하이햇이나 스네어의 Rim 주법 등을 연출할 수 있습니다. 크래시는 킥과 함께 연주되면 크래시만 연주하고자 할 때는 두 손가락으로 탭합니다.

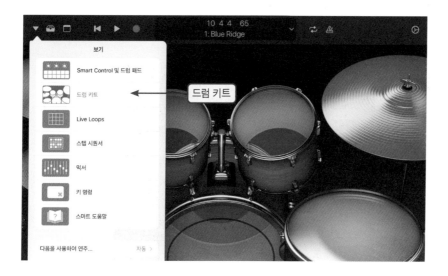

드럼 키트

Lesson 05

비트 디바이스

| Live Loops

01 Live Loops는 이름 그대로 셀이라 불리는 격자에 가져다 놓은 루프 샘플을 실시간으로 연주할 수 있는 장치입니다. 비트 및 프로젝트 템포와 싱크를 맞추면서 자유롭게 셀을 시작하고 중단할 수 있으며, 광범위한 파라미터 세트로 재생, 녹음 및 루핑 전반을 완전히 제어하여 즉흥적으로 음악을 편곡하고 새롭게 만들 수 있습니다.

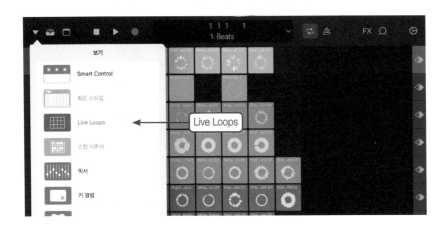

02 로직 리모트를 이용하면 하드웨어 머신을 이용하는 것과 동일하게 셀과 씬을 터치로 연주할 수 있습니다. 모든 셀과 씬의 연주 정지는 오른쪽 하단의 정지 버튼을 탭합니다.

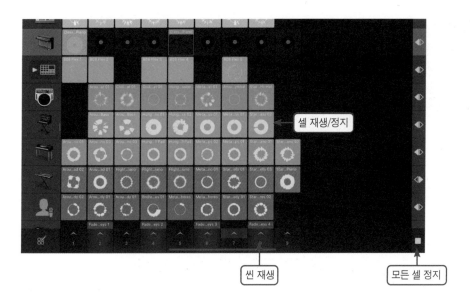

셀 재생/정지

씬 재생

모든 셀 정지

03 재생 및 녹음을 위한 대기열은 왼쪽 하단 모서리의 편집 버튼을 탭하고, 셀을 탭하면 열리는 메뉴에서 재생 대기열에 추가를 선택합니다. 메뉴는 재생 대기열에서 제거로 변경됩니다.

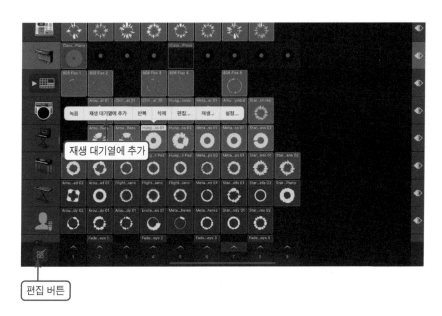

재생 대기열에 추가

편집 버튼

04 편집 메뉴를 선택하면 셀을 이동하거나 복사할 수 있는 메뉴가 열립니다. 비어 있는 셀을 누르고 있으면 모든 셀을 선택할 수 있는 전체 선택 메뉴를 볼 수 있습니다.

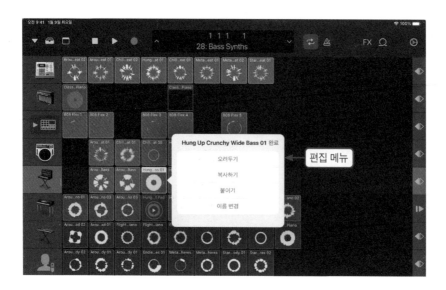

05 두 개 이상의 셀을 이동하거나 복사할 때는 셀을 길게 터치한 다음에 다른 셀을 선택하여 추가합니다. 선택된 셀은 드래그로 이동 가능합니다.

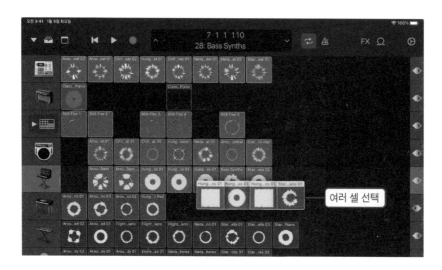

06 편집 메뉴에서 재생을 선택하면 퀀타이즈 시작, Q 루프 시작 등, 재생에 관련된 사항을 편집할 수 있는 메뉴가 열립니다.

- **퀀타이즈 시작** : 퀀타이즈 시작 값을 설정합니다.
- **Q 루프 시작** : 퀀타이즈 루프 시작을 끔, 켬 또는 켬, 시작 부분 유지로 설정합니다.
- **리버스** : 셀 재생을 역방향으로 변경합니다.
- **셀 재생 속도** : 셀의 재생 속도를 조정합니다.
- **소리 끔** : 셀 소리를 끕니다.
- **루프** : 셀 루핑 속성을 끄거나 켭니다.
- **증폭** : 셀의 레벨을 조정합니다.
- **트랜스포즈** : 셀의 음정을 옥타브, 반음 또는 세미톤(미세조정) 단위로 조정합니다.
- **템포 따르기** : 프로젝트 템포 값을 따르게 합니다.

07 편집 메뉴에서 설정을 선택하면 재생 모드, 다음부터 연주 등, 재생에 관련된 사항을 편집할 수 있는 메뉴가 열립니다.

● **재생 모드** : 셀을 탭했을 때 재생/중단, 모멘터리, 리트리거 중에서 설정할 수 있습니다. 모멘터리는 누르고 있는 동안 재생되는 모드이며, 리트리거는 셀이 처음부터 다시 재생되는 모드입니다.

● **다음부터 연주** : 연주 위치를 설정합니다. 시작, 중단 위치, 연주 중인 셀 위치, 재생헤드 위치 중에서 선택할 수 있습니다.

● **시작** : 시작 위치를 마디 및 비트 값으로 설정합니다.

● **루프 시작** : 루프 시작을 마디 및 비트 값으로 설정합니다.

● **루프 길이** : 루프 길이를 마디 및 비트 값으로 설정합니다.

● **셀 길이** : 셀 길이를 마디 및 비트 값으로 설정합니다.

● **녹음 모드** : 대치 및 테이크 중에서 녹음 모드를 설정합니다.

● **녹음 길이** : 셀 길이, 마디, 비트 중에서 녹음 길이를 설정합니다.

● **녹음 종료 시** : 재생 모드로 변경 또는 계속 녹음하기 중에서 설정합니다.

08 편집 모드에서 씬 버튼을 탭하면 재생 대기열에 추가, 복제 및 붙이기, 비어있는 모드 삽입, 이름 변경, 삭제, 설정을 선택할 수 있는 메뉴가 열립니다.

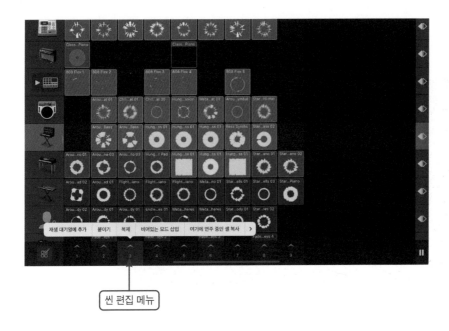

씬 편집 메뉴

● **재생 대기열에 추가** : 씬을 재생 대기열에 추가합니다.
● **붙이기** : 복사한 씬을 붙입니다.
● **복제** : 씬을 복제하여 오른쪽에 붙입니다.
● **비어있는 모드 삽입** : 빈 씬을 추가합니다.
● **여기에 연주 중인 셀 복사** : 연주되고 있는 셀을 하나의 씬으로 복사합니다.
● **이름 변경** : 씬의 이름을 입력합니다.
● **삭제** : 씬을 삭제합니다.
● **설정** : 퀀타이즈 시작, 재생 모드, 전체 모드 트리거 설정으로 셀 설정과 동일한 역할의 씬 설정 창을 엽니다.

09 편집 모드에서 메뉴 막대 보기 버튼을 탭하면 트랙의 리전 및 이벤트를 편집할 수 있는 키 명령 버튼을 볼 수 있습니다. 버튼은 총 5개의 페이지로 구성되어 있으며, 왼쪽 및 오른쪽으로 쓸 어서 이동합니다. 각 버튼의 역할은 키 명령에서 정리합니다.

10 편집 모드가 꺼져 있는 상태에서 메뉴 막대 보기 버튼을 탭하면 퀀타이즈 시작 값을 설정할 수 있는 버튼과 레코딩을 진행할 수 있는 퍼포먼스 녹음 활성화 버튼을 볼 수 있습니다. 퍼포먼스 녹음 활성화 버튼을 On으로 하고, 사이클 버튼이 꺼져 있는지 확인합니다. 그리고 트랜스포트의 녹음 버튼을 탭하면 셀 및 씬 연주를 트랙에 녹음할 수 있습니다.

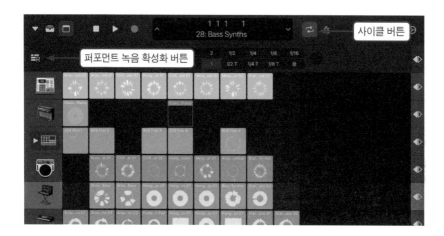

┃ Remix FX

01 Remix FX는 컨트롤 막대의 FX 버튼을 탭하여 열 수 있으며, 턴테이블을 사용하는 DJ처럼 프로젝트를 스크래치 믹스하거나 오디오를 반대로 재생하거나 노래를 중단 또는 다운샘플링하는 등의 퍼포먼스를 실시간으로 연출할 수 있는 멀티 이펙트입니다.

02 좌/우의 X/Y 패드는 상단의 이름 항목을 탭하여 적용하고자 하는 이펙트를 변경할 수 있습니다. 기본적으로 왼쪽에는 Filter, 오른쪽에는 Wobble이 선택되어 있으며, 각각 Orbit, Repeater, Reverb, Delay로 변경할 수 있습니다.

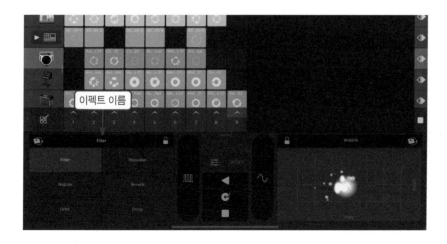

03 설정 버튼을 탭하면 선택한 이펙트의 세부 설정을 컨트롤할 수 있는 추가 파라미터를 볼 수 있습니다. 당연히 선택한 이펙트에 따라 파라미터의 종류는 달라집니다.

설정 버튼

04 Filter는 세로로 스크롤하여 컷오프 주파수(Cutoff)를 조정하고, 가로로 스크롤하여 공명 값 (Resonance)을 조정합니다. 모드는 24dB LowPass 및 24dB HighPass 필터를 사용하는 웜사운드 의 Phat과 12dB/Oct의 슬로프를 지닌 깨끗한 사운드의 Classic 중에서 선택할 수 있습니다.

Filter Mode

05 Wobble은 빈티지 스타일 필터 이펙트를 통해 오디오 신호를 변조하는 것으로 세로는 변조 속도(Rate), 가로는 깊이(Depth)를 조정합니다. 타임은 스트레이트 비트, 점음표, 셋잇단음 중에서 선택할 수 있습니다.

Wobble Time

06 Orbit는 플랜저(Flanger)와 페이저(Phase) 둘의 혼합(Mixed)을 통해 오디오 신호를 변조합니다. 세로는 변조 속도(Rate), 가로는 깊이를 조정하며, 이펙트는 Mode에서 선택합니다.

07 Repeater는 버벅거리는 효과를 만듭니다. 세로는 반복 속도(Rate), 가로는 믹스의 양(Mix)을 조정하며, 타임은 Wobble와 동일합니다.

08 Reverb는 잔향 효과를 만드는 것으로 세로는 리버브 타임(Time), 가로는 믹스의 양(Mix)을 조정합니다. Color는 저음역(Dark), 중음역(Med), 고음역(Bright)로 잔향이 만들어지는 주파수 대역을 선택합니다.

09 Delay는 오디오 신호에 에코음을 더합니다. 가로는 속도(Rate), 세로는 반복되는 양 (Feedback)을 조정하며, 타임은 Wobble 및 Repeater와 동일합니다.

10 잠금 버튼을 탭하면 패드의 마지막 움직임을 고정시켜 다른 효과와 함께 사용할 수 있으며, Reset 버튼을 탭하여 해제할 수 있습니다.

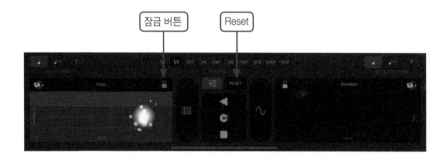

11 Gater는 신호를 차단하는 게이트 효과를 만듭니다. Wobble 및 Repeater와 동일하게 타임을 설정할 수 있는 추가 파라미터를 제공하며, Noise는 오디오 신호에 노이즈를 주입하여 오디오 신호가 없어도 게이트 소리를 들을 수 있도록 합니다.

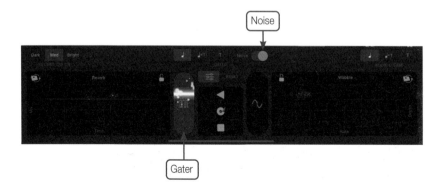

12 Downsampler는 오디오의 레졸루션을 변경하여 디스토션과 유사하게 더 얇거나 거칠거나 높게 만듭니다. Bitcrusher는 오디오 신호에 공감적인 울림 주파수를 도입하는 Extreme과 오디오를 거칠게 다운샘플링하는 Classic 모드 중에서 선택할 수 있습니다.

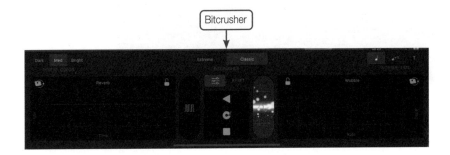

13 Reverse는 오디오를 거꾸로 재생합니다. Reverse Time은 왼쪽과 오른쪽 버튼을 다르게 설정할 수 있습니다.

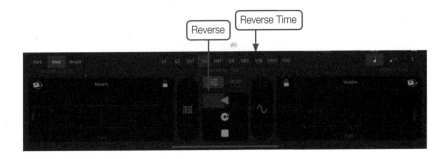

14 Scratch는 턴테이블 스크래치를 시뮬레이션 합니다. Scratch Time 역시 왼쪽과 오른쪽 버튼을 다르게 설정할 수 있습니다.

15 Tape Stop은 오디오의 속도 낮추며 정지합니다. 타임은 왼쪽과 오른쪽 버튼을 다르게 설정할 수 있습니다.

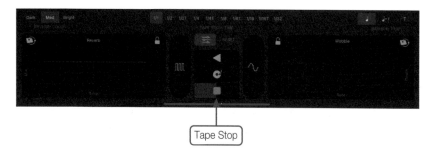

Tape Stop

16 RemixFX는 스테레오 아웃 또는 Aux 트랙에서 사용되는 것이 대부분입니다. 스테레오 아웃은 믹서에서 단축 메뉴의 출력 트랙보기를 선택하여 트랙창에 추가할 수 있으며, 로직 리모트의 믹서에서 오토메이션을 Touch로 선택하여 RemixFX의 움직임을 기록할 수 있습니다.

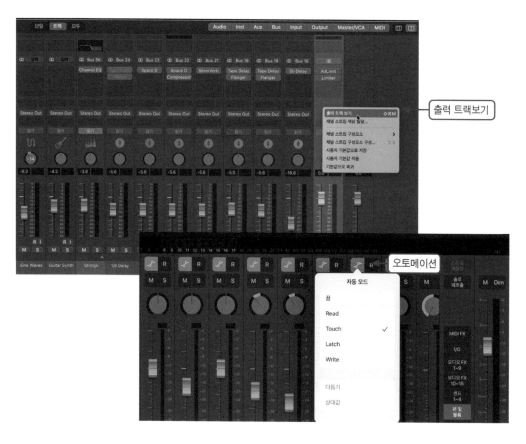

출력 트랙보기

오토메이션

| 스텝 시퀀서

01 스텝 시퀀서는 격자 모양의 스텝을 편집하여 드럼 및 베이스, 또는 멜로디 패턴을 생성할 수 있는 편집기입니다. 격자 모양의 스텝은 노트를 나타내며 벨로시티, 피치, 게이트 타임 등의 파라미터를 조절할 수 있습니다. 창은 보기 버튼의 스텝 시퀀서를 선택하여 열 수 있습니다.

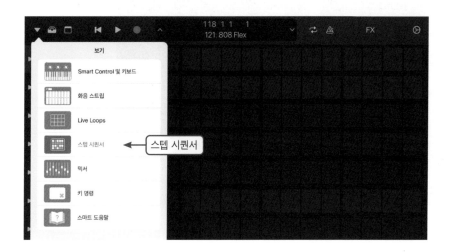

02 작업 창은 행 헤더와 스텝 격자로 구성되어 있으며, 행 헤더에는 노트의 이름이 표시되고, 스텝 격자는 탭하여 On/Off할 수 있습니다. 기본적으로 각 탭의 길이는 16비트에 해당하며, 미리 듣기 버튼을 탭하여 켜면 패턴 연주를 모니터하면서 작업할 수 있습니다.

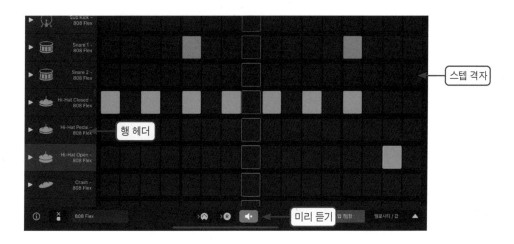

03 하위 행 열기 버튼을 탭하면 해당 노트의 벨로시티, 노트 반복, 노트 및 옥타브 등의 파라미터를 컨트롤할 수 있는 서브 행이 열리며, + 기호를 탭하여 추가할 수 있습니다.

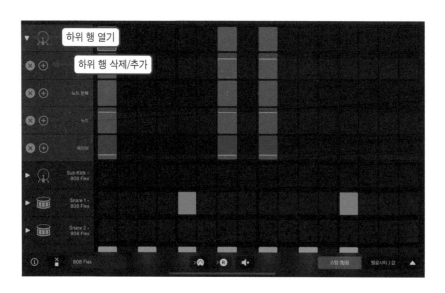

04 하위 행은 이름 항목을 탭하여 편집 모드를 변경할 수 있습니다. 여기서 붙임줄, 루프 시작/종료, Chance, 시작 오프셋, 스텝 빠르기, 건너뛰기는 노트 오토메이션에 모두 적용되며, 나머지는 노트 행에만 적용되는 모드입니다.

05 격자 스텝의 편집 파라미터는 오른쪽 하단의 편집 모드 버튼을 탭하여 선택할 수 있으며, 역할은 서브 메뉴와 동일합니다.

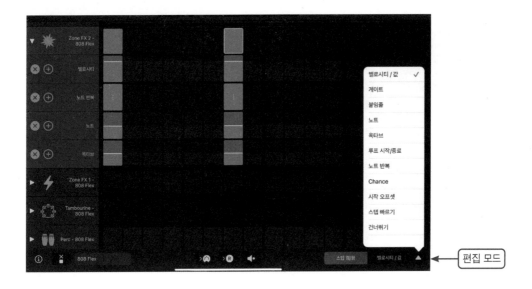

- **벨로시티/값** : 노트에서는 벨로시티 및 오토메이션의 파라미터 값을 설정합니다.
- **게이트** : 수직으로 드래그하여 노트의 길이를 백분율로 설정합니다.
- **붙임줄** : 스텝의 오른쪽 또는 왼쪽 가장자리를 탭하여 다음 또는 이전 스텝에 연결합니다.
- **노트** : 수직으로 드래그하여 노트의 피치를 반음 단위로 설정합니다.
- **옥타브** : 수직으로 노트의 피치를 옥타브 단위로 설정합니다.
- **루프 시작/종료** : 행 주위에 프레임이 표시되며, 드래그하여 해당 스텝의 길이를 설정합니다.
- **노트 반복** : 수직으로 드래그하여 노트 반복 값을 설정합니다.
- **Chance** : 수직으로 드래그하여 패턴이 반복될 때마다 스텝이 재생될 확률을 설정합니다.
- **시작 오프셋** : 수직으로 드래그하여 해당 스텝의 시작 타임을 퍼센트 단위로 설정합니다.
- **스텝 빠르기** : 수직으로 드래그하여 해당 스텝의 길이를 설정합니다. 이 값은 활성화 여부에 관계없이 재생 헤드가 스텝에서 이동하는 데 걸리는 시간을 결정합니다.
- **건너뛰기** : 스텝을 탭하여 건너뛰기를 켜거나 끕니다.

03 녹음 버튼을 탭하면 마스터 건반 또는 플레잉 서피스를 이용한 실시간 연주 및 파라미터의 움직임을 녹음할 수 있고, 스텝 버튼을 탭하면 노트를 하나씩 입력할 수 있습니다.

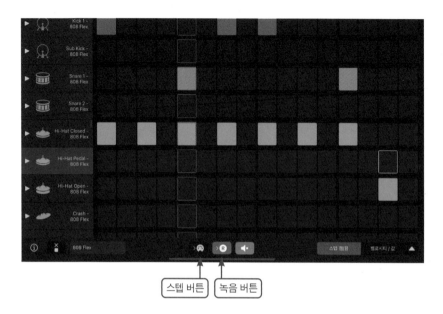

스텝 버튼   녹음 버튼

04 모노 포닉 버튼은 세로 라인에 하나의 스텝만 입력할 수 있게 합니다. 크로스 하이햇과 오 픈 하이햇과 같이 동시에 재생되지 않는 악기를 구성할 때 많이 사용하는 기능입니다.

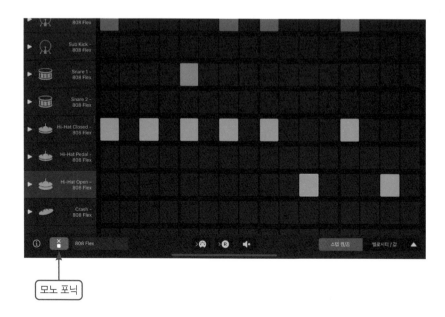

모노 포닉

05 설정 버튼을 탭하면 패턴의 길이, 스텝 빠르기 등을 설정할 수 있는 메뉴가 열립니다.

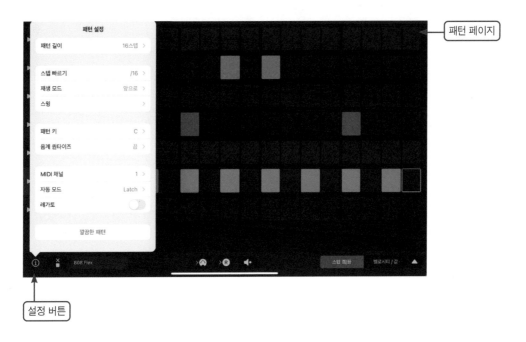

패턴 페이지

설정 버튼

● **패턴 길이** : 패턴 길이를 설정합니다. 16비트 빠르기로 최대 64스텝까지 설정할 수 있으며, 격자 패턴 상단에 해당 패턴으로 이동할 수 있는 페이지가 열립니다.

● **스텝 빠르기** : 스텝의 길이를 설정합니다.

● **재생 모드** : 패턴이 재생되는 방향을 설정합니다.

● **스윙** : 8분음표 또는 16분음표 단위로 업박을 퍼센트 단위로 밀어 스윙 리듬을 만듭니다.

● **패턴 키** : 패턴의 키를 선택합니다.

● **음계 퀀타이즈** : 패턴을 스케일로 정렬합니다.

● **MIDI 채널** : 패턴의 미디 채널을 설정합니다.

● **자동화 모드** : 오토메이션 모드를 설정합니다. Latch는 다른 값을 가진 스텝이 입력될 때까지 현재 값을 유지하며, 슬라이드는 곡선 타입으로 마지막 세트 값과 다음 값 사이에 삽입합니다.

● **레가토** : 활성화 하면 각 스텝이 악기의 레가토 동작이 트리거됩니다.

● **깔끔한 패턴** : 패턴을 삭제하고 새로 만들 수 있게 합니다.

Lesson 06

• • •

그 밖의 제어기

| 스마트 컨트롤

01 보기 막대의 Smart Control을 선택하면 해당 채널의 악기 및 이펙트를 제어할 수 있는 패널이 열립니다. 파라미터는 트랙 유형 및 장치에 따라 다르게 구성됩니다.

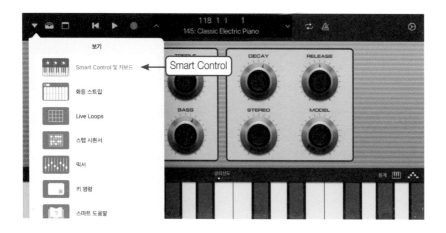

02 맥에서 파라미터를 사용자가 원하는 것으로 새롭게 매핑할 수 있습니다. 스마트 컨트롤러에서 노브를 선택하고, 설정 창에서 학습을 클릭합니다. 그리고 악기 및 이펙트에서 컨트롤하고자 하는 파라미터를 선택하면 됩니다.

03 보기 메뉴의 믹서를 선택하여 열고, 오토메이션 모드를 Touch로 설정한 다음에 스마트 컨트롤러의 파라미터를 움직이면 실시간 변화를 기록할 수 있습니다.

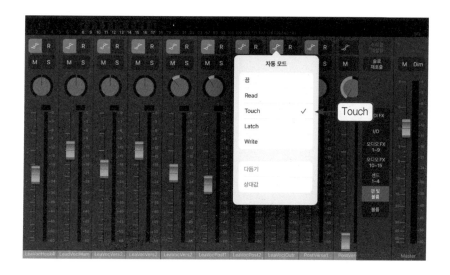

| 키 명령

01 키 명령은 맥의 단축키를 의미하며, 로직 대부분의 기능을 수행할 수 있습니다. 필요하다면 사용자가 자주 사용하는 키 명령을 추가하거나 익숙한 키로 변경할 수 있습니다.

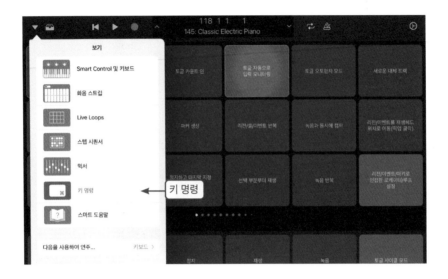

02 상단의 페이지는 좌/우 쓸어넘기기로 탐색할 수 있으며, 하단은 트랜스포트 명령 키로 고정되어 있습니다. 필요하다면 사용자가 원하는 키 명령으로 변경 가능합니다.

03 키 명령을 두 손가락으로 탭하면 명령을 제거하거나 변경하고, 색상을 설정할 수 있는 편집 메뉴가 열립니다. 비어있는 셀에서는 새로운 키 명령을 추가할 수 있습니다. 컨트롤 막대의 설정 버튼을 탭하여 메뉴를 열고, 키 명령 편집을 선택하면 드래그로 키의 위치를 변경할 수 있습니다.

키 명령 제거, 할당 및 변경, 색상 설정 메뉴

04 컨트롤 막대의 상단 막대 버튼을 탭하면 스마트 컨트롤러 및 스텝 시퀀서 상단에 키 명령을 표시할 수 있습니다. Live Loops에서 상단 막대를 누르고 있으면 제어기 대신 키 명령을 표시할 수 있는 메뉴가 열립니다.

상단 막대

┃ 라이브러리

01 컨트롤 막대의 라이브러리 버튼을 탭하면 악기 및 오디오 패치를 선택할 수 있는 창이 열립니다. 스마트 컨트롤 화면에서 상단에 열리는데, 필요하다면 이동 버튼을 탭하여 하단으로 옮기거나 확대 버튼을 탭하여 전체 화면으로 표시할 수 있습니다.

02 검색 항목을 탭하면 펜슬 및 키보드를 이용하여 패치를 찾아볼 수 있습니다.

| 애플 루프

01 컨트롤 막대의 루프 버튼을 탭하면 로직에서 제공하는 Apple Loops를 탐색하고 프로젝트에 사용할 수 있는 창이 열립니다. 리스트는 필터 버튼을 탭하여 범위를 줄일 수 있습니다.

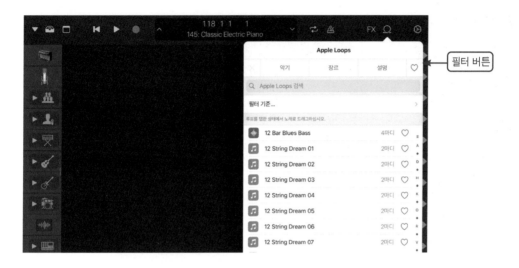

02 루프 이름 왼쪽의 아이콘을 탭하면 사운드를 미리 들어볼 수 있으며, 셀로 드래그하여 바로 사용할 수 있습니다. 음악을 창작하는데 많은 아이디어를 얻을 수 있는 소스입니다.

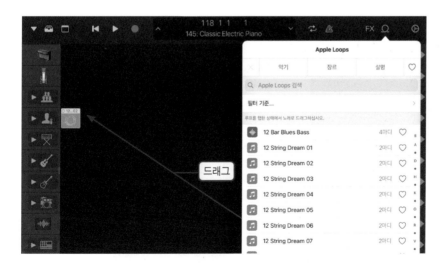

| 프리셋 선택

01 믹서에서 I/O 탭을 선택하여 열면 입력 슬롯에서 미디 채널에서 사용되고 있는 악기를 볼 수 있으며, 탭하여 메뉴를 열고, 설정을 선택하면 해당 악기의 프리셋 목록을 볼 수 있습니다.

02 같은 방법으로 플러그인 프리셋은 MIDI FX 또는 오디오 FX에서 선택할 수 있습니다. 악기 및 플러그인 프리셋을 이용하면 아마추어도 프로급 믹싱 사운드를 쉽게 만들 수 있습니다.

┃ 아이폰용 리모트

로직 리모트는 아이폰용으로도 제공되고 있습니다. 화면이 작아서 동시에 많은 트랙이나 파라미터를 표시할 수는 없지만, 맥용 로직 프로를 무선으로 컨트롤하는데 큰 불편함은 없습니다. 특히, 아이패드와 동시 사용이 가능하며, 서로 다른 파라미터를 제어할 수 있기 때문에 아이폰을 함께 사용하고 있는 유저들에게는 매우 유용한 아이템이 될 것입니다.

아이패드용 로직 프로의 출시 소식은 음악을 하는 아이패드 사용자들에게 많은 기대와 설렘을 가져다 주었습니다. 다소 높은 가격과 초기 버전에서 나타날 수 있는 다양한 문제점으로 아쉽다는 평가도 있지만, 아이패드에서 상업용 음악 제작이 가능한 유일한 어플입니다.

아이패드용 음악 제작 어플은 로직 프로만 있는 것이 아닙니다. 오래전부터 출시되어 이미 완성도를 갖추고 있는 어플도 많습니다. 하지만 실무 현장에서 사용되고 있는 어플은 단 하나도 없습니다. 이유는 호환성 때문입니다.

아이패드용 로직 프로는 맥용 로직 프로와 프로젝트 공유가 가능한 유일한 어플입니다. 아이패드에서 작업한 음악을 그대로 스튜디오로 가져가 완성할 수 있다는 의미입니다. 결국, 사용할 수 밖에 없습니다. 초기 버전의 부정적인 시선으로 외면하지 말고, 남들보다 먼저 시작하기 바랍니다. 버전업으로 성능이 개선될 때마다 개정판을 출판하여 혼자서 어렵게 공부하는 이들에게 작은 도움이 될 수 있게 노력하겠습니다.

고맙습니다.

최이진 실용음악학원(02-887-8883)/hyuneum.com

학원 선택?
누구에게 배울 수 있는지가 중요합니다!
전 세계 유일의 특허 화성학 저자 최이진에게 직접 배울 수 있는 곳!
EJ 엔터테인먼트 전속으로 졸업생 모두 음악 활동이 가능한 곳!

보컬	입시반과 연습반으로 운영되고 있으며, 연습반 졸업생은 EJ 엔터테인먼트 전속으로 음반 및 방송 활동 기회를 제공합니다.
작/편곡	세계 유일 화성학 이론 특허를 가지고 있는 노하우로 그 어떤 학교나 학원에서도 배울 수 없는 수업을 접할 수 있습니다.
재즈피아노	수많은 프로 연주자를 배출한 교육 시스템으로 초, 중, 고급 개인차를 고려한 일대일 맞춤 수업을 진행합니다.
컴퓨터음악	실용음대 표준 교재 집필 및 라이센스 문제 출제 위원으로 활동하고 있는 저자의 일대일 수업으로 실무 작업 테크닉을 배울 수 있습니다.
방송 음향 믹싱	교회, 라이브, 클럽, 스튜디오 등의 다양한 현장 경험과 교육으로 축적된 노하우를 제공합니다. 입시 또는 실무자를 위한 개인별 목적에 맞추어 진행합니다.
기타/베이스	십년 이상의 공연과 수많은 앨범 세션 경험을 바탕으로 실무 테크닉. 포크, 클래식, 재즈, 일렉 스타일별 맞춤 교육.

● 위치 : 2호선 서울대입구역 8번 출구

EJ 녹음 스튜디오 (개인 음원 제작에서 발표까지)

작곡, 편곡, 녹음, 믹싱, 마스터링 - 분야별 의뢰 가능!
B급 비용으로 A급 사운드의 음원을 제작할 수 있게 도와드립니다.
- 개인 음원 - 작곡, 편곡, 녹음, 믹싱, 마스터링, 음원 제작
- 뮤지컬 및 연극 - 작/편곡, 단원 트레이닝 및 연습, 녹음, 음반 제작
- 오디오북 및 웹툰 - 성우, 아나운서, 배우 녹음, 음악 및 효과 제작
- 게임 음악, 오케스트라 녹음, 트로트 음원 제작, 행사 음악, 교회 음악 등...
※ 모든 과정마다 의뢰인과의 충분한 상담을 거쳐 후회 없는 결과물을 완성합니다.